Kohlhammer

Schule und Unterricht bei intellektueller Beeinträchtigung

Herausgegeben von Prof. Dr. Holger Schäfer und Dr. Lars Mohr

Band 8

Die Autorinnen

Dr. Frauke Janz (*1966) ist Diplom-Psychologin und arbeitet seit 2006 am Institut für Sonderpädagogik der Pädagogischen Hochschule Heidelberg im Fachbereich Geistige Entwicklung. Inhaltlich befasst sie sich in Forschung und Lehre mit den Themen Psychologie und Diagnostik als Grundlage von Förderung im sonderpädagogischen Schwerpunkt Geistige Entwicklung.
Kontakt: janz@ph-heidelberg.de

Dr. Stefanie Köb (*1983) ist Sonderpädagogin und arbeitet seit 2011 am Institut für Sonderpädagogik der Pädagogischen Hochschule Heidelberg im Fachbereich Geistige Entwicklung. Schwerpunkte ihrer Arbeit in Forschung und Lehre sind der Erwerb schriftsprachlicher Kompetenzen sowie soziale Partizipationsprozesse im Kontext einer kognitiven Beeinträchtigung.
Kontakt: koeb@ph-heidelberg.de

Frauke Janz/Stefanie Köb

Diagnostik und Förderplanung

Sonderpädagogischer Schwerpunkt Geistige Entwicklung

Verlag W. Kohlhammer

Dieses Werk einschließlich aller seiner Teile ist urheberrechtlich geschützt. Jede Verwendung außerhalb der engen Grenzen des Urheberrechts ist ohne Zustimmung des Verlags unzulässig und strafbar. Das gilt insbesondere für Vervielfältigungen, Übersetzungen, Mikroverfilmungen und für die Einspeicherung und Verarbeitung in elektronischen Systemen.

Die Wiedergabe von Warenbezeichnungen, Handelsnamen und sonstigen Kennzeichen in diesem Buch berechtigt nicht zu der Annahme, dass diese von jedermann frei benutzt werden dürfen. Vielmehr kann es sich auch dann um eingetragene Warenzeichen oder sonstige geschützte Kennzeichen handeln, wenn sie nicht eigens als solche gekennzeichnet sind.

Es konnten nicht alle Rechtsinhaber von Abbildungen ermittelt werden. Sollte dem Verlag gegenüber der Nachweis der Rechtsinhaberschaft geführt werden, wird das branchenübliche Honorar nachträglich gezahlt.

Dieses Werk enthält Hinweise/Links zu externen Websites Dritter, auf deren Inhalt der Verlag keinen Einfluss hat und die der Haftung der jeweiligen Seitenanbieter oder -betreiber unterliegen. Zum Zeitpunkt der Verlinkung wurden die externen Websites auf mögliche Rechtsverstöße überprüft und dabei keine Rechtsverletzung festgestellt. Ohne konkrete Hinweise auf eine solche Rechtsverletzung ist eine permanente inhaltliche Kontrolle der verlinkten Seiten nicht zumutbar. Sollten jedoch Rechtsverletzungen bekannt werden, werden die betroffenen externen Links soweit möglich unverzüglich entfernt.

1. Auflage 2026

Alle Rechte vorbehalten
© W. Kohlhammer GmbH, Stuttgart
Gesamtherstellung: W. Kohlhammer GmbH, Heßbrühlstr. 69, 70565 Stuttgart
produktsicherheit@kohlhammer.de

Print:
ISBN 978-3-17-042143-1

E-Book-Formate:
pdf: ISBN 978-3-17-042144-8
epub: ISBN 978-3-17-042145-5

Vorwort der Reihenherausgeber

Prof. Dr. phil. Holger Schäfer (*1974) lehrt und forscht am Institut für Förderpädagogik der Universität Koblenz (Arbeitsbereich SGE); langjährige Tätigkeit als Förderschullehrer, Fachleiter, Schulleiter sowie Lehrbeauftragter an der PH Heidelberg; Beiratsmitglied und Mitherausgeber der Fachzeitschrift LERNEN KONKRET und Herausgeber der Studienreihe »Schule – Unterricht – Behinderung«.
Kontakt: holgerschaefer@uni-koblenz.de

Dr. phil. Lars Mohr (*1976) ist Sonderpädagoge und Dozent am Institut für Behinderung und Partizipation der Interkantonalen Hochschule für Heilpädagogik Zürich (HfH) sowie Lehrbeauftragter am Departement für Sonderpädagogik der Universität Fribourg.
Kontakt: lars.mohr@hfh.ch

Zur Praxisreihe

Die Praxisreihe Schule und Unterricht bei intellektueller Beeinträchtigung beschäftigt sich

- mit zentralen didaktischen und methodischen Fragestellungen der Unterrichtsgestaltung,

- angemessenen Möglichkeiten eines pädagogischen, interdisziplinären Zugangs und konkreter Intervention
- sowie organisatorischen und strukturellen Aufgabenstellungen der Schulentwicklung im Kontext intellektueller Beeinträchtigung.

Die praxisnahen Anregungen berücksichtigen pädagogische und unterrichtliche Belange sowohl in Förderschulen als auch in einem inklusiven Setting unter den jeweiligen Bedingungen.

Die Autorinnen und Autoren sind tätig in der Aus- und Weiterbildung für Lehrpersonen bzw. für Sonderpädagoginnen und Sonderpädagogen und ausgewiesene Expertinnen und Experten in ihrem Fachbereich. Sie verfügen über Praxiserfahrungen und stellen das jeweilige Themenfeld in einem kompakten Bild ausbildungswirksam sowie mit konkreten unterrichtspraktischen Bezügen dar.

Die Ausführungen sind bundesländübergreifend, beziehen Erfahrungen aus dem deutschsprachigen Raum ein und orientieren sich an den aktuellen erziehungswissenschaftlichen Erkenntnissen. Nationaler wie auch internationaler Forschungsstand finden Berücksichtigung. Als besondere Hinweise werden neben wichtigen Definitionen und Begrifflichkeiten auch Exkurse sowie Hinweise und Beispiele aus der Praxis grafisch hervorgehoben:

 kennzeichnet Definitionen und Begriffsklärungen.

 deutet auf Praxisbezüge und weiterführende Ideen hin.

 verweist auf weiterführende Literatur.

 bietet Links zu Quellen im Internet (zuletzt geprüft am 01.03.2025).

Die Praxisreihe möchte eine Lücke schließen in der Grundlagenliteratur für die Aus- und Weiterbildung im Studium und Referendariat sowie für die Kolleginnen und Kollegen in der Praxis, denen nun in einer stringenten methodischen Aufarbeitung die zentralen Themenfelder für die Gestaltung von Unterricht und die Schulentwicklung im sonderpädagogischen Schwerpunkt Geistige Entwicklung (SGE) kompakt und aus einem Guss zur Verfügung stehen.

Dabei ist uns bewusst, dass in der Pädagogik für Schülerinnen und Schüler im SGE eine Vielfalt an Begriffen herrscht, die der Bezeichnung des Personenkreises dienen sollen. Man spricht und schreibt etwa von Lernenden mit kognitiver Beeinträchtigung, mit (zugeschriebener) geistiger Behinderung oder mit Lernschwierigkeiten (um nur wenige Beispiele zu nennen). In unserer Buchreihe kommen zudem Autorinnen und Autoren aus verschiedenen Regionen und Ländern zu Wort, mit entsprechend unterschiedlichen Formulierungsneigungen.[1] Wir haben uns mit ihnen – auch in Anlehnung an die Empfehlungen des Deutschen Instituts für Menschenrechte sowie orientiert am Originalwortlaut der UN-Behindertenrechtskonvention (»intellectual impairments«)[2] – dankenswerterweise auf eine einheitliche Begriffsverwendung verständigen können: Im vorliegenden wie in den übrigen Bänden ist die Rede von Kindern und Jugendlichen im »sonderpädagogischen Schwerpunkt Geistige Entwicklung (SGE)« oder – angelehnt an den internationalen Sprachgebrauch (s. o.) – »mit intellektueller Beeinträchtigung«. Demgemäß haben wir auch der Buchreihe als Ganze den Titel »Schule und Unterricht bei intellektueller Beeinträchtigung« gegeben.

- Folgende Bände sind bereits erschienen: *Wirtschaft-Arbeit-Technik* (Isabelle Penning), *Konzepte, Verfahren, Methoden* (Hans-Jürgen Pitsch & Ingeborg Thümmel), *Unterricht bei komplexer Behinderung* (Holger Schäfer, Thomas Loscher & Lars Mohr), *Wahrnehmungsförderung* (Erhard Fischer), *Unterstützte Kommunikation* (Melanie Willke & Karen Ling) sowie *Praxiswissen Schulhund* (Holger Schäfer, Karin Schönhofen & Andrea Beetz).
- Folgende Bände befinden sich in Vorbereitung: *Herausforderndes Verhalten* (Lars Mohr, Tanja Sappok & Holger Schäfer) (Hrsg.), *Unterricht planen und gestalten* (Albin Dietrich, Ariane Bühler & Holger Schäfer), *Geschichte, Geographie, Politik* (Holger Schäfer) (Hrsg.), *Deutsch* (Stefanie Köb, Marc Tebbe, Ingeborg Thümmel & Daniela A. Frickel), *Autismus* (Remi Frei), *Sport und Bewegung* (Christiane Reuter) (Hrsg.).

Weitere Hinweise zur Praxisreihe unter https://shop.kohlhammer.de/suib

---

[1] Wir sprechen in unserer Praxisreihe immer von Schülerinnen und Schülern sowie Lehrerinnen und Lehrern, weitere Geschlechter bitten wir mitzulesen und gedanklich einzubeziehen. Auch in diesem Kontext konnten wir uns dankenswerterweise mit dem Verlag sowie den Autorinnen und Autoren der Praxisreihe auf eine lesbare Form verständigen.

[2] Vgl. hierzu die Ausführungen in Knaup, M., Schuck, H. & Stöppler, R. (2024): Teilhabe leben mit intellektueller Beeinträchtigung. Stuttgart: Kohlhammer (hier: 20) sowie mit Blick auf den terminologischen Diskurs und die begriffliche Problematik den Beitrag von Sappok, T., Georgescu, D. & Weber, G. (2023): Störungen der Intelligenzentwicklung – Überlegungen zur Begrifflichkeit. In: Sappok, T. (Hrsg.): Psychische Gesundheit bei Störungen der Intelligenzentwicklung. Stuttgart: Kohlhammer. 17–23.

Die Reihenherausgabe erfolgt mit freundlicher Unterstützung der Universität Koblenz (www.uni-koblenz.de) und der Interkantonalen Hochschule für Heilpädagogik HfH Zürich (www.hfh.ch).

Zu diesem Band

Eine Schriftenreihe, deren Fokus auf Schule und Unterricht bei intellektueller Beeinträchtigung gerichtet ist, versteht Diagnostik als eine zielgerichtete Aufgabe der schulischen Geistigbehindertenpädagogik, die neben dem formalen Feststellungsverfahren (Gutachtendiagnostik) einer individualpädagogischen (teilhabeorientierten) Ausgestaltung von Prävention und Intervention als zentrale Grundlage dient. Aus einer intentionalen Perspektive heraus muss Diagnostik daher als »präventive Grundlage für pädagogische Handlungsentscheidung[en]« verstanden werden (Gebhardt 2023, 1), die sowohl im Feststellungsverfahren als auch im Zuge der Förderplanung handlungsleitend sein soll (Schäfer 2025).

Eine an konkreten Zielen ausgerichtete Position von Diagnostik für den sonderpädagogischen Schwerpunkt Geistige Entwicklung (SGE) formulieren auch die spezifischen Empfehlungen der KMK (2021): »Die prozess- und förderbegleitende Diagnostik ist Ausgangspunkt für die Planung konkreter Unterrichtsangebote« (ebd., 17). Eine solche Orientierung an Prozess und Förderung ist insbesondere für den Personenkreis der Lernenden im sonderpädagogischen Schwerpunkt Geistige Entwicklung (SGE) bedeutsam, der in sich äußerst heterogen ist, wie Studien unter anderem mit Bezug auf Kognition (bspw. Scholz, Kehl & Römer 2024), Motorik und Bewegung, Sprache und Kommunikation (bspw. Baumann et al. 2021) sowie die adaptiven Kompetenzen zeigen können (bspw. Sarimski 2024). In vielerlei Hinsicht müssen diese Kinder und Jugendlichen bzw. jungen Erwachsenen schulisch, oft auch medizinisch-therapeutisch differenziert begleitet werden,

»ihre Beeinträchtigung ist oft umfänglich und dauerhaft – die aktuelle sowie spätere, möglichst eigenständige Alltags- und Lebensbewältigung mit (bei Bedarf) angemessener Assistenz (einschließlich sozialer und beruflicher Integration) kann als zentrales, langfristiges Anliegen von Schule und Unterricht genannt werden« (Schäfer 2025, 34).

Der beschriebenen Heterogenität dieses Personenkreises und der damit verbundenen Aufgabe einer differenzierten Unterrichtsgestaltung und individuellen Förderplanung mit dem Ziel der Ermöglichung von Teilhabe folgend muss Diagnostik im SGE auf ein breites Methodenrepertoire zurückgreifen können, das einen genauen Zuschnitt auf die jeweilige Person in ihrem spezifischen Umfeld gewährleistet.

Genau diesem intentionalen und differenzierten Anspruch von Diagnostik folgen die Autorinnen Frauke Janz und Stefanie Köb mit ihrem Band »Diagnostik und Förderplanung« (SGE) und legen ein thematisch umfassendes und fachlich fundiertes Kompendium vor, das nach den wichtigen Kapiteln zu den Grundlagen von Diagnostik und Förderplanung (▶ Kap. 1 und ▶ Kap. 2) in weiteren neun Kapiteln die zentralen Schwerpunkte der Diagnostik im SGE zu umreißen weiß. Hierbei finden – an die Ausführungen zur Kognition und den adaptiven Kompetenzen anschließend – fachbezogene Themen (Deutsch und Mathematik) ebenso Berücksichtigung wie entwicklungsbezogene Aspekte (Emotionalität, Verhalten, Sprache und Kommunikation).

Der Diagnostik bei komplexer Behinderung wird ein eigenes Kapitel gewidmet und im übergeordneten Sinne gehen die Autorinnen mit dem Fokus auf den Übergang Schule-Beruf (ÜSB) auf die Diagnostik berufsbezogener Kompetenzen ein. Im Sinne formaler Vollständigkeit finden sich abschließend wichtige Hinweise zum Feststellungsverfahren sonderpädagogischen Unterstützungsbedarfs (▶ Kap. 13), das wiederum als Grundlage daraus hervorgehender Förderplanung verstanden werden darf.

Die Autorinnen beschreiben fallorientiert wesentliche diagnostische Verfahren, die auch für den SGE nutzbar gemacht werden können bzw. stellen qualitative sowie für diesen sonderpädagogischen Schwerpunkt spezifische Zugänge vor wie bspw. die alternative Auswertung der KABC-II. In jedem Kapitel wird ein thematischer Bogen gespannt ausgehend von einer konkreten Fragestellung über die Planung und Durchführung diagnostischer Verfahren eingebettet in ein diagnostisches Raster hin zu konkreten Vorschlägen für die Förderplanung. Weiterführende Hinweise zu Literatur und Online-Quellen, ein Verzeichnis der vorgestellten Testverfahren mit Bezugsquellen sowie ein Sachregister komplettieren die Ausführungen.

Den Leserinnen und Lesern wünschen wir eine gute Lektüre dieses anregenden Kompendiums und eine ebensolche Freude bei der Umsetzung der hier vorgestellten (sowie anderer) diagnostischer Verfahren als Grundlage adressatenbezogenen und bildungswirksamen Unterrichts.

Koblenz und Zürich, Herbst 2025
Prof. Dr. Holger Schäfer und Dr. Lars Mohr

Vorwort

Der vorliegende Band soll Lehrkräfte dabei unterstützen, die Bedeutung von Diagnostik für ihren Unterricht und für die passgenaue Unterstützung von Schülerinnen und Schülern im Sonderpädagogischen Schwerpunkt Geistige Entwicklung (SGE) zu erkennen und ihnen helfen, eigene Diagnostik durchzuführen, um gute und anschlussfähige Angebote machen zu können. Er soll zudem dahingehend unterstützen, die Scheu vor diagnostischen Verfahren und Vorgehensweisen abzubauen, die uns häufig von Kolleginnen und Kollegen aus der Praxis berichtetet wird.

Eine differenzierte Diagnostik, die den Fokus auf die Kompetenzen der Kinder und Jugendlichen legt und dabei gleichzeitig die möglicherweise vorhandenen Schwierigkeiten der Schülerinnen und Schüler und deren Auswirkungen auf den Lernerfolg klar erkennen und einschätzen kann, ist aus unserer Sicht die essenzielle Grundlage für eine sinnvolle Unterrichtsplanung: Nur, wenn Lehrkräfte wissen, wo die Stärken und Schwächen ihrer Schülerinnen und Schüler in Bezug auf verschiedene Bereiche liegen, können sie dementsprechend passende Angebote planen und umsetzen. Unsere langjährige Tätigkeit an der Pädagogischen Hochschule Heidelberg in der Ausbildung zukünftiger Lehrkräfte im sonderpädagogischen Schwerpunkt Geistige Entwicklung – mit den dort aufkommenden Fragen und Praxisbeispielen – bildet die Grundlage für diesen Band. Das sehr praxisnah angelegte Buch soll somit gleichzeitig als Lehrbuch für die Aus- und Fortbildung dienen und als handlungsorientierte Anleitung Lehrkräfte unterstützen, die bereits in der Praxis tätig sind.

Wir bedanken uns an dieser Stelle sehr herzlich bei den Herausgebern, Prof. Dr. Holger Schäfer und Dr. Lars Mohr, die den Prozess sehr unterstützend begleitet haben, sowie bei Herrn Dr. Johannes Jöhnck für wichtige fachliche Hinweise zum Manuskript. Außerdem gilt unser besonderer Dank unserer studentischen Hilfskraft Lea Nebel für ihre hervorragende redaktionelle Unterstützung.

Heidelberg, Herbst 2025
Dr. Frauke Janz und Dr. Stefanie Köb

Der Band erscheint mit freundlicher Unterstützung der Pädagogischen Hochschule Heidelberg (www.ph-heidelberg.de).

Inhalt

Vorwort der Reihenherausgeber   5

Zur Praxisreihe   5
Zu diesem Band   8

Vorwort   11

1   Einleitung   19

2   Grundlagen der Diagnostik   21

2.1   Aufgaben und Ziele von Diagnostik   23
2.2   Untersuchungsplanung (diagnostisches Raster)   25
2.2.1   Die Fragestellung   25
2.2.2   Theoretische Grundlegung und Untersuchungsbereiche   26
2.2.3   Überlegungen zur Erfassung der einzelnen Bereiche   26
2.2.4   Das diagnostische Raster – Zusammenführung der Untersuchungsplanung   27
2.3   Diagnostische Verfahren – Beobachtungen und standardisierte/normierte Verfahren   29
2.4   Grundbegriffe der Diagnostik   32
2.4.1   Gütekriterien   32
2.4.2   Die Auswertung von Tests   34
2.5   Spezifika im Kontext intellektueller Beeinträchtigung   42
2.5.1   Das Prüfen von Voraussetzungen   47
2.5.2   Überlegungen zur Testsituation und zur Gestaltung des Settings   48
2.5.3   Anpassung der Instruktionen   49
2.5.4   Anpassung der Itempräsentation   51
2.5.5   Anpassung der Reaktionsform   53
2.5.6   Anpassung der Zeitvorgaben   53
2.5.7   Alternative Auswertung (am Beispiel der KABC-II)   54

2.5.8	Interpretation von Testergebnissen und Nutzen für die Förderung	64
3	**Grundlagen der Förderplanung**	**66**
3.1	Die Grundidee der Förderplanung	66
3.2	Ablauf und Funktion der Förderplanung	68
3.2.1	Diagnostik	68
3.2.2	Förderplanung	68
3.2.3	Förderung und Unterricht	69
3.2.4	Evaluation	70
4	**Kognitive Kompetenzen**	**73**
4.1	Fallbeispiel	73
4.2	Theoretische Grundlagen	73
4.2.1	Die Erfassung der kognitiven Kompetenzen	75
4.2.2	Die theoretische Fundierung der Kaufman Assessment Battery for Children – II (KABC-II)	78
4.3	Untersuchungsplanung und diagnostisches Raster	80
4.4	Vorstellung eines Verfahrens: KABC-II	85
4.5	Ergebnisse der Diagnostik und Schlüsse für die Förderung	86
4.5.1	Ergebnisse der KABC-II	87
4.5.2	Qualitative Analyse der Untertests und Förderung	91
5	**Adaptive Kompetenzen**	**96**
5.1	Fallbeispiel	96
5.2	Theoretische Grundlagen	96
5.3	Untersuchungsplanung und diagnostisches Raster	100
5.4	Vorstellung eines Verfahrens: Die Vineland Scales 3	101
5.5	Ergebnisse der Diagnostik und Schlüsse für die Förderung	104
6	**Schriftspracherwerb**	**108**
6.1	Fallbeispiel	108

6.2	Theoretische Grundlagen	108
6.2.1	Der Erwerb schriftsprachlicher Kompetenzen	109
6.2.2	Strategien innerhalb des Schriftspracherwerbs	112
6.2.3	Schriftsprachliche Kompetenzen von Schülerinnen und Schülern im SGE	117
6.3	Untersuchungsplanung und diagnostisches Raster	117
6.4	Vorstellung eines Verfahrens: GISC-EL	119
6.5	Schlüsse für die Förderung	121

7 Mathematische Basiskompetenzen — 126

7.1	Fallbeispiel	126
7.2	Theoretische Grundlagen	126
7.2.1	Der Erwerb mathematischer Basiskompetenzen	128
7.2.2	Das Zahl-Größen-Verknüpfungs-Modell (ZGV-Modell)	129
7.2.3	Einordnung des ZGV-Modells in den Kontext SGE	132
7.3	Untersuchungsplanung und diagnostisches Raster	134
7.4	Vorstellung eines Verfahrens: MBK 0 – mit Adaptionen zum MBK GE	136
7.4.1	Der MBK 0	136
7.4.2	MBK GE – Adaptionen und Gütekriterien	138
7.5	Ergebnisse der Diagnostik und Schlüsse für die Förderung	141

8 Emotionale Entwicklung — 144

8.1	Fallbeispiel	144
8.2	Theoretische Grundlagen	144
8.2.1	Begrifflichkeiten	144
8.2.2	Die Entwicklung emotionaler Kompetenzen	148
8.2.3	Emotionale Kompetenzen von Schülerinnen und Schülern im SGE	151
8.3	Untersuchungsplanung und diagnostisches Raster	152
8.4	Vorstellung eines Verfahrens: SEED-2	154
8.5	Ergebnisse der Diagnostik und Schlüsse für die Förderung	156

9	**Verhaltensauffälligkeiten**	**161**
9.1	Fallbeispiel	161
9.2	Theoretische Grundlagen	161
9.3	Untersuchungsplanung und diagnostisches Raster	168
9.4	Vorstellung eines Verfahrens: Funktionale Verhaltensanalyse	171
9.5	Ergebnisse der Diagnostik und Schlüsse für die Förderung	181
10	**Sprache und Kommunikation**	**184**
10.1	Fallbeispiel	184
10.2	Theoretische Grundlagen	184
10.3	Untersuchungsplanung und diagnostisches Raster	191
10.3.1	Peabody Picture Vocabulary Test (PPVT-4)	194
10.3.2	Diagnostiktest TASP (sowie TASP.MOD)	194
10.3.3	Die App »Tipp mal«	195
10.3.4	Beobachtungsbogen zu kommunikativen Fähigkeiten – Revision (BKF-R, Version 1.5)	195
10.4	Vorstellung eines Verfahrens: SETK-gB	196
10.5	Ergebnisse der Diagnostik und Schlüsse für die Förderung	199
11	**Diagnostik bei komplexer Behinderung**	**203**
11.1	Fallbeispiel	203
11.2	Theoretische Grundlagen	203
11.2.1	Grundlagen	203
11.2.2	Entwicklungen	205
11.2.3	Strukturierte Beobachtungsbögen und freie Beobachtung	206
11.3	Untersuchungsplanung und diagnostisches Raster	207
11.4	Vorstellung eines Verfahrens: Förderdiagnostik mit Kindern und Jugendlichen mit schwerster Beeinträchtigung	210
11.5	Ergebnisse der Diagnostik und Schlüsse für die Förderung	212
12	**Berufsbezogene Kompetenzen**	**215**
12.1	Fallbeispiel	215

12.2	Theoretische Grundlagen	215
12.2.1	Berufswegekonferenzen (BWK)	217
12.2.2	Diagnostische Fragestellungen	218
12.3	Untersuchungsplanung und diagnostisches Raster	221
12.4	Vorstellung eines Verfahrens: Kompetenzinventar (KI) im Prozess der Berufswegeplanung	223
12.5	Ergebnisse der Diagnostik und Schlüsse für die Förderung	225

13 Feststellung des sonderpädagogischen Unterstützungsbedarfs — 228

13.1	Anhaltspunkte zum Unterstützungsbedarf (KMK und Baden-Württemberg)	230
13.1.1	Die Empfehlungen der KMK	231
13.1.2	Baden-Württemberg – Feststellungsverfahren	232
13.2	Die formale Organisation des Verfahrens	233
13.3	Der Aufbau des Gutachtens am Beispiel Baden-Württemberg	235
13.4	Der Einbezug von Eltern (und Kind)	236
13.5	Das Feststellungsverfahren – Fazit	237

14 Testverzeichnis — 241

Literatur — 250

Register — 272

1 Einleitung

Es ist eine unbestrittene Tatsache, dass alle Schülerinnen und Schüler passgenaue Lernangebote brauchen, um ihre individuellen Kompetenzen bestmöglich nutzen und ausbauen zu können. Dies gilt in besonderem Maße für Schülerinnen und Schüler mit einer intellektuellen Beeinträchtigung: Ihre Kompetenzen sind individuell und häufig sehr heterogen ausgeprägt. In einem Bereich entsprechen ihre Leistungen vielleicht durchaus denen altersgleicher Kinder, in anderen Bereichen fallen ihre Fähigkeiten deutlich hinter die für das Alter zu erwartenden Leistungen zurück. Kinder und Jugendliche mit intellektueller Beeinträchtigung sind eine äußerst heterogene Gruppe, die Beeinträchtigung kann sich in »sehr unterschiedlichem Schweregrad und in unterschiedlichen Profilen von Stärken und Schwächen präsentieren« (Sarimski 2024, 22).

Würde man sich nun bei der Unterrichtsplanung nur an einer allgemeinen, durchschnittlichen Entwicklungsverzögerung orientieren (bspw. an einem mittleren Entwicklungsalter, dem die Leistungen der Kinder im Mittel entsprechen), würde dies automatisch dazu führen, dass sie in einem Bereich vielleicht sogar passende Angebote erhielten, in anderen aber deutlich überfordernde oder auch unterfordernde Aufgaben gestellt bekämen.

Das Buch ist mit seinem theoriegeleiteten Zuschnitt auf die Praxis folgendermaßen aufgebaut:

Zunächst werden in Kapitel 2 die diagnostischen Grundlagen leicht verständlich dargestellt: Neben den Zielen und Aufgaben von Diagnostik werden Aspekte der Untersuchungsplanung und verschiedene diagnostische Methoden thematisiert. Außerdem werden hier wichtige Grundbegriffe sowie die Besonderheiten der Diagnostik im sonderpädagogischen Schwerpunkt Geistige Entwicklung (SGE) erläutert. Das ist wichtig für die nachfolgenden Kapitel, auch um ggf. einmal etwas nachschlagen zu können (▶ Kap. 2).

Diagnostik hat niemals einen Selbstzweck! Sie sollte vielmehr immer der Ableitung von Lern- und Entwicklungszielen und konkret umsetzbaren Maßnahmen im Unterricht dienen. Kapitel 3 thematisiert daher die Ableitung von konkreten Maßnahmen aus den diagnostischen Ergebnissen. In diesem Kapitel wird neben der Grundidee der Förderplanung auch deren konkreter Ablauf dargestellt (▶ Kap. 3).

Im umfänglich größten Teil des Buches werden dann in jeweils einzelnen Kapiteln mit vielen praktischen Beispielen verschiedene Lern- und Entwicklungsbereiche fokussiert: Kognition, adaptive Kompetenzen, Schriftspracherwerb, mathematische Kompetenzen sowie Sprache und Kommunikation werden ebenso behandelt wie Auffälligkeiten im Verhalten, Fragen der sozial-emotionalen Entwicklung und schweren und mehrfachen Behinderung sowie die Diagnostik berufsbezogener Kompetenzen.

Diese Kapitel sind in ihrem Aufbau ähnlich gestaltet, sie beginnen mit einem kurzen Fallbeispiel, gefolgt von einer theoretischen Grundlegung und einer Ableitung der Untersuchungsbereiche für dieses spezielle Thema. Diese werden in ein sogenanntes diagnostisches Raster überführt, in dem die Untersuchungsbereiche aufgeschlüsselt dargestellt werden. Diesen Bereichen werden passende diagnostische Verfahren zugeordnet, die im Testverzeichnis am Ende des Buches aufgeführt werden (▶ Kap. 14). Eines dieser diagnostischen Verfahren wird anschließend für jeden Untersuchungsbereich konkreter vorgestellt. Jedes Kapitel schließt mit diagnostischen Ergebnissen für die Schülerin oder den Schüler aus dem Fallbeispiel und daraus abgeleiteten konkreten Fördervorschlägen ab.

Das Buch wird durch ein Kapitel zur Feststellung des sonderpädagogischen Unterstützungsbedarfs mit Bezug zu den aktuellen Empfehlungen der KMK (2021) für den SGE abgerundet.

2 Grundlagen der Diagnostik

Aussagen aus der Praxis (»Oh je, Diagnostik. Da kommen doch sowieso immer andere Ergebnisse raus!«, »Die Aufgaben passen doch gar nicht zur Lebenswelt des Kindes!« oder »Da liegt ja der Fokus nur auf ihren Schwächen, das möchte ich nicht!«) zeigen viele Bedenken und innere Konflikte, die Praktikerinnen und Praktiker immer wieder mit Diagnostik verbinden. Wenn man die Aussagen bündelt, finden sich einige Schwerpunkte der Bedenken.

1. Die Kolleginnen und Kollegen befürchten, dass die Kompetenzen der Kinder nicht adäquat erfasst werden können (bspw. durch Aussagen zur Tagesform, zu Aufgabenformaten und -inhalten).
2. Sie befürchten, das Kind zu etikettieren und den Fokus zu sehr auf die Schwächen zu legen.
3. Es besteht die Sorge, nicht über ausreichend diagnostische Kompetenzen zu verfügen, sodass ggf. Fehler gemacht werden, die wiederum weitreichende Konsequenzen haben könnten.

Zu 1: Die Befürchtung, dass die Kompetenzen der Kinder mit Testverfahren nicht adäquat erfasst werden können, dass Aufgaben möglicherweise ungeeignet oder unklar sind und das Kind darum nicht mitgemacht hat, sind sicherlich nachvollziehbar und teilweise auch richtig. Manche Formulierungen in den Items sind seltsam und unverständlich, sodass die Vermutung naheliegt, dass das Kind Aufgaben nur deshalb nicht lösen konnte. Allerdings sind bei diagnostischen Testverfahren die Aufgaben nicht einfach spontan ausgedacht worden, sondern sie wurden unter testtheoretischen Kriterien und theoriegeleitet entwickelt. Das bedeutet, dass bei einem Sprachentwicklungstest für Kinder im Alter von drei bis fünf Jahren die Aufgaben so ausgewählt wurden, dass sie sowohl für das Alter passend sind, der theoretischen Grundlage zur Sprachentwicklung entsprechen und die Kompetenzen adäquat erfassen können. Sie wurden außerdem erprobt, das heißt einer großen Menge an Kindern unterschiedlicher Altersgruppen vorgelegt, die dann die Normstichprobe bilden (und von denen sicherlich auch einige die Aufgabe langweilig fanden und sie deshalb nicht beantwortet haben).

Wenn man also einen Test verwendet, kann man davon ausgehen, dass die Aufgaben sinnvoll sind und erprobt wurden, dass die Testanweisungen weitgehend verständlich sind und die Auswertung vorgegeben ist (zu den hier anklingenden Grundbegriffen der Diagnostik vgl. weiterführend ▶ Kap. 2.4). Bei Schülerinnen und Schülern im SGE müssen bei der Durchführung allerdings verschiedene Aspekte berücksichtigt und bedacht werden. Dies wird in Kapitel 2.5 ausführlicher erläutert (▶ Kap. 2.5).

Zu 2: Die zweite Befürchtung, dass Kinder durch die Diagnostik etikettiert und stigmatisiert werden und der Fokus auf die Schwächen gelegt wird, ist nicht von der Hand zu weisen. Diagnostik wird an vielen Stellen notwendig, um Ressourcen für die Förderung und für die Ausstattung beantragen zu können. Von der Ermittlung des Bedarfs, somit auch von der Etikettierung eines Schülers oder einer Schülerin als »Kind mit Förderbedarf«, hängt ab, wie viel und welche Unterstützung ein Kind für diesen Bedarf bekommt, was ihm also zusteht.

Wir sprechen hier vom Etikettierungs-Ressourcen-Dilemma (Füssel & Kretschmann 1993; Neumann & Lütje-Klose 2020): Nur durch das Etikett »Schülerin oder Schüler mit Förderbedarf« werden ihr oder ihm die Ressourcen der sonderpädagogischen Förderung sowie angepasste Lernmaterialien, kleine Lerngruppen sowie Physiotherapie, Hilfsmittel, Beförderung usw. zugestanden. Die Diagnostik bildet in Zeiten und unter den Bedingungen knapper finanzieller und personeller Ressourcen die notwendige Voraussetzung dafür, dass ein Kind diese Unterstützungsmöglichkeiten erhalten kann.

Dabei wird die Zuschreibung eines sonderpädagogischen Förderbedarfs häufig von Sonderpädagoginnen und Sonderpädagogen selbst vorgenommen – eine durchaus brisante Vermengung, könnte man doch kritisch anmerken, dass die Sonderpädagoginnen und -pädagogen ihre eigene Klientel *herbeidiagnostizieren.* Gerade im Kontext inklusiver Bestrebungen wurde darum verstärkt der Versuch unternommen, unterschiedlichste Differenzlinien zu betrachten und somit davon auszugehen, dass alle Kinder unterschiedliche Bedarfe haben, denen man – auch ohne etikettierende Diagnostik und Vorauswahl – gerecht werden muss. Der Impuls, von einer Etikettierung und Stigmatisierung abzuweichen, ist daher sicherlich verständlich.

Gleichwohl halten wir es für wichtig, einen vorhandenen sonderpädagogischen Unterstützungsbedarf (KMK 2021) auch als solchen zu benennen und nicht zu verschweigen: Es hilft bei aller Kompetenzorientierung nicht viel, wenn man bspw. sehr ausführlich davon berichtet, dass ein Kind den rechten Arm sehr gut bewegen kann und darzulegen, wie fingerfertig diese rechte Hand ist – wenn man gleichzeitig nichts darüber schreibt, dass der andere Arm gelähmt ist. Das Kind braucht also Unterstützung, die es nicht bräuchte, wenn keine Parese des linken Arms vorläge. Es ist daher sinnvoll, neben den Kompetenzen auch die Schwierigkeiten und Probleme, die ein Kind hat, als solche klar zu benennen. Dies muss im Sinne der ICF-CY (WHO 2017) geschehen, in der der gelähmte Arm als Aspekt der Körperstrukturen und -funktionen zu verstehen ist, wobei natürlich gleichzeitig die Aspekte der Möglichkeiten der Teilhabe und Aktivitäten ebenfalls betrachtet werden müssen (Sarimski 2024, 17).

Zu 3: Auch die Befürchtung, dass man als Lehrkraft selbst über keine ausreichenden diagnostischen Kompetenzen verfügt und etwas falsch machen könnte, lässt sich nachvollziehen: Die Ausbildung in der sonderpädagogischen Diagnostik, speziell im SGE, hat sich nach unserer Einschätzung erst in den letzten Jahrzehnten verstärkt in Richtung einer differenzierten Verwendung von Testverfahren (auch bei der Lernstandserhebung) entwickelt. Das bedeutet, dass Lehrkräfte unter Umständen wenig testdiagnostische Kenntnisse erwerben konnten und darum verständlicherweise Befürchtungen vor Fehleinschätzungen haben. Hier sind zum einen Fortbildungen hilfreich, zum anderen sollten die Tests zumindest am Anfang gemeinsam mit einer Kollegin oder einem Kollegen erarbeitet werden, die Durchführung geübt und die Auswertung und Interpretation gemeinsam vorgenommen werden. Das schafft Sicherheit und hilft, Ängste abzubauen.

Diagnostik muss möglichst valide, genaue und objektive Ergebnisse liefern sowie das Umfeld des Kindes und seine besonderen Bedingungen einbeziehen, um so die ggf. vorhandenen Probleme und Bedarfe zu erfassen und darauf abgestimmte Möglichkeiten der Förderung und Unterstützung zu entwickeln. In Schule und Unterricht bei intellektueller Beeinträchtigung kommen hier insbesondere der interdisziplinären Ausrichtung der Vorgehensweise (bspw. im Kontext Medizin und Therapie sowie Pflege) sowie dem offenen Dialog mit den Eltern und Erziehungsberechtigten eine besondere Bedeutung dabei zu (bspw. im Kontext schwere und mehrfache Behinderung), dem komplexen Bedingungsgefüge gerecht werden zu können (Schäfer 2024).

2.1 Aufgaben und Ziele von Diagnostik

Es ist bereits angeklungen, dass es im (sonder-)pädagogischen Kontext verschiedene Aufgaben und Ziele gibt, die Diagnostik leisten muss und in denen sie vorkommen kann, für die sie sinnvoll und notwendig ist. Es lassen sich mindestens zwei große Bereiche unterscheiden:

- die Feststellung eines sonderpädagogischen Unterstützungsbedarfs gemäß KMK (2021) sowie den landesspezifischen Regelungen (▶ Kap. 13) (sowie mitunter darauf Bezug nehmend)
- die Ermittlung von Kompetenzen und Lernausgangslagen als Grundlage von Unterricht (hier dann mit Bezug zu den jeweiligen Fächern, bspw. Deutsch oder Mathematik)

Das vorliegende Buch legt den Fokus auf den zweiten Aspekt – auch wenn beide Bereiche in inhaltlicher (bspw. die Einbindung diagnostischer Verfahren) sowie struktureller Verbindung zu betrachten sind. Im Sinne der Vollständigkeit werden jedoch in Kapitel 13 die zentralen Eckpunkte zur Ermittlung eines sonderpädagogischen Unterstützungsbedarfs mit Bezug zu den spezifischen Empfehlungen der Kultusministerkonferenz für den SGE (KMK 2021) kurz dargestellt und es wird mit einem kurzen Exkurs die Problematik fehlender Standards aufgegriffen (vgl. hierzu u. a. Dworschak 2024).

Doch zunächst widmen wir uns in diesem Buch ausführlich dem zentralen Thema, der Diagnostik als Grundlage von Förderung und Unterricht. Dieser zentrale Aufgabenbereich von Diagnostik ist die Einschätzung des individuellen aktuellen Leistungs- und Kompetenzprofils eines Kindes: Welche Kompetenzen hat es erworben? Entsprechen diese den zu erwartenden Kompetenzen gleichaltriger Kinder? Welche Kompetenzen sind noch nicht vollständig ausgebildet bzw. welche fehlen ihm noch? Welcher konkrete Unterstützungsbedarf ergibt sich daraus? Die Diagnostik dient in diesem Kontext der Feststellung von Kompetenzen und Schwierigkeiten, von Ressourcen und Hindernissen und ist damit letztlich die Grundlage für Empfehlungen für eine optimale Förderung im Unterricht. Direkte Folge dieses (didaktisch genutzten) Bereichs von Diagnostik ist die begründete Schaffung einer Grundlage für die Auswahl und Präsentation differenzierter Lernmaterialien und -settings (Schäfer 2017). Nur wenn klar ist, über welche Kompetenzen ein Kind beispielsweise in Mathematik bereits verfügt, wo es noch Schwierigkeiten hat und was es gut bewältigen kann, über welche Aneignungsmöglichkeiten und Lernstrategien es verfügt (Terfloth & Bauersfeld 2024), kann eine passgenaue und differenzierte Förderung erfolgen, die dann mit einer größtmöglichen Motivation zur Lösung der Aufgaben einhergeht.

Nachfolgend wird der Prozess der Untersuchungsplanung ausführlich dargestellt.

2.2 Untersuchungsplanung (diagnostisches Raster)

Insbesondere, wenn Diagnostik im zuletzt genannten Sinn betrieben wird, wenn also die Kompetenzen eines Kindes in Bezug auf eine spezifische Fragestellung erfasst werden sollen, um darauf eine Förderung aufzubauen, ist es notwendig, im Vorfeld ebendiese Fragestellung so zu formulieren, dass sie operationalisierbar, also untersuchbar und auch für weitere Personen klar nachvollziehbar ist.

2.2.1 Die Fragestellung

Eine Frage wie »Beherrscht Lena den sogenannten Pinzettengriff?« ist zwar ggf. interessant, ist aber durch eine kurze Beobachtung beim Aufheben von kleineren Gegenständen, wie beispielsweise kleinen Perlen, mit einem einfachen Ja oder Nein zu beantworten. Eine Fragestellung wie »Über welche kommunikativen, kognitiven, mathematischen und schriftsprachlichen Kompetenzen verfügt Tilda?« ist dagegen viel zu weit gefasst und ihre umfassende Beantwortung würde eine langwierige Diagnostik erfordern. Eine Fragestellung wie »Hat das Selbstbild Auswirkungen auf Birthes Mathematikkompetenzen?« ist nicht zu beantworten. Zum einen ist die Frage unscharf formuliert, zum anderen gibt es keine geeigneten Möglichkeiten diesen Zusammenhang im schulischen Alltag zu untersuchen.

Die Fragestellung ist daher wichtig für die Untersuchung, sie ist der grundlegende Dreh- und Angelpunkt. Eine gut untersuchbare Fragestellung wäre bspw.: »Über welche Lesekompetenzen verfügt Vera und wie kann sie weiter gefördert werden?«

- Zunächst ist in diesem Falle der Diagnostik der Lesekompetenzen deutlich, dass hier offenbar vorab die Entscheidung gefallen ist, sich ausschließlich auf das Lesen zu fokussieren, nicht auf das Schreiben – das kann bspw. bei einem Kind mit starken handmotorischen Einschränkungen ggf. sinnvoll sein.
- Hat man sich auf eine Fragestellung festgelegt, ist es anschließend wichtig, die Untersuchung zu planen, zu überlegen, welche Bereiche dazugehören und wie diese adäquat untersucht werden können.
- Diese Überlegungen sollten niemals spontan (ohne theoretischen Rahmen) erfolgen, sondern es ist sinnvoll, die Auswahl der Untersuchungsbereiche anhand einer theoretischen Grundlegung des Themas vorzu-

nehmen, wie bspw. in Mathematik in Ausrichtung an dem Modell der Zahl-Größen-Verknüpfung nach Krajewski (2013).

2.2.2 Theoretische Grundlegung und Untersuchungsbereiche

Die theoretische Grundlegung zur Fragestellung dient der gründlichen Erarbeitung des Themas und der daraus folgenden Ableitung der zu untersuchenden Bereiche und Unteraspekte auch unter dem Gesichtspunkt einer anschlussfähigen Gestaltung von Unterricht. Es ist dafür sinnvoll, sich etwa bei der Erfassung von Lesekompetenzen (dieses Thema wird in ▶ Kap. 6 noch genauer betrachtet) zunächst mit verschiedenen Modellen zum Schriftspracherwerb auseinanderzusetzen. Zu diesem Zweck werden in der spezifischen, aktuellen Fachliteratur Bereiche wie der Erwerbsprozess schriftsprachlicher Kompetenzen, relevante Vorläuferfähigkeiten usw. recherchiert.

Geeignete Hinweise und Strukturhilfen, die sich auch an der jeweiligen Didaktik der Fächer orientieren, finden sich in den neueren Bildungsplänen. Insbesondere verwiesen sei hier auf Bayern (2022), Baden-Württemberg (2022) und Nordrhein-Westfalen (2022) (s. u.: »Weiterführende Literatur«).

Weiterführende Literatur (Bildungspläne)

Ministerium für Kultus, Jugend und Sport Baden-Württemberg (Hrsg.) (2022): Bildungsplan Förderschwerpunkt Geistige Entwicklung. (https://www.bildungsplaene-bw.de/,Lde/10359547)

Ministerium für Schule und Bildung NRW (2022): Unterrichtsvorgaben für den zieldifferenten Bildungsgang Geistige Entwicklung an allen Lernorten in Nordrhein-Westfalen. (https://www.schulentwicklung.nrw.de/lehrplaene/vorgaben-sonderpaedagogische-foerderung/zieldifferente-bildungsgaenge/bildungsgang-geistige-entwicklung/index.html)

Staatsinstitut für Schulqualität und Bildungsforschung ISB (2022): LehrplanPLUS Förderschule. Förderschwerpunkt geistige Entwicklung. München. (https://www.lehrplanplus.bayern.de/schulart/foerderschule)

2.2.3 Überlegungen zur Erfassung der einzelnen Bereiche

Im nächsten Schritt ist zu überlegen, wie die einzelnen Aspekte und Unteraspekte, die das Thema ausmachen, erfasst werden können: Stehen dafür normierte Verfahren zur Verfügung? Gibt es passende und aussagekräftige informelle Verfahren? An welcher Stelle sind ergänzende Beobachtungen sinnvoll? Welche weiteren Informationen (bspw. zur bisherigen Entwicklung, zum Unterricht) müssen zusätzlich eingeholt werden? Dabei ist das Alter des Kindes einzubeziehen, ggf. auch seine sprachlichen oder motorischen Besonderheiten ebenso wie weitere Sinnesbehinderungen sowie spezifische Interessen oder Abneigungen, die die Testauswahl (und damit die Qualität des Ergebnisses) beeinflussen könnten.

2.2.4 Das diagnostische Raster – Zusammenführung der Untersuchungsplanung

Die dargestellten Überlegungen münden in ein sogenanntes diagnostisches Raster, das meist in tabellarischer Form der Übersicht im Rahmen der Untersuchungsplanung dient.

Tab. 2.1: Vorlage diagnostisches Raster (eigene Darstellung)

Untersuchungsbereich (UB)	Differenzierung	Begründung	Erfassungsmethoden	Erfassungszeitpunkt
UB 1				
UB 2				
UB 3				

- In der ersten Spalte (Untersuchungsbereich) werden die einzelnen Untersuchungsbereiche zur Fragestellung aufgeführt (bspw. phonologische Bewusstheit).
- Diese werden in der zweiten Spalte (Differenzierung) ggf. ausdifferenziert (bspw. phonologische Bewusstheit im engeren Sinne und phonologische Bewusstheit im weiteren Sinne).
- In die dritte Spalte (Begründung) sollte eine Begründung für die Auswahl dieses Untersuchungsbereichs für die Fragestellung genannt werden. *Achtung:* Wenn es hier schwierig erscheint, eine geeignete Begründung für die Auswahl bzw. das Vorgehen zu finden, ist der Bereich zu überdenken. Wenn bspw. mathematische Kompetenzen als Fragestellung untersucht werden sollen und aus irgendeinem Grund die Stifthaltung bzw. die

Feinmotorik als Untersuchungsbereich aufgeführt wird, würde spätestens hinsichtlich der Begründung klarwerden, dass kein unmittelbarer Bezug zu Mathematik besteht – dass dieser Bereich also mit der Fragestellung nichts (zumindest nicht unmittelbar) zu tun hat und damit aus dem Raster gelöscht werden sollte.

- In der vierten Spalte (Erfassungsmethoden) werden Überlegungen dazu angestellt, welche diagnostischen Verfahren für die Erfassung dieses Untersuchungsbereichs geeignet sind und ob zusätzliche Beobachtungen sinnvoll erscheinen.
  - Bei der Auswahl der Verfahren spielt es zunächst eine Rolle, dass sie vom Alter und der Normierungsstichprobe her passend und die Voraussetzungen des Kindes für die Durchführung geeignet sind (bspw. der Einsatz eines sprachfreien Intelligenztests bei Kindern, die über keine Lautsprache verfügen, eine Hörschädigung haben oder eine andere Sprache als Deutsch sprechen).
  - Gleichzeitig ist im SGE darauf zu achten, dass das Kind vom Alter her nicht am unteren Ende des Altersbereichs eines Tests verortet sein sollte. Kinder mit intellektueller Beeinträchtigung entwickeln sich zudem häufig deutlich langsamer (Sarimski 2013; 2024), sodass altersentsprechende Aufgaben meist nicht gelöst werden können. Wenn ein Kind beispielsweise sieben Jahre alt ist und aktuell Zwei- bis Dreiwortsätze spricht, ist es nicht sinnvoll, einen Sprachentwicklungstest für Siebenjährige zu verwenden. Denn im Vergleich mit Siebenjährigen würden die Kompetenzen dieses Kindes nicht differenziert abgebildet werden, es würde sich bei allen Untertests vermutlich zeigen, dass es weit unterdurchschnittlich abschneidet – im Vergleich mit siebenjährigen Kindern ohne Beeinträchtigung. Individuelle Stärken oder Schwächen innerhalb seines eigenen Kompetenzspektrums können so nicht abgebildet werden. Aus diesem Grund schlägt beispielsweise Aktas (2012; 2017, 221 ff.) für Kinder mit intellektueller Beeinträchtigung ein differenziertes Vorgehen zur Sprachdiagnostik vor, bei dem dann unter Umständen ein Sprachtest für Zwei- bis Dreijährige verwendet wird, obwohl das Kind bereits sieben Jahre alt ist (genauer ▶ Kap. 10).
- Schließlich sind in der fünften Spalte (Erfassungszeitpunkt) die Zeitpunkte der Erfassung auszuweisen. Hier wird Gründlichkeit empfohlen, auch um ggf. im Zuge standardisierter Verfahren das genaue Testalter nachvollziehen zu können (Testtag). So sollten das Datum (bspw. »Montag, 17.01. 2025«) bzw. weitere Hinweise (etwa zur Kommunikationsform: Telefonat, E-Mail oder face-to-face) genau festgehalten und auch die Uhrzeiten exakt notiert werden – also nicht »morgens«, sondern bspw. »10.15 Uhr«. Durch

diese genauen Angaben können auch Außenstehende den Untersuchungsverlauf differenziert nachvollziehen und ggf. Ergebnisse einordnen (bspw. Müdigkeit des Kindes bei der Testdurchführung infolge der späten Uhrzeit im Tagesverlauf).

Das diagnostische Raster dient sowohl als Planungshilfe für die Untersuchung als auch (nach der Durchführung und Auswertung der Ergebnisse) der Sortierung der Ergebnisse aus verschiedenen Verfahren und der ersten Einordnung hinsichtlich der Interpretation. So ergeben sich bspw. für die Fragestellung der phonologischen Bewusstheit im Verlauf der Diagnostik vermutlich Informationen aus verschiedenen Verfahren (bspw. GISC-EL, BISC, IDS-2) – je nachdem, für welche man sich entschieden hat. Diese Informationen werden anschließend, wenn alle Verfahren durchgeführt wurden, unter dem Untersuchungsbereich »Phonologische Bewusstheit« zusammengestellt. Insofern dient das Raster sowohl der Planung als auch der Strukturierung der Ergebnisse im komplexen Diagnoseprozess.

2.3 Diagnostische Verfahren – Beobachtungen und standardisierte/normierte Verfahren

Es wurden in den vorangegangenen Ausführungen an mehreren Stellen unterschiedliche diagnostische Zugangsmöglichkeiten angesprochen, die herangezogen werden können, um die notwendigen Informationen zur Beantwortung der Fragestellung zu erhalten. Diese werden nachfolgend noch einmal gebündelt und voneinander abgegrenzt. Wir unterscheiden dabei zwischen (1) Beobachtungen, (2) Fragebogen- oder Screening-Verfahren sowie (3) standardisierten und (4) normierten Verfahren. Die beiden letzteren (3 und 4) werden im Feld häufig (und fälschlicherweise) synonym verwendet, jedoch ist der Unterschied durchaus bedeutsam (ausführlicher s. u.).

1. *Beobachtungen* sind in der sonderpädagogischen Diagnostik ein sehr wichtiges Instrument. Jede Lehrkraft diagnostiziert – den ganzen Tag. Man könnte in Anlehnung an Watzlawicks bekannten Satz »Man kann nicht nicht kommunizieren« (2016) sagen: »Man kann nicht nicht diagnostizieren.« Die Lehrperson achtet im Grunde permanent darauf, wie Kinder auf Aufgaben oder Anweisungen reagieren, wie sie mit Kritik umgehen,

wie sie Aufgaben bearbeiten, was ihnen gelingt, was ihnen nicht gelingt. Als alleinige Quelle sind Beobachtungen allerdings wenig geeignet, sind sie doch fehleranfällig, je nach Methode subjektiv und zudem situationsabhängig und flüchtig. Diesen Kritikpunkten kann allerdings in Teilen durch eine gute Strukturierung mithilfe eines Beobachtungsbogens begegnet werden (strukturierte Beobachtung). Das ist wichtig, denn etwa bei Kindern und Jugendlichen aus dem Autismus-Spektrum oder auch mit schweren und mehrfachen Behinderungen sind Beobachtungen sogar ausdrücklich das Mittel der Wahl, da bei diesem Personenkreis standardisierte Verfahren oftmals nicht durchführbar sind (▶ Kap. 11). Beobachtungen müssen möglichst objektiv, valide und genau sein. An dieser Stelle helfen strukturierte Beobachtungsbögen, bei denen im Vorfeld bspw. festgelegt wird, was genau der Inhalt der Beobachtung sein soll, welche Aspekte beobachtet werden oder wie diese erfasst werden können.

2. Neben Beobachtungen können auch *Fragebogen- oder Screening-Verfahren* eingesetzt werden, bei denen die Bezugspersonen befragt und um ihre Einschätzung zu verschiedenen Kompetenzen gebeten werden. Diese Verfahren sind immer dann angebracht, wenn es um die Einschätzung von Kompetenzen über einen gewissen Zeitraum hinweg geht, die nicht im Rahmen eines Tests elizitiert (hervorgelockt) werden können, wie beispielsweise bei der Erfassung der sogenannten adaptiven Kompetenzen mit den Vineland-3-Skalen (▶ Kap. 5.4).

3. Unter einem *standardisierten Verfahren* versteht man einen Test, in dem die Aufgaben theoriegeleitet, oft auch sehr praxisbezogen entwickelt wurden, in dem die Durchführung, die Auswertung und die Interpretation der Ergebnisse vorgegeben sind. Es ist damit möglich, Aussagen über die Kompetenzen eines Kindes in einem bestimmten Bereich zu treffen, bspw. darüber, wie gut sein Symbolverständnis ist. Diese Informationen braucht man für den Einsatz von Unterstützter Kommunikation (UK) und sie lassen sich bspw. mit dem TASP (Bruno 2015) oder auch der Tippmal-App (Leber & Vollert 2020) erheben. In diesem Fall spielt es keine Rolle, wie gut das Symbolverständnis anderer Kinder im gleichen Alter ist. Ein (normativer) Vergleich mit Gleichaltrigen ist daher nicht relevant, da in diesem Fall nur die individuellen Kompetenzen des zu testenden Kindes bedeutsam sind. Dennoch ist es sehr komfortabel, hierfür auf Material, Auswertungsanweisungen und Interpretationshilfen eines speziell dafür entwickelten Tests zurückgreifen zu können.

4. Unter einem *normierten Verfahren* versteht man dagegen einen Test, in dem die Aufgaben (ebenfalls) theoriegeleitet entwickelt wurden, in dem die Durchführung, die Auswertung und die Interpretation der Ergebnisse

2.3 Diagnostische Verfahren – Beobachtungen und standardisierte/normierte Verfahren

ebenfalls vorgegeben sind (wie bei den standardisierten Verfahren), bei dem die Ergebnisse des Kindes aber zusätzlich mit einer Vergleichsstichprobe, also mit den Ergebnissen von Kindern gleichen Alters, verglichen werden können. Somit kann bei einem normierten Verfahren eine Einordnung des Ergebnisses vorgenommen werden: Ist es überdurchschnittlich, durchschnittlich, unterdurchschnittlich oder sogar weit unterdurchschnittlich? Intelligenztests, Sprachentwicklungstests oder auch Schulleistungstests, bei denen dann mit der Klassenstufe verglichen wird, gehören daher zu den normierten Verfahren. Um einen Vergleich des Kindes mit altersgleichen Kindern vornehmen zu können, ist es wichtig, dass die Vergleichsstichprobe (man nennt sie auch Eichstichprobe oder Normierungsstichprobe) unter den gleichen Bedingungen getestet wurde wie das Kind, um das es geht. Denn sonst kann man das Ergebnis nicht vergleichen. Hier deutet sich bereits eine Schwierigkeit der Diagnostik im Kontext des hier adressierten Personenkreises an, die weiter unten genauer beleuchtet werden soll (▶ Kap. 4).

> **Normierung – Standardisierung**
> Ein normiertes Verfahren ist immer auch standardisiert: Neben der Normierungsstichprobe, die Vergleiche zulässt, sind also der Ablauf der Durchführung sowie die Art und Weise der Auswertung und Interpretation der Ergebnisse vorgegeben.

Weiterführende Literatur (Grundlagen)

Bundschuh, K. & Winkler, Ch. (2019): Einführung in die sonderpädagogische Diagnostik. München: Ernst Reinhardt.
Hock, M., Peters, J. H., Renner, K.-H. & Krohne, H. W. (2023): Psychologische Diagnostik. Grundlagen und Anwendungsfelder. Stuttgart: Kohlhammer.
Reichenbach, Ch. & Thiemann H. (2024): Diagnostik in der Heilpädagogik. Stuttgart: Kohlhammer.
Scheer, D. (2021): Toolbox Diagnostik: Hilfen für die (sonder-)pädagogische Praxis. Stuttgart: Kohlhammer.

2.4 Grundbegriffe der Diagnostik

Es ist wichtig, einige Grundbegriffe der Testdiagnostik zu erläutern, da sie einem in Berichten und Schulakten begegnen können und auch in den Manualen von Testverfahren genannt und als bekannt vorausgesetzt werden. Dabei ist es uns ein Anliegen, die wichtigsten Begriffe zu nennen und in den Kontext eingeordnet zu erklären, ohne dabei zu sehr in die Testtheorie, Skalierung und Gütekriterien einzusteigen und zu viele mathematische Erläuterungen einzubringen. Diese Entscheidung haben wir bewusst getroffen – auch auf die Gefahr hin, einige Zusammenhänge verkürzt darzustellen. Die Erfahrung zeigt, dass weiterführende Hinweise zur Testtheorie und zur Skalierung mit den dazugehörigen Formeln häufig überblättert werden und dann leider die wirklich wichtigen Begriffe gleich mit überschlagen werden. Zur Vertiefung sei darum auf das Grundlagenwerk »Psychologische Diagnostik« von Schmidt-Atzert, Krumm und Amelang (2022) verwiesen (s. u.: »Weiterführende Literatur«).

Weiterführende Literatur (Grundlagen)

Schmidt-Atzert, L., Krumm, St. & Amelang, M. (Hrsg.) (2022): Psychologische Diagnostik. Wiesbaden: Springer.

2.4.1 Gütekriterien

Wichtigste Voraussetzung für die Anwendung von Testverfahren ist die Frage, ob die Gütekriterien erfüllt sind. Das heißt, ein Testverfahren muss

1. das messen, was es zu messen vorgibt (Validität),
2. genau messen, also heute zum gleichen Ergebnis kommen, wie morgen (Reliabilität) und
3. unabhängig von der Testleitung (TL) messen (Objektivität).

Um diese Hauptgütekriterien zu erfüllen, stehen bei der Testentwicklung verschiedene Möglichkeiten zur Verfügung:

- In Bezug auf die *Validität* ist beispielsweise eine theoretische Fundierung und eine darauf abgestimmte Itemauswahl relevant. Die Aufgaben müssen

trennscharf sein (Itemanalyse), das heißt, sie dürfen nicht noch andere Dinge messen als die, für die sie vorgesehen sind.
- Die *Reliabilität* wird überprüft, indem bspw. bestimmt wird, ob nach einer bestimmten Zeit ein vergleichbares Ergebnis erzielt wird (Retest-Reliabilität) oder ob bei einer Halbierung der Aufgaben in beiden Testteilen das gleiche Ergebnis erreicht wird (Split-Half-Reliabilität).
- Das Kriterium der *Objektivität* wird insbesondere durch sehr konkrete, verbindliche Angaben erfüllt:
  - zur *Durchführung* (was genau wie gesagt werden soll; wie die Sitzposition ist; welches Material in welcher Reihenfolge eingesetzt wird; Abbruchkriterien; Umkehrregeln usw.)
  - zur *Auswertung* (für welche Leistung es einen Rohwertpunkt gibt; wann ggf. Punkte abzuziehen sind usw.)
  - zur *Interpretation* (Gibt es bspw. einen Cut-off-Punkt, der sagt, ab wann ein Ergebnis auffällig ist? Gibt es Interpretationshilfen?)

Beim Einsatz von Testverfahren sollte man im Allgemeinen davon ausgehen können, dass die Gütekriterien bei der Testentwicklung hinreichend beachtet wurden. In der Regel finden sich in den technischen Manualen der Verfahren sehr differenzierte und viele weiterführende Hinweise.

Quellen und Hinweise Internet
Die Kolleginnen und Kollegen der Pädagogischen Hochschule Ludwigsburg erstellen und pflegen eine Informationsdatenbank zu diagnostischen Verfahren, sodass ein umfangreiches Angebot an Informationsmaterialien zu diagnostischen Verfahren, die in der (sonder-)pädagogischen Diagnostik eingesetzt werden, bereitgestellt werden kann (aktuell stehen 14 Verfahren zur Verfügung, u.a. Informationen zu den Vineland-3-Skalen, zur FEW-3, zur SEED-2, zum SON-R 2-8 und zur WISC-V). Die »Informationsdatenbank diagnostischer Verfahren der Pädagogischen Hochschule Ludwigsburg – Dia-Inform« kann kostenlos abgerufen werden unter https://phbl-opus.phlb.de/solrsearch/index/search/searchtype/collection/id/16235.

Ein normiertes Verfahren, das valide und reliabel ist, besteht in der Regel aus verschiedenen Bereichen, die zum Untersuchungsbereich gehören. Ein Intelligenztest beispielsweise wird sich (je nach Altersbereich und dahinter liegendem Konstrukt der Intelligenz; ▶ Kap. 4.2) zusammensetzen aus verschiedenen Bereichen, wie bspw. dem Sprachverständnis, der visuell-räumlichen Verarbeitung, dem fluiden Schlussfolgern, dem Arbeitsgedächtnis und der Verarbeitungsgeschwindigkeit (Zusammensetzung des WISC-V). Diese größeren Bereiche werden Skalen genannt. In der Regel gehören mehrere Untertests zu einer solchen Skala, das heißt, verschiedene Untertests »laden« auf dieser Skala, messen also etwas Ähnliches. Dabei ist es wichtig, dass die Untertests jeweils nur auf einer Skala laden, sie also trennscharf sind.

Die Untertests ihrerseits setzen sich zusammen aus verschiedenen Aufgaben, den sogenannten Items. Items sind damit die kleinste Einheit eines Testverfahrens. Auch hier ist es wichtig, dass die Items trennscharf sind und nur auf einem Untertest laden.

> **Weiterführende Literatur** (Grundlagen)
>
> Grabowski, F., Castello, A. & Brodersen, G. (2022): Diagnostische Gütekriterien bei Statustests. In: Gebhardt, M., Scheer, D. & Schurig, M. (Hrsg.): Handbuch der sonderpädagogischen Diagnostik. Version 1.0. 247–258. (https://doi.org/10.5283/epub.53149)
>
> Renner, G. & Scholz, M. (2022): Fair oder nicht fair, das ist hier die Frage! Die Sicherung der Testfairness als Aufgabe der sonderpädagogischen Diagnostik. In: Gebhardt, M., Scheer, D. & Schurig, M. (Hrsg.): Handbuch der sonderpädagogischen Diagnostik. Version 1.0. 259–274. (https://doi.org/10.5283/epub.53149)

2.4.2 Die Auswertung von Tests

Für die Testauswertung sind einige Begriffe sehr zentral, die nachfolgend anschaulich erläutert werden.

Rohwerte

Unter Rohwerten versteht man die Anzahl an Punkten, die ein Kind (unter Berücksichtigung des Abbruchkriteriums) in den verschiedenen Untertests erreicht hat. In der Regel bearbeiten Kinder bei einem Intelligenztest nicht alle Aufgaben bis zum Ende (es sei denn eventuell bei Hochbegabung), sondern es werden Abbruchkriterien festgehalten, bspw.: »Abbruch bei drei nicht gelösten Aufgaben in Folge.«

Rohwerte haben nun aber als Ergebnis im Grunde keinen Aussagewert. Wenn ein Kind in einem Untertest bspw. einen Rohwert von 43 hat, sagt dies zunächst gar nichts über seine Kompetenzen aus. Man müsste dazu zum einen wissen, wie viele Punkte es insgesamt zu erreichen gibt, und zum anderen, wie viele Aufgaben andere Kinder im gleichen Alter lösen. Wenn man also bspw. wüsste, dass im Untertest insgesamt 90 Punkte zu erreichen sind, ist das immerhin ein Anhaltspunkt, dass das Kind ungefähr die Hälfte der Punktzahl erreicht hat. Ob andere Kinder gleichen Alters aber ebenfalls so viele Aufgaben lösen oder nicht, kann man über die Rohwerte dagegen überhaupt nicht einschätzen. Dafür braucht man die Normierung.

Normierung

Um die Ergebnisse vergleichbar zu machen und sie in einen größeren Bezugsrahmen zu setzen, muss man die Möglichkeit schaffen, die Werte umzurechnen in sogenannte Wertpunkte bzw. Skalenwerte. Was ist bei Wertpunkten bzw. Skalenwerten anders als bei Rohwerten? Rohwerte geben die Anzahl richtig gelöster Items pro Untertest an. Aus ihnen geht jedoch weder hervor, wie viele Punkte insgesamt für einen Untertest erreicht werden könnten – sind es 25 oder 90? –, noch welche Anzahl an gelösten Items aufgrund des chronologischen Alters erwartbar, also durchschnittlich wäre. Die Umrechnung der Rohwerte in standardisierte Wertpunkte bzw. Skalenwerte ermöglicht dagegen Aussagen über den Abstand des erreichten Werts eines Kindes zum Mittelwert (M) der Vergleichsgruppe, indem der Mittelwert auf einen festen Wert fixiert wird (▶ Abb. 2.1, in der die gängigen Skalen aufgeführt werden). Dabei geht man davon aus, dass Merkmale in der Regel normalverteilt sind (vgl. Exkurs »Gaußsche Glockenkurve« sowie ▶ Abb. 2.1).

Exkurs
Gaußsche Glockenkurve
Die Gaußsche Glockenkurve bildet die sogenannte Normalverteilung ab. Sie ist symmetrisch, hat einen Mittelwert (μ), einen einzigen Gipfelpunkt und zwei Wendestellen, die genau eine Standardabweichung (σ) vom Erwartungswert entfernt liegen, nämlich bei $x1 = \mu - \sigma$ und $x2 = \mu + \sigma$. Innerhalb einer Standardabweichung rechts und links vom Mittelwert befindet sich der Durchschnittsbereich, in den ca. 68 % der Vergleichsgruppe fallen. Unterhalb bzw. oberhalb der zweiten Standardabweichung befinden sich nur noch 2,35 % der Vergleichsgruppe (▶ Abb. 2.1).

2 Grundlagen der Diagnostik

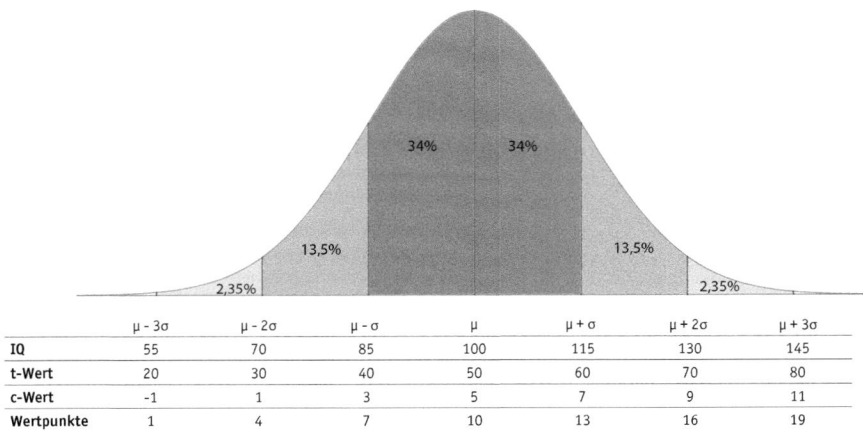

Abb. 2.1: Normalverteilung und gängige Skalen (eigene Darstellung)

> **Gängige Skalen und Standardabweichungen**
>
> **Tab. 2.2:** Gängige Skalen und Standardabweichungen
>
> | Skala | Mittelwert (M) | Standardabweichung (SD) |
> |---|---|---|
> | Wertpunkte | M = 10 | SD = 3 |
> | T-Werte | M = 50 | SD = 10 |
> | C-Werte | M = 5 | SD = 2 |
> | IQ-Werte/Standardwerte | M = 100 | SD = 15 |
> | v-Werte (Vineland Scales 3) | M = 15 | SD = 3 |

Durch diese Zuordnungen wird es möglich, das Ergebnis hinsichtlich seines Abstands vom Mittelwert seiner Altersgruppe einzuordnen. Wie weit ein Ergebnis vom Mittelwert entfernt ist, wird nämlich durch die sogenannte Standardabweichung (engl. Standarddeviation = SD) geklärt. Die Standardabweichung (SD) ist ein Maß für die Streuung, also wie weit oder eng um den Mittelwert herum die Ergebnisse streuen.

- Bei Wertpunkten bzw. Skalenwerten beträgt der Mittelwert 10 und die Standardabweichung 3. Das heißt, alle Ergebnisse, die zwischen 7 und 13

Punkten liegen, sind im Durchschnittsbereich, von 6 bis 4 sind die Werte unterdurchschnittlich und darunter weit unterdurchschnittlich. Analog gelten im überdurchschnittlichen Bereich Werte ab 14 als überdurchschnittlich und Werte ab 17 als weit überdurchschnittlich.
- Bei Standardwerten oder IQ-Werten beträgt der Mittelwert dagegen 100 und die Standardabweichung 15, das heißt, alles unter 85 ist unterdurchschnittlich und unter 70 weit unterdurchschnittlich.
- Bei T-Werten ist der Mittelwert M = 50 und die Standardabweichung SD = 10.
- Bei C-Werten ist der Mittelwert M = 5 und die Standardabweichung SD = 2 (vgl. hierzu im Überblick den Infokasten »Wertpunkte – Skalenwerte – Standardwerte in der KABC-II« sowie ▶ Tab. 2.2).

Um das Testergebnis einordnen und interpretieren zu können, muss die im Test verwendete Skala bekannt sein: Während ein Wert von 62 bei einer T-Wert-Skala überdurchschnittlich wäre, wäre der gleiche Wert bei einer IQ-Skala weit unterdurchschnittlich. Die Angaben zur im Test verwendeten Skalierung finden sich im jeweiligen Handbuch.

> **Wertpunkte – Skalenwerte – Standardwerte in der KABC-II**
> In der Kaufman Assessment Battery for Children – II (KABC-II) (Melchers & Melchers 2015) heißen die Wertpunkte auf der Untertestebene Skalenwerte. Auf Skalenebene heißen die Werte (verwirrenderweise) dann Standardwerte. Die Skalenwerte bzw. Wertpunkte auf Untertestebene sind skaliert mit einem Mittelwert von 10 und einer Standardabweichung von 3. Die Standardwerte sind (ebenso wie die klassische IQ-Skala) skaliert mit einem Mittelwert von 100 und einer Standardabweichung von 15.

Prozentrang bzw. Prozentrangwerte

Häufig wird eine zusätzliche Angabe gemacht, nämlich zum sogenannten Prozentrangwert. Ein Prozentrangwert gibt an, wie viel Prozent der Vergleichsstichprobe gleich gut oder schlechter abgeschnitten haben als das Kind. So sagt ein Prozentrang von 6 aus, dass 94 % der Kinder der Vergleichsgruppe bessere Ergebnisse hatten und nur 6 % gleich gute bzw. schlechtere Ergebnisse. Das ist zwar anschaulich, aber gleichzeitig erlaubt es keine Aussagen darüber, wie die Verteilung genau ist.
Ein Beispiel: Wenn man bei einem Eingangstest für ein Medizinstudium einen Prozentrang von 92 hatte, weiß man, dass nur 8 % der Teilnehmenden

noch besser waren. Man weiß aber im Grunde nichts darüber, ob nicht alle anderen Studieninteressierten, die »gleich gut oder schlechter« waren (92 %) vielleicht nur eine Aufgabe weniger gelöst haben als man selbst. Das ist zwar unwahrscheinlich und im Rahmen einer anzunehmenden Normalverteilung nicht zu erwarten – man kann es allerdings mit der ausschließlichen Angabe von Prozentrangwerten eben nicht genau sagen, man erhält keine Aussagen über die Verteilung und über die Abstände der Personen zueinander (anders als bei T-Werten oder IQ-Werten). Es handelt sich daher bei Prozentrangwerten eher um eine grobe Einschätzung sowie eine weitere Orientierung in der Ergebnisdarstellung.

Konfidenzintervall

Ein weiterer wichtiger Begriff für die Ergebnisdarstellung und -interpretation ist das sogenannte Konfidenzintervall oder auch Vertrauensintervall. Das Problem bei der Anwendung von Testverfahren ist (und das ist auch eine Annahme der klassischen Testtheorie), dass der beobachtete Wert, der im Test ermittelt wurde, nicht der wahre Wert ist, sondern dass dieser beobachtete Wert sich immer zusammensetzt aus dem wahren Wert und einem Fehler. Insbesondere wenn ein Test nicht so genau misst (also nicht sehr reliabel ist, s.o.), ist die Gefahr groß, dass man nicht den wahren Wert ermittelt.

Das bedeutet zum einen, dass man die Testergebnisse immer an der Realität validieren muss, das heißt, sensibel schauen muss, ob die Ergebnisse zu den üblichen Kompetenzen eines Kindes passen. Zum anderen bedeutet es, dass man diesen ermittelten Wert nicht für *bare Münze* nehmen kann. Das ist sehr schade, wähnte man sich doch gerade im Kontext der Standardisierung auf der sicheren Seite mit einem IQ-Wert von beispielsweise 68, also weit unterdurchschnittlich – und nun soll das gar nicht der wahre Wert sein? Dafür gibt es eine Lösung: Man kann um den beobachteten Wert ein sogenanntes *Konfidenzintervall* legen, bei dem man eine Irrtumswahrscheinlichkeit einräumt und diese damit einkalkuliert.

Die Annahme dabei ist folgende: Der wahre Wert liegt vermutlich um den beobachteten Wert herum – es ist sehr unwahrscheinlich, dass der wahre Wert bei einem Testergebnis von 68 bei 125 liegt. Wahrscheinlicher ist, er liegt um 68 herum. Wie weit nach oben oder unten der wahre Wert von der Beobachtung abweichen kann, hängt davon ab, wie sicher man sich sein will, dass er auch wirklich in diesem Intervall liegt, wie hoch die Sicherheit und wie gering damit die Irrtumswahrscheinlichkeit sein soll.

Wenn es einem sehr wichtig ist (bspw. bei wichtigen Schullaufbahnentscheidungen oder Ähnlichem), wählt man ein sichereres Konfidenzintervall von 95 % oder gar 99 %. Dann ist der Bereich um den beobachteten Wert größer, man kann also sicherer sein, dass der wahre Wert auch wirklich im Intervall liegt. Zu 100 % kann man dennoch nicht sicher sein. Zu 100 % könnte man nur *dann* sicher sein, dass der wahre IQ-Wert im Intervall liegt, wenn man sagen würde: »Der wahre IQ-Wert liegt zwischen 40 und 180.« Das wäre dann allerdings keine sinnvolle Aussage mehr. Es ergibt daher Sinn, den wahren Wert um den beobachteten Wert herum zu vermuten und ein gewisses Irrtumsrisiko in Kauf zu nehmen. Aus diesem Grund liest man häufig in den Akten und Untersuchungsergebnissen folgende Angabe, die das Konfidenzintervall beschreibt: Standardwert 68 (64–72, 95 %). In Worten ausgedrückt bedeutet das: Das Kind hatte im Test einen IQ von 68, das Konfidenzintervall gibt mit 95-prozentiger Sicherheit (und dementsprechend 5 % Irrtumswahrscheinlichkeit) an, dass der wahre Wert zwischen 64 und 72 liegt.

Mit Sarimski (2024) kann als grobe Orientierung

> »davon ausgegangen werden, dass mit 95 %iger Wahrscheinlichkeit das ›wahre‹ Testergebnis in einem Konfidenzintervall von +/- 5 Punkten um das ermittelte Testergebnis liegt. Ein Testergebnis von 70 lässt beispielsweise annehmen, dass der »wahre« Wert zwischen 65 und 75 liegt. Das Kriterium für die Diagnose einer intellektuellen Behinderung sollte daher nur dann als erfüllt angesehen werden, wenn der Intelligenztestwert unter 65 liegt« (ebd., 20).

Normative und individuelle Stärken und Schwächen

Wenn ein Kind in einem Test (wie dargestellt) einen Wert unterhalb des Durchschnittsbereichs erhält, spricht man von einer sogenannten normativen Schwäche – seine Leistung ist im Vergleich zur Norm unterdurchschnittlich oder sogar weit unterdurchschnittlich.

Entsprechend spricht man bei Werten, die über dem Durchschnittsbereich einer Skala liegen, von normativen Stärken, die Leistung ist überdurchschnittlich oder sogar weit überdurchschnittlich. Die Trennmarke dafür ist jeweils die Standardabweichung: Bei einer Standardabweichung mit einem Abstand zum Mittelwert von +/- 15 Punkten (bei einer T-Wert-Skala wären das +/- 10 Punkte) spricht man von *über- bzw. unterdurchschnittlich*, bei der zweiten Standardabweichung vom Mittelwert spricht man von *weit über- oder unterdurchschnittlich*.

Neben diesen normativen Stärken und Schwächen gibt es auch individuelle Stärken und Schwächen, die man durch die Testergebnisse entdecken kann. Dafür werden in der Regel die verschiedenen Skalen eines Tests, also die verschiedenen Untersuchungsbereiche, untereinander (wie beim WISC-V) oder mit dem eigenen individuellen Skalenmittelwert (wie bei der KABC-II) verglichen. Damit wird dann deutlich, ob eine einzelne Skala sich von allen anderen positiv oder auch negativ abhebt oder ob die Leistungen des Kindes relativ einheitlich in einem bestimmten Leistungsbereich liegen. Dabei gibt es selbstverständlich immer leichte Unterschiede zwischen den Skalen, das sind dann zufällige Schwankungen. Erst, wenn eine Skala deutlich abweicht und der Abstand dabei einen bestimmten sogenannten »kritischen Wert« überschreitet, wird es signifikant und man spricht von einer individuellen Stärke oder Schwäche.

Boden- und Deckeneffekt

Häufig enthalten Tests viele Aufgaben, die eine sogenannte *mittlere Schwierigkeit* haben, um dort (in der statistisch gesehen größten Gruppe der Probandinnen und Probanden) möglichst gut differenzieren zu können. Das bedeutet aber, dass es an den *Enden* der Verteilung nicht mehr so viele Aufgaben gibt, die bearbeitet werden könnten: Ganz schwache Kinder lösen dann gar keine Aufgaben, ganz starke Kinder lösen alle Aufgaben – es findet daher keine ausreichende Differenzierung mehr statt. Wir sprechen hier von Boden- bzw. Deckeneffekten.

> »Ein Bodeneffekt liegt vor, wenn ein Test keine Items im unteren Schwierigkeitsbereich enthält. Bei starken Bodeneffekten können altersgemäße Ergebnisse nicht von unterdurchschnittlichen Leistungen abgegrenzt werden. Bodeneffekte sind daher hoch relevant, wenn Tests bei Menschen eingesetzt werden, deren Fähigkeiten im unterdurchschnittlichen oder weit unterdurchschnittlichen Bereich liegen« (Renner 2022a, 275; s. u.: »Weiterführende Literatur«).

Wenn also die einfachsten Items schon zu schwierig sind, können schwache Kinder keines davon lösen. Das bedeutet umgekehrt: Wenn man einen Test verwendet, der einen Bodeneffekt aufweist, bei dem also viele Kinder keine der Aufgaben lösen konnten, ist es nicht möglich, die Leistungen von Kindern mit niedrigen Kompetenzen korrekt abzubilden. Das kann bei einem Blick in die Normtabellen festgestellt werden (vgl. hierzu das ebenso sinnvolle wie gut beschriebene Vorgehen von Renner 2022a).

Praxis
Bodeneffekte erkennen
Um zu entscheiden, ob ein Bodeneffekt vorliegt oder nicht, kann die folgende Einteilung von Renner (ebd.) herangezogen werden: Wenn bei einem Testrohwert von 1 (wenn also nur ein einziges Item überhaupt gelöst wurde) ein Wertpunkt > 8 vergeben wird, liegt beispielsweise ein extremer Bodeneffekt vor. Nach Flanagan et al. (2006; zit. nach Renner 2022a, 280) wäre ein Test dann

> »frei von Bodeneffekten, wenn der Rohwert 1 einen Standardwert ergibt, der mindestens zwei Standardabweichungen unter dem Mittelwert liegt (bspw. 4 Wertpunkte, IQ-Wert von 70)« (ebd.).

Ein wichtiger Grundsatz in Bezug auf eine Eignung des Verfahrens für Kinder und Jugendliche mit intellektueller Beeinträchtigung muss daher der Blick ins Handbuch sein, um ggf. Bodeneffekte aufzuspüren, die bereits bei der Testentwicklung nicht ausreichend bedacht und gelöst wurden. Darauf ist insbesondere deshalb hinzuweisen, weil viele Verfahren nicht an Schülerinnen und Schüler im SGE adressiert sind bzw. dieser Personenkreis auch in der Testentwicklung nicht gezielt berücksichtigt wurde. Dies gilt im Übrigen auch für Kinder und Jugendliche mit Migrationshintergrund (vgl. hierzu Joél 2021).

Weiterführende Literatur (Grundlagen Normtabellen)

Renner, G. (2022a): Normtabellen analysieren und beurteilen I: Bodeneffekte erkennen und verstehen. In: Gebhardt, M., Scheer, D. & Schurig, M. (Hrsg.): Handbuch der sonderpädagogischen Diagnostik. Version 1.0. Regensburg: Universitätsbibliothek. 275–290. (https://doi.org/10.5283/epub.53149)

Renner, G. (2022b): Normtabellen analysieren und beurteilen II: Itemgradienten und Altersdifferenzierung. In: Gebhardt, M., Scheer, D. & Schurig, M. (Hrsg.): Handbuch der sonderpädagogischen Diagnostik. Version 1.0. Regensburg: Universitätsbibliothek. 291–304. (https://doi.org/10.5283/epub.53149)

Eine Möglichkeit, mit Bodeneffekten sowie geringer Differenzierung im unteren Leistungsbereich und einheitlichen Leistungsprofilen in der Praxis umzugehen, ist die sogenannte *Alternative Auswertung* nach Valentiner und Kane (2011, 805 ff.), die ihrerseits auf die Arbeiten von Reynolds und Clark (1985) zurückgeht. Im Test KABC-II wird diese Verfahrensweise explizit als Vorgehen vorgeschlagen, im Sinne einer »altersübergreifenden Auswertung« (Melchers & Melchers 2015, 71). Diese Verfahrensweise wird im Kapitel

»Alternative Auswertung (am Beispiel der KABC-II)« (▶ Kap. 2.5.7) ausführlich dargestellt, weil sie eine geeignete Möglichkeit darstellt, mit sehr niedrigen und damit flachen Leistungsprofilen umzugehen, wie wir sie im SGE häufig vorfinden.

2.5 Spezifika im Kontext intellektueller Beeinträchtigung

Renner und Scholz (2022, 259 ff.) stellen zu Recht die Frage, ob eine standardisierte Testung bei Kindern und Jugendlichen mit Beeinträchtigungen *fair* sein kann bzw. was berücksichtigt werden muss, damit sie möglichst fair ist (siehe den vorausgehenden Kasten »Weiterführende Literatur«). Weiter oben wurde im Zuge der Hauptgütekriterien das Kriterium der Objektivität angesprochen, das durch eine möglichst gute Standardisierung der Materialien, der Instruktionen, der Auswertung und der Interpretation eine möglichst hohe Unabhängigkeit von der Testleitung (TL) sicherstellen soll. Diese Vorgabe ist zwar im Prinzip richtig, stößt allerdings an ihre Grenzen, wenn Kinder und Jugendliche aufgrund ihrer (möglicherweise erheblichen) Beeinträchtigung bei einem standardisierten Vorgehen aufgrund eben dieser Standardisierung ihre Leistungen nicht abrufen können – sei es, dass die Materialien zu klein oder unhandlich sind (bspw. beim Mosaik-Test im WISC-V), sei es, dass die Instruktionen zu schwierig und zu komplex sind (Renner & Mickley 2015a).

Ein Test testet dann fair, wenn er in der Lage ist, die Leistungen der Probandinnen und Probanden korrekt abzubilden. »Wenn [also] Personen unterschiedliche Testergebnisse erzielen, soll dies nur ihre Fähigkeitsunterschiede und nicht andere Einflussfaktoren widerspiegeln« (ebd., 260). Das bedeutet, dass in Bezug auf unterschiedliche Personen ein Test unterschiedlich fair sein kann: Kinder und Jugendliche mit Beeinträchtigungen sind dabei besonders gefährdet, *unfair* getestet zu werden, besonders in Verfahren, in denen neben eigentlich konstruktrelevanten Faktoren auch Dinge mitgetestet werden, die eigentlich mit dem Konstrukt nichts zu tun haben, die aber zur Erfassung genutzt werden und das Ergebnis womöglich stark verzerren. Renner und Scholz verdeutlichen dieses Dilemma an einem Beispiel, das wegen seiner hohen Anschaulichkeit hier wörtlich übernommen wird:

»Im Lese- und Rechtschreibtest SLRT-II (Moll & Landerl, 2014) sollen innerhalb von 60 Sekunden so viele Wörter wie möglich laut gelesen werden. Ein Kind mit einer Dysarthrie, einer bei Kindern mit cerebralen Bewegungsstörungen häufigen Sprechstörung, wird in diesem Test auch dann keine guten Leistungen erbringen können, wenn es sicher lesen kann. Nicht das Konstrukt Lesefähigkeit bestimmt die Testergebnisse, sondern die konstruktirrelevante Artikulationsgeschwindigkeit [infolge der motorischen Beeinträchtigung]« (Renner & Scholz 2022, 261).

Es ist also für die Testleitung unerlässlich, genau zu überprüfen, ob der Test überhaupt in der Lage ist, die Fähigkeiten der Testperson adäquat zu erfassen oder ob eine Konfundierung mit seinen Beeinträchtigungen vorliegt. Renner und Scholz (2022) unterscheiden dabei zwischen

- Zielfertigkeiten (diejenigen Fertigkeiten, die der Test eigentlich erfassen will) und
- Zugangsfertigkeiten (alle Fähigkeiten, die vorhanden sein müssen, um die Aufgaben überhaupt bearbeiten zu können).

In der Praxis werden Adaptionen in der Durchführung häufig vorgenommen, wie eine Studie von Reuner und Renner zeigt (Reuner & Renner 2019). Es gibt aber nach Renner und Scholz (2022) im deutschsprachigen Raum kaum empirische Untersuchungen zu den Auswirkungen. Daher liegt es in der Verantwortung der Testleitung, individuelle Barrieren zu erkennen und dann möglichst theoriegeleitet notwendige Anpassungen vorzunehmen. Diese müssen sorgfältig dokumentiert und im Hinblick auf eine mögliche Verfälschung der Anforderungen, Aufgabenschwierigkeit und Gütekriterien (schließlich auch der Ergebnisse) analysiert werden.

Die Autoren führen die Zugangsfertigkeiten tabellarisch auf (ebd., 261; ▶ Tab. 2.3). Diese Übersicht ermöglicht es der Testleitung, die Testaufgaben hinsichtlich möglicher Barrieren zu analysieren.

Tab. 2.3: Zugangsfertigkeiten (Renner & Scholz 2022, 261)

Zugangsfertigkeiten	Beispiele
Hörfähigkeit	Hörschwelle, Ausfälle in bestimmten Frequenzbereichen
Sehfähigkeit	Visus, Farbsehen, Kontrastwahrnehmung, Gesichtsfeld
Wahrnehmungsverarbeitung	Figur-Grund-Unterscheidung, Lautdifferenzierung
Sprachverständnis	Wortverständnis, Satzverständnis
Sprechfähigkeiten	Dysarthrie bzw. Anarthrie, Artikulationsstörung, Stottern

Tab. 2.3: Zugangsfertigkeiten (Renner & Scholz 2022, 261) – Fortsetzung

Zugangsfertigkeiten	Beispiele
Lesen	
Schreiben	
Motorik	Zeigen, Greifen, Aufnehmen, Grafomotorik, Kopfkontrolle, Rumpfkontrolle, persistierende Reflexe
persönliche Bedürfnisse ausdrücken können	Hunger, Durst, Schmerz, Toilettengang, Bedürfnis nach Pause
nachfragen können, wenn etwas nicht verstanden wurde	
Aufmerksamkeit	selektive Aufmerksamkeit, geteilte Aufmerksamkeit, Daueraufmerksamkeit
Selbstorganisation/Selbststeuerung	bei Arbeitsphasen ohne externe Taktung
körperliche Belastbarkeit	
Gedächtnis	kurz- und langfristiges Behalten von Instruktionen
allgemeines und kulturspezifisches Wissen	

Für die Praxis bedeutet dies, dass sich die Testleitung sowohl mit den Zielfertigkeiten als auch mit den Zugangsfertigkeiten der Testpersonen auskennen muss, um im Einzelfall zu entscheiden, welchen Untertest sie wie vorgesehen durchführen kann und welchen sie ggf. anpassen muss – ohne dabei jedoch das Zielkonstrukt zu verändern.

- Wenn es beispielsweise um den FEW-3 geht, einen Test zur Erfassung der visuellen Kompetenzen, bei dem die Testleitung feststellt, dass die Abbildungen für die Testperson zu klein sind, würde eine Vergrößerung der Items das Zielkonstrukt derartig stark beeinflussen, dass es nicht mehr sinnvoll erscheint – geht es hier ja gerade um die Wahrnehmung von (kleinen) Abbildungen.
- Wenn es dagegen um Items in einem Sprachtest geht, bei denen das Kind beispielsweise einen Satz hören und dann zeigen soll, ob auf einer Abbildung die Puppe *vor*, *hinter*, *auf* oder *unter* einem Stuhl liegt, und diese Abbildung in Relation zur Sehfähigkeit des Kindes zu klein ist, ist es im Hinblick auf die Konstruktvalidität in diesem Fall kein Problem bzw. sogar

sachdienlich und erforderlich, diese Abbildungen zu vergrößern – zumal das Kind die Aufgabe ohne Vergrößerung gar nicht bearbeiten könnte.

Bei der Entscheidung, ob bzw. welche Veränderung möglich ist, kommt es also immer und ganz elementar auf die jeweilige Situation, den Test und die Beeinträchtigung an. Renner und Scholz (2022, 268) unterscheiden in diesem Zusammenhang *Akkommodationen* und *Modifikationen*, die auf einem Kontinuum angesiedelt sind.

Dabei sind in Anlehnung an die American Educational Research Association, die American Psychological Association und den National Council on Measurement in Education (2014, 67 ff.) Akkommodationen solche Veränderungen, die nur die Beeinträchtigungen ausgleichen, wie die Verwendung einer Greifhilfe.

Modifikationen sind dagegen weitergehend und verändern unter Umständen die Aufgabenschwierigkeit massiv – sind aber dennoch unerlässlich, weil man die Kompetenzen sonst gar nicht erfassen könnte. Ein Beispiel für eine Modifikation wäre bei einem nichtsprechenden Kind, dass die Antwort nicht verbal formuliert wird, sondern aus einer Auswahl von möglichen Antworten durch Zeigen ausgewählt wird.

Renner und Scholz (2022) schlagen für diese Entscheidungen ein möglichst standardisiertes Vorgehen in fünf Schritten vor (ebd., 263 ff.):

1. Zunächst geht es um die Klärung, welche Konstrukte überhaupt für die Fragestellung relevant sind. Dieser Schritt wurde oben bei der Beschreibung des diagnostischen Rasters bereits angesprochen (▶ Kap. 2.3). Beim Thema Lesekompetenzen sind andere Dinge (also andere Konstrukte) wichtig, als wenn es um mathematische Kompetenzen, um die Sprachentwicklung oder um Fragen von Verhalten und Aufmerksamkeit geht.
2. Auch der zweite Schritt wurde oben bei der Erstellung des diagnostischen Rasters bereits angesprochen: die Frage, ob es für die Untersuchung dieser relevanten Konstrukte geeignete Testverfahren gibt und wie die Zielfertigkeiten aussehen. Deshalb braucht es auch umfängliches Sachwissen über Testverfahren.
3. Im dritten Schritt werden nun die Zugangsvoraussetzungen der einzelnen Kinder analysiert. Welche Fertigkeiten sind bekannt, wie hantiert die Testperson (TP) bspw. mit Gegenständen, wie gut ist im Allgemeinen das Instruktionsverständnis, kann sie gut sehen und hören, ist sie motorisch eingeschränkt oder ist sie generell testängstlich oder offen. Wenn man beispielsweise um das schwache Arbeitsgedächtnis eines Kindes weiß und sich die Instruktionen eines Intelligenztests durchliest, die mehrteilig und

sehr lang sind, ist das ein Hinweis darauf, dass man die Instruktionen genauer anschauen und ggf. anpassen sollte. Dabei ist es sehr wichtig, keine zusätzlichen Hilfen zu geben, um die Aufgaben und damit das zu messende Konstrukt trotz der Anpassung möglichst wenig zu verfälschen. Einige wenige Tests geben Hinweise auf Anpassungen in Form von möglichen Wiederholungen der Testanweisungen oder auch in Form von einfacherer Wortwahl, wenn das Kind die Aufgaben nicht verstanden hat (bspw. Melchers & Melchers 2015, 64).
4. Im nächsten Schritt werden die ermittelten Zugangsfertigkeiten in Bezug auf den jeweiligen Test analysiert, den man dafür natürlich gut kennen muss. Es muss im Vorhinein klar sein, welche Kompetenzen ein Kind bei der Durchführung der verschiedenen Testaufgaben (neben den Zielkompetenzen) benötigt. Wenn es bspw. große sprachliche Schwierigkeiten hat, sowohl beim Verständnis als auch bei der Sprachproduktion, bietet sich als Intelligenztest ein Verfahren aus der Snijders-Oomen-Reihe an, der SON-R 2–8 oder der SON-R 6–40 (je nach Alter). Dabei muss einem bewusst sein, dass diese beiden Tests beispielsweise keine Testung des Gedächtnisses oder der kristallinen Intelligenz beinhalten. Es ist also sinnvoll und notwendig, im Sinne einer Cross-Battery-Testung[3], aus verschiedenen Verfahren, bspw. aus dem KABC-II, zusätzliche Untertests zu ergänzen, die sich dann etwa ins CHC-Modell der Intelligenz einordnen lassen (Mickley & Renner 2019) (vgl. zum CHC-Modell ▶ Kap. 4.2.2). Dabei ist es dann erneut notwendig, die Zugangsfertigkeiten zu betrachten und ggf. Anpassungen vorzunehmen, wie sie nachfolgend in Schritt 5 beschrieben werden.
5. Schließlich geht es um notwendige Anpassungen für die einzelnen Kinder, denn auch bei sorgfältiger Suche nach geeigneten Verfahren mit möglichst wenig Zugangsbarrieren wird es ggf. Aufgaben geben, die in der vorgesehenen Form nicht von der TP bearbeitet werden können. Dabei ist es sehr wichtig, nur die wirklich elementaren Anpassungen vorzunehmen, um keine darüberhinausgehenden Hilfen zu ermöglichen. Die Devise muss sein: so *nah wie möglich* an der Ursprungsfassung, so *angepasst wie nötig*, damit das Kind den Test bearbeiten kann.

---

3 Unter einer Cross-Battery-Testung (auch Cross-Battery-Assessment bzw. abgekürzt als XBA) versteht man eine verfahrensübergreifende Testdiagnostik, bei der Informationen aus verschiedenen Verfahren (bspw. WISC-V und IDS-2) genutzt werden, um ein umfassenderes Bild der intellektuellen Fähigkeiten der Testperson zu erhalten (weiterführend hierzu Renner & Mickley 2015b, 67 ff.).

Dabei geht es neben der Vorbereitung und dem Abklären der Voraussetzungen (▶ Kap. 2.5.1) sowie der Gestaltung des Settings (▶ Kap. 2.5.2) weiterhin um die Adaptionen der Instruktionen (▶ Kap. 2.5.3), der Itempräsentation (▶ Kap. 2.5.4), der Reaktionsform (▶ Kap. 2.5.5) und der Zeitvorgaben (▶ Kap. 2.5.6).

2.5.1 Das Prüfen von Voraussetzungen

Bevor man eine standardisierte Testung von Kindern und Jugendlichen mit intellektueller Beeinträchtigung plant, ist es notwendig, sich mit den Voraussetzungen vertraut zu machen. Häufig führen die Lehrpersonen, die das Kind schon gut kennen, den Test durch (testen also selbst), aber manchmal kann es auch sein, dass man ein Kind testen soll, das einem nur flüchtig oder gar nicht bekannt ist. Dies ist insbesondere im Feststellungsverfahren der Fall (▶ Kap. 13).

Daher sollte man im Vorfeld verschiedene Fragen zu den Voraussetzungen des Kindes klären bzw. beantworten, die in der Übersicht oben bereits angeklungen sind und hier nachfolgend durch eher praktische Tipps ergänzt werden (siehe auch Renner & Scholz 2022, 265):

- Hat das Kind schon Erfahrungen mit Testsituationen und wenn ja, waren diese eher positiv oder eher negativ?
- Nutzt es im Kontext Unterstützte Kommunikation (UK) bspw. Symbolkarten, Talker oder Gebärden? Welche Gebärden sollten Sie kennen?
- Wodurch kann man es gut belohnen und motivieren? Planen Sie ggf. nach jedem Untertest eine Belohnung ein, bspw. ein Sticker oder einen schönen Stempel auf einem Sammelbogen. Dies kann im Übrigen auch hilfreich dabei sein, dem Kind einen Gesamtüberblick über die zu bearbeitenden Aufgaben zu geben.
- Überlegen Sie, was Sie dem Kind zum Ziel der Testung sagen werden. Vermeiden Sie möglichst den Begriff *Test*. Man kann ihn als *spannende Aufgaben* bezeichnen, die man mitgebracht hat, oder als *Spiel(e)*.
- Was ist ein sinnvoller Testzeitpunkt? Und gibt es Schwankungen der Leistung in Abhängigkeit von der Tageszeit?
- Kann es zu epileptischen Anfällen kommen und wie wird dann vorgegangen? (Sind zudem andere medizinische Aspekte zu berücksichtigen?)
- Schließlich sollte grundsätzlich berücksichtigt werden, möglichst nicht genau dann zu testen, wenn die anderen Kinder gerade etwas sehr At-

traktives tun (wenn sie etwa in der Pause sind oder wenn gerade das Schwimmen beginnt).

2.5.2 Überlegungen zur Testsituation und zur Gestaltung des Settings

Analog zu einer guten Vorbereitung des Unterrichts gilt es auch die Testsituation gut vorzubereiten, gerade auch deshalb, weil die Testung nicht selten auch in anderen Einrichtungen stattfindet, bspw. im Zuge des Feststellungsverfahrens oder in Kontexten der Beratung. Hier sind demzufolge nicht nur die eigentlichen Bedingungen des Verfahrens zu betrachten, sondern auch räumliche, personelle und sonstige Aspekte, die die Durchführung eines Tests in irgendeiner Art und Weise beeinflussen können. Unter anderem folgende Fragen spielen dabei eine Rolle:

- Gibt es einen ungestörten Raum, in dem die Testung durchgeführt werden kann (mit geeignetem Mobiliar)?
- Wie unbefangen geht die TP auf ggf. nicht so vertraute Personen zu? Sollte eine Vertrauensperson mit im Raum sein?
- Wie ist die beste Sitzposition, sodass das Kind nicht geblendet ist und genug Licht auf die Aufgaben fällt? Wie wird es am wenigsten abgelenkt?
- Wo sitzt die TL? Rechtshändige Personen sitzen am besten über Eck rechts vom Kind, um sich rechts Notizen machen zu können. Linkshändige Personen sitzen entsprechend über Eck links vom Kind.
- Wo kann eine (Handy-)Kamera platziert werden, sodass der Bildausschnitt sinnvoll ist und es kein Gegenlicht gibt? Das Kind sollte an die Kamera gewöhnt sein und sie weitestgehend vergessen (Bildrechte und Datenschutz kommunizieren).
- Kann bzw. sollte man alternativ zur Filmaufnahme ggf. Audioaufnahmen machen? (vorher ausprobieren; Datenschutz s.o.)
- Benötigt das Kind Pausen und wenn ja, nach wie viel Minuten ungefähr? Wie könnte eine gute Pause für dieses Kind aussehen? Bewegung, Musik, einen Sitzsack nutzen oder ganz andere Dinge?
- Sind alle Materialien bzw. Unterlagen bereitgelegt, ggf. auch Zusatzmaterialien wie Klötze bei adaptierten Aufgaben?

2.5.3 Anpassung der Instruktionen

In manchen Verfahren sind die Instruktionen nicht für Kinder mit intellektueller Beeinträchtigung konzipiert, sondern man geht offenbar davon aus, dass die Kinder über ausreichend gute (aktive, wie auch passive) sprachliche Kompetenzen verfügen. In einem Test zur Erfassung mathematischer Basiskompetenzen (MBK 0) von Krajewski (2018) heißt es beispielsweise im Subtest 7:

> »Nun habe ich Dir Streifen mit Punkten mitgebracht. *Wie viele* Punkte muss man hier (auf 7-er Streifen zeigen) abschneiden, damit er *genauso viele* Punkte hat wie dieser Streifen (auf 5-er Streifen zeigen)« (Krajewski 2018a, 10; Hervorh. i. O. gefettet).

Bei dieser Aufgabenstellung sind verschiedene Schwierigkeiten für Kinder und Jugendliche mit intellektueller Beeinträchtigung in der Wahrnehmung und Interpretation der Aufgabenstellung denkbar:

- Durch den einleitenden Satz: »Nun habe ich Dir Streifen mit Punkten mitgebracht« könnte der Fokus ungünstigerweise auf *mitgebracht* liegen und das Kind schweift gedanklich ab, was es damit wohl machen soll, bspw. was der Anlass für dieses *Geschenk* ist.
- Außerdem wird von *abschneiden* gesprochen, obwohl es keine Schere gibt und auch tatsächlich nichts abgeschnitten werden muss – dies könnte ebenfalls ablenkend wirken.
- Die Beschreibung »damit er genauso viele Punkte hat wie dieser Streifen« ist ebenfalls komplex. Man könnte sie verändern, sodass der Satz kürzer und klarer wird: »damit es genauso aussieht, wie hier«. In der Entwicklung des MBK GE (als Adaption des MBK 0 für die Anwendung bei Schülerinnen und Schülern im SGE) wird die Anweisung wie folgt adaptiert (▶ Tab. 2.4):

Tab. 2.4: Beispiel für Anpassung der Instruktion aus dem MBK GE (eigene Darstellung)

MBK 0 (Original)	MBK GE (Adaption)
»Nun habe ich Dir Streifen mit Punkten mitgebracht. Wie viele Punkte muss man hier (auf 7-er Streifen zeigen) abschneiden, damit er genauso viele Punkte hat wie dieser Streifen (auf 5-er Streifen zeigen)«	»Wie viele Punkte musst du hier (auf 7-er Streifen zeigen) wegnehmen, damit es genauso aussieht wie hier (auf 5-er Streifen zeigen)«

Im Sinne einer Optimierung komplexer Anweisungen gibt es nun verschiedene Adaptionsmöglichkeiten der Instruktionen:

1. Unterstützte Kommunikation (UK): Man kann die Anweisung durch lautsprachunterstützende Gebärden begleiten, wenn man genau weiß, welche Gebärden das Kind kennt und versteht.
2. Leichte Sprache: Man kann die Instruktionen vereinfachen, angelehnt an die Regeln der Leichten Sprache (Bundesministerium für Arbeit und Soziales 2022), die in Zusammenarbeit mit dem »Netzwerk Leichte Sprache« erarbeitet wurden. Dabei ist es sinnvoll, diese Regeln gut zu kennen (kurze Sätze, keine Nebensätze, keine überflüssigen Dinge sagen, Wörter verwenden, die Dinge gut beschreiben, keine Fremdwörter nutzen, möglichst die gleichen Wörter für gleiche Dinge verwenden usw.) (Maaß & Schäfer 2019). Es ist nach unserer Erfahrung jedoch nicht notwendig, sich haargenau an diese Regeln zu halten. Es geht nicht darum, die Regeln möglichst akribisch anzuwenden, sondern vielmehr darum, die Instruktion für die jeweilige TP verständlich zu machen. Das bedeutet bei unterschiedlichen Personen ggf. etwas Unterschiedliches – manche TP haben ein sehr eingeschränktes Arbeitsgedächtnis, sodass es hier besonders auf den Aspekt der kurzen und einteiligen Sätze ankommt, manche haben einen geringen Wortschatz, sodass es darauf ankommt, die verwendeten Wörter daran anzupassen.
3. Feedback: In den meisten Tests wird vorgegeben, dass die TL keine Rückmeldung geben darf. Nun sind Kinder und Jugendlich ohne intellektuelle Beeinträchtigung (für die diese Instruktionen konzipiert wurden) häufig sehr viel stärker intrinsisch motiviert, Leistungen zu zeigen, als Kinder mit intellektueller Beeinträchtigung (Sarimski 2024, 119 ff.). Insofern raten wir zu Verstärkung bei jedem Item im Sinne von »Toll, wie du mitmachst«, einem bestärkendem »m-hm!« und so weiter. Wichtig ist, hier darauf zu achten, dass auch bei den Aufgaben, die falsch sind, bestärkend reagiert wird – sonst ist das Kind schnell verunsichert.

Es kann sinnvoll sein, bei Tests, in denen eigentlich explizit vorgegeben ist, einen Fehler bei der Beantwortung auch als solchen zu benennen (wie bspw. im SON-R 2–8), von dieser Vorgabe abzuweichen. Kinder und Jugendliche mit intellektueller Beeinträchtigung werden davon ggf. deutlich mehr verunsichert als Kinder ohne Beeinträchtigungen. Sie sind oft misserfolgsängstlich, viele Rückschläge gewohnt und würden nach einer negativen Rückmeldung evtl. die weitere Mitarbeit verweigern. Wenn man den Eindruck hat, dass dies der Fall ist, sollten negative Rückmeldungen (auch wenn es eigentlich vorgesehen wäre) vermieden werden. Dies sollte jedoch im Protokoll vermerkt werden, da dies die Standardisierung etwas aufweicht.

Gleichzeitig kann es auch notwendig sein, die Aufgabe in einem anderen Format oder in einer anderen Anordnung zu präsentieren, um die Zugänglichkeit zu erhöhen. Auch solche Variationen sind zu notieren und in der Bewertung zu berücksichtigen (Schmidt-Atzert, Krumm & Amelang 2022).

2.5.4 Anpassung der Itempräsentation

Kinder und Jugendliche ohne Beeinträchtigung sind gewöhnlich in der Lage auf einem abstrakt-begrifflichen Aneignungsniveau zu lernen. Kinder mit intellektueller Beeinträchtigung lernen und arbeiten unter Nutzung unterschiedlicher Aneignungsformen (Terfloth & Bauersfeld 2024). Testverfahren sind mit wenigen Ausnahmen (bspw. GISC-EL für die Lesekompetenzen) nicht für Kinder mit intellektueller Beeinträchtigung konzipiert. Daher sind viele Aufgaben im klassischen Sinne bspw. auf dem Papier und ohne Handlungs- bzw. Materialzugang zu lösen.

Schaut man sich bspw. die Eins-zu-eins-Zuordnung in einem Mathematiktest an, sollen häufig Dinge durch Notation mit dem Bleistift einander zugeordnet werden. Es kann nun verschiedene Ursachen haben, dass einem Kind das nicht gelingt:

- Entweder beherrscht das Kind die Eins-zu-eins-Zuordnung tatsächlich nicht
- oder seine fehlenden Zugangsfertigkeiten hindern es daran, die Aufgabe zu lösen.
- Es kann aber bspw. auch sein, dass es feinmotorische Schwierigkeiten hat und ihm eine saubere Verbindung mit dem Bleistift nicht gelingt
- oder dass es Wahrnehmungsprobleme hat und die abgebildeten zu verbindenden Dinge nicht gut zu differenzieren sind.

Um zu klären, ob das Kind die zu überprüfenden Kompetenzen tatsächlich noch nicht erworben hat, ist es daher sinnvoll, das Item anders zu präsentieren: Auf eine anschauliche Art und Weise, mit konkretem Material. Man könnte die entsprechenden abgebildeten Gegenstände anschaulich darbieten – es kommt dabei nicht darauf an, wirklich die gleichen Dinge zu finden – Hühner und Eier, die im Test einander zugeordnet werden sollen, lassen sich vielleicht schlechter im Klassenraum finden als Trinkbecher und Löffel, die jedes Kind bekommen soll. Wichtig ist, dass das Konstrukt dabei nicht grundlegend verändert wird – man muss sich also gut mit dem Konstrukt auskennen, um einschätzen zu können, ob eine andere Darbietung auch etwas anderes testet, als eigentlich vorgesehen war (▶ Kap. 2.4).

Natürlich verändert man damit die Aufgaben, und Kinder der Vergleichsgruppe hätten evtl. auch bessere Leistungen erbracht, wenn sie keine Verbindungen mit einem Bleistift auf dem Papier hätten vornehmen müssen, sondern ebenfalls konkrete Gegenstände hätten zuordnen können. Dies sollte gründlich reflektiert werden, zudem sollte sorgfältig dokumentiert werden (s. o.), wie die Leistungen der Kinder mit intellektueller Beeinträchtigung erzielt worden sind, welche Anpassungen genau vorgenommen wurden.

Mögliche Anpassungen der Items umfassen (neben den oben beschriebenen ggf. veränderten sprachlichen Instruktionen) verschiedene andere Aspekte (vgl. auch Renner & Scholz 2022, 268):

- Beginn mit dem ersten Item anstatt mit dem vorgesehenen altersentsprechenden Testeinstieg (vgl. Manual KABC-II, 61 ff.) (siehe hierzu auch den Exkurs »Testeinstieg – Testalter«)
- Vergrößerung von Abbildungen
- Verstärkung von Konturen und farbliche Anpassungen der Abbildungen
- Verwendung von konkretem Material anstelle von Papier-Bleistift-Aufgaben
- Greifhilfen (auch mittels Magneten) an den Materialien, bspw. an Puzzleteilen oder Mosaiksteinen.
- Verwendung eines Rahmens, der immer nur das aktuell zu bearbeitende Item sichtbar werden lässt, alle anderen Items abdeckt und einfach verschoben werden kann

Exkurs

Testeinstieg – Testalter

Achtung bei einem Testeinstieg mit dem ersten Item (unabhängig vom Testalter): Hier muss bei der anschließenden Auswertung beachtet werden, was passiert, wenn das Kind über seine eigentliche Einstiegsaufgabe hinaus noch weiterkommt. In diesem Fall müssen alle Items vor der eigentlichen Einstiegsaufgabe als gekonnt gewertet werden, auch wenn es dort den einen oder anderen Fehler gab, da das Kind sonst benachteiligt würde: Denn bei einem üblichen, wie im Handbuch vorgesehen, Vorgehen würden die Items vor der Einstiegsaufgabe ebenfalls alle automatisch als gekonnt gewertet werden, wenn das Kind (bspw. in der WISC-V) die ersten beiden altersentsprechenden Einstiegsaufgaben richtig gelöst hat. Gleichzeitig ist zu berücksichtigen, dass die Testdauer durch einen

> Beginn beim ersten Item unter Umständen verlängert wird – ggf. müssen mehr Pausen eingeplant werden.

2.5.5 Anpassung der Reaktionsform

Kinder mit intellektuellen und anderen Beeinträchtigungen, wie beispielsweise einer Zerebralparese, die das gezielte Greifen oder Zeigen schwierig machen, benötigen Unterstützung bei der Auswahl der Antwort. Zu überlegen ist, ob die Auswahl anders als über das geforderte Ankreuzen erfolgen kann:

- Die korrekte Lösung kann benannt werden, anstatt dass sie gezeigt wird (bspw. »Das Bild oben rechts ist das richtige.«).
- Die korrekte Lösung kann gezeigt werden, anstatt dass sie genannt wird.
- Das Kind kann bspw. auf das Ergebnis zeigen und die Testleitung setzt das erforderliche Kreuz. Dabei ist darauf zu achten, wirklich die Reaktion des Kindes abzuwarten und nicht schon mit dem Bleistift in Richtung der korrekten Lösung zu zeigen oder die Lösung anzuschauen.
- Bei mehreren Auswahlmöglichkeiten kann der Testleiter oder die Testleiterin das Scanning-Verfahren einsetzen (vgl. Renner & Scholz 2022, 268). Dafür muss das Kind sicher »ja« bzw. »nein« kommunizieren können. Die Testleitung zeigt dann nacheinander auf die Auswahlalternativen und das Kind gibt an, ob es diese auswählen will. Auch hier ist die Testleitung angehalten, keine Hilfestellungen zu geben, indem bei der richtigen Lösung länger verweilt wird oder sie unbewusst schneller angesteuert wird als die falschen Alternativen.
- Soll das Kind beispielsweise eine Zahl auf einem Zahlenstrahl einzeichnen, kann die Testleitung auf dem Zahlenstrahl entlangfahren und das Kind signalisiert, wo die richtige Stelle ist.
- Die Auswahl kann auch über die Blickbewegung erfolgen – dafür müssen die Auswahlmöglichkeiten ggf. kopiert, zerschnitten und weiter auseinandergelegt werden, sodass es eindeutig ist.

2.5.6 Anpassung der Zeitvorgaben

In der Regel sollen Testverfahren am Stück durchgeführt werden, manchmal sind explizit Pausen vorgegeben. Kinder mit intellektueller Beeinträchtigung verfügen häufig über eine geringe Daueraufmerksamkeitsspanne (Sarimski 2024, 82 ff.), sodass es sinnvoll sein kann, von vornherein eine Testung zu planen, die auf zwei Termine aufgeteilt ist. Manche Tests sehen auch explizit vor, dass ein Test bspw. innerhalb einer Woche auf zwei Termine aufgeteilt werden kann.

Bei Kindern und Jugendlichen mit intellektueller Beeinträchtigung sind manchmal aber noch mehr Termine notwendig. Auch das ist ein Eingriff in die Standardisierung – wenn aber ein Kind aufgrund von Ermüdung oder Konzentrationsschwäche seine Leistung nicht abrufen kann, ist es keine Lösung, darauf zu bestehen. Auch hier geht unsere Empfehlung dahin, die Bedingungen im Sinne eines Nachteilsausgleichs so zu gestalten, dass es dem Kind oder Jugendlichen überhaupt möglich ist seine Leistung zu zeigen und dies nicht durch Erschöpfung verunmöglicht wird.

Auch ist es sinnvoll, wie oben im Zusammenhang mit der Gestaltung der Testsituation angesprochen, Zeitpunkte zu wählen, in denen das Kind in der Regel aufnahmefähig ist. Manche Kinder sind bspw. montagmorgens immer sehr müde, dieser Zeitpunkt bietet sich also nicht für eine Testung an. Auch direkt nach einem epileptischen Anfall oder einer Auseinandersetzung wäre es nicht sinnvoll, in eine Testung einzusteigen, die die Kompetenzen des Kindes zeigen soll.

Zeitvorgaben für die Bearbeitung von Tests dienen verschiedenen Zielen: Zum einen soll die Konzentration und Aufmerksamkeit nicht über Gebühr belastet werden, sodass nach einer gewissen, vorgegebenen Zeit die weitere Bearbeitung bspw. bei Mosaiken, die nachgelegt werden sollen, abgebrochen wird. Zum anderen dienen Zeitvorgaben dazu, möglichen Deckeneffekten vorzubeugen und auch sehr leistungsstarke Kinder zu erfassen, die die Aufgaben eben nicht nur richtig, sondern zugleich sehr schnell beantworten können.

2.5.7 Alternative Auswertung (am Beispiel der KABC-II)

Üblicherweise werden Testverfahren mit dem Lebensalter bzw. der entsprechenden Klassenstufe ausgewertet, um einen Vergleich mit der jeweiligen Gruppe zu ermöglichen. Warum das bei Kindern und Jugendlichen mit intellektueller Beeinträchtigung manchmal schwierig ist, wird nachfolgend erläutert.

In einem ersten Schritt werden in der Regel die Rohwerte ermittelt und anhand der jeweiligen Alterstabelle für jeden Untertest in die entsprechenden Wertpunkte überführt – diese sind in der KABC-II mit einem Mittelwert von 10 und einer Standardabweichung von 3 skaliert. Daraus werden anschließend die Standardwerte (M = 100, SD = 15) der verschiedenen Skalen berechnet. Dazu werden alle Untertestskalenwerte einer Skala summiert: Zur Skala *Sequentiell* in der KABC-II gehören beispielsweise die Untertests *Wortreihe* und *Zahlennachsprechen*. Das wird für jede Skala durchgeführt und auf diese Art ein Gesamt-Standardwert bestimmt, der ebenfalls mit einem Mittelwert von 100 und einer Standardabweichung von 15 skaliert ist. Dieser Gesamt-Standardwert entspricht dem IQ.

Die Rohwerte einer 17-jährigen Schülerin im SGE werden also mit der Leistung von altersgleichen Jugendlichen ohne Beeinträchtigung verglichen. Bei Schülerinnen und Schülern mit intellektueller Beeinträchtigung ist das Problem jedoch, dass die Testverfahren im unteren Leistungsbereich nicht mehr gut differenzieren (s.o.). Es ergibt sich ein flaches Leistungsprofil, bei dem keine individuellen Stärken und Schwächen mehr festgestellt werden können – nicht, weil sie nicht da wären, sondern weil sie (im Vergleich mit altersgleichen Kindern und Jugendlichen) nicht gut abgebildet werden können.

Die Ergebnisse unserer 17-jährigen Schülerin Nicole werden nachfolgend grafisch dargestellt (▶ Abb. 2.2).

In der obersten Zeile ist der Standardwert von 57 erkennbar (dieser gibt den IQ-Wert an), darunter die Ergebnisse der einzelnen Skalen mit dem jeweiligen Konfidenzintervall. Die Werte der Skala Sequentiell fallen höher aus (73) als die der anderen Skalen. Ob dieses Ergebnis nur eine zufällige Schwankung ist oder eine signifikante individuelle Stärke der Schülerin abbildet, wird erst durch die Analyse der Skalenindices sichtbar (▶ Tab. 2.5).

In der rechten Spalte (▶ Tab. 2.5) wird angegeben, ob die einzelnen Standardwerte signifikant vom Mittelwert aus allen Skalen (siehe *Anmerkung* unter der Tabelle) entfernt ist (Skalenmittelwert: 66 – Skalenindex Sequentiell 73 – Differenz vom Mittelwert: 7). Wenn dieser Abstand einen bestimmten Wert überschreitet, gilt er als so groß, dass er als signifikant bezeichnet wird. Wenn der Abstand besonders groß ist, gibt man *selten* an, auch dafür gibt es einen kritischen Wert, der überschritten sein muss. Selten < 5 % bedeutet dann, dass ein derartig großer Abstand nur in weniger als 5 % der Fälle vorkommt. Für beides gibt es auf dem Bogen für die Handauswertung eine Tabelle, die angibt, ab wann der Abstand jeweils signifikant ist – das ist von Skala zu Skala und je nach Alter unterschiedlich. Bei der computergestützten Auswertung wie in unserem Beispiel werden signifikante Abstände automatisch angegeben. Es finden sich bei der Betrachtung der Skalenindices von Nicole bei der altersentsprechenden Auswertung keine individuellen Stärken und Schwächen (rechte Spalte in ▶ Tab. 2.5).

2 Grundlagen der Diagnostik

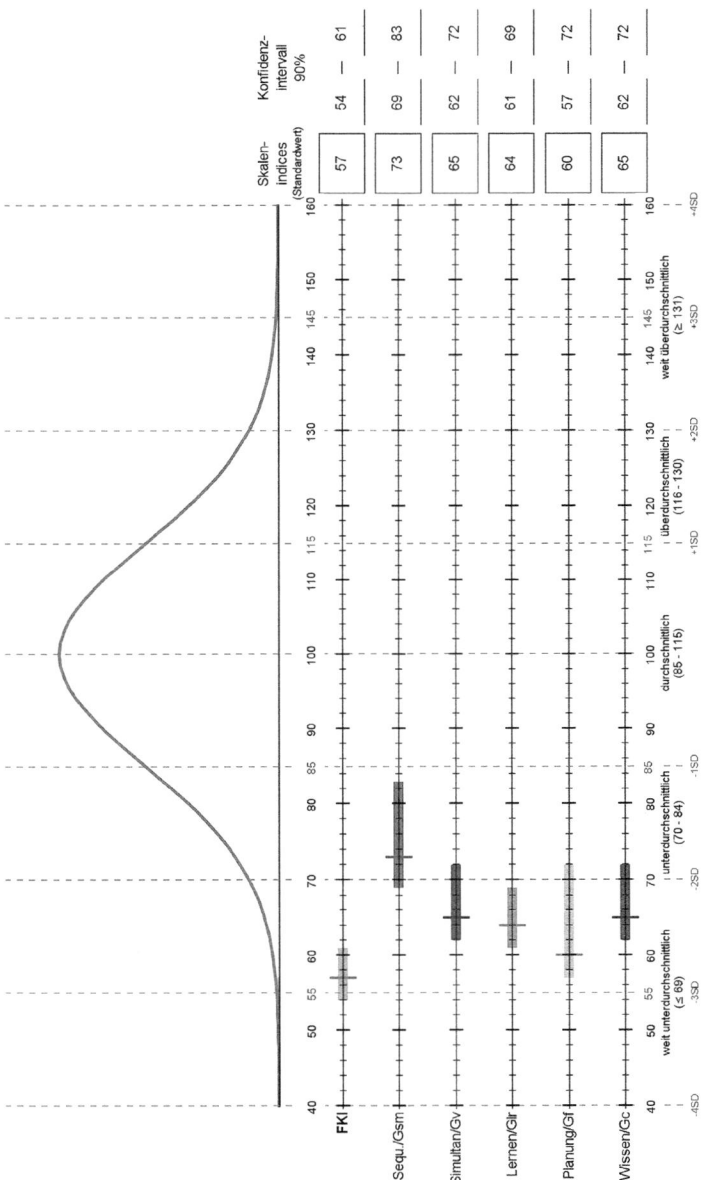

Abb. 2.2: Grafisches Profil der Skalenindices aus der KABC-II (»Kaufman Assessment Battery for Children – II« (KABC-II). Autoren englischsprachiges Original: Alan S. Kaufman, Nadeen L. Kaufman. Deutschsprachige Fassung von Peter Melchers & Martin Melchers © 2004 NCS Pearson, Inc.; deutschsprachige Version © 2015 NCS Pearson, Inc.)

Tab. 2.5: Analyse der Skalenindices aus der KABC-II – Individuelle Stärken und Schwächen (»Kaufman Assessment Battery for Children – II« (KABC-II). Autoren englischsprachiges Original: Alan S. Kaufman, Nadeen L. Kaufman. Deutschsprachige Fassung von Peter Melchers & Martin Melchers © 2004 NCS Pearson, Inc.; deutschsprachige Version © 2015 NCS Pearson, Inc.)

Skala	Skalenindices (Standardwert)	Untertest Skalenwerte			interpretierbar	normative Schwäche/Stärke <85 (NSC) >115 (NST)	individuelle Schwäche (ISC) oder individuelle Stärke (IST) Differenz vom Mittelwert	ISC oder IST selten (p < .05)
		hoch	niedrig	Spannweite				
Sequentiell/Gsm	73	5	5	0	ja	NSC	7	
Simultan/Gv	65	5	4	1	ja	NSC	-1	
Lernen/Glr	64	4	3	1	ja	NSC	-2	
Planung/Gf	63	6	2	4	ja	NSC	-3	
Wissen/Gc	65	5	2	3	ja	NSC	-1	

Anmerkung: Der gerundete Skalenmittelwert beträgt 66. Der Berechnung wurde der Index FKI (einschließlich Wissen/Gc) zugrunde gelegt.

Man kann nun neben der sehr niedrigen IQ- bzw. Standardwert-Angabe von 57 inhaltlich keine differenzierteren Aussagen zu ihren Stärken und Schwächen machen – kann also im Grunde nur sagen: Die Schülerin kann generell sehr wenig. Das stimmt aber so natürlich nicht – der Test kann es nur nicht adäquat abbilden.

Um dennoch Aussagen treffen zu können, kann die sogenannte Alternative Auswertung nach Valentiner und Kane (2011) bzw. Reynolds und Clark (1985) angewendet werden. Bei diesem Vorgehen findet eine erneute Auswertung der Ergebnisse statt, bei der nicht der Vergleich zu anderen 17-jährigen Jugendlichen herangezogen wird, sondern der Vergleich zu Kindern, die dem mittleren kognitiven Entwicklungsalter der TP entsprechen. Dadurch ergibt sich unter Umständen ein besser differenzierendes Bild der individuellen Stärken und Schwächen. Dafür müssen vorausschauend evtl. bereits Untertests mitgemacht werden, die einem jüngeren Alter als dem Lebensalter entsprechen, weil diese später für die erneute Auswertung für jüngere Kinder notwendig sind. Im Falle von Nicole wäre dies der Untertest *Konzeptbildung*.

Die Alternative Auswertung nach Valentiner und Kane (2011) läuft im Überblick folgendermaßen ab: *(1) Entwicklungsalter* für jeden Untertest feststellen, (2) *Median* der Entwicklungsalter in den verschiedenen Untertests bestimmen und (3) *erneute Auswertung* mit dieser Altersstufe durchführen. Dieses Vorgehen wird nachfolgend genauer erläutert:

1. *Entwicklungsalter für jeden Untertest feststellen:* Das Entwicklungsalter gibt an, in welchem Alter die gezeigte Leistung einer durchschnittlichen Leistung entspricht. Um dies festzustellen, wird diejenige Altersstufe ermittelt, in der der jeweilige Rohwert – Achtung: nicht die bereits ermittelten Skalenwerte aus der regulären Auswertung –, also die Punktanzahl, die die Schülerin bzw. der Schüler im Untertest erreicht hat, einem Skalenwert bzw. einem Wertpunkt von 10 entspricht.

   Dafür wird in den Auswertungstabellen *rückwärts geblättert*, bis eine Alterstabelle erreicht wird, bei der der Rohwert zu einem Skalenwert von 10 führt. Dies entspricht dem Entwicklungsalter für diesen Untertest. Achtung: Nicht in allen Testverfahren ist die Skalierung Mittelwert 10 bzw. die Standardabweichung 3. Manche Verfahren geben bspw. T-Werte (M = 50, SD = 10) oder C-Werte (M = 5, SD = 2) an. Es muss daher vorher geklärt werden, nach welchem Wert gesucht wird, um das Altersäquivalent zu bestimmen. Dabei spannen sich die Altersstufen manchmal über zwei bis drei Monate. Für die Medianbestimmung später wird der Einfachheit halber der jeweilige Mittelwert davon gebildet: Wenn der Rohwert bei der Altersstufe 4;6 bis 4;8 zu einem Skalenwert von 10 führen würde, wird 4;7

für die Medianbestimmung gewählt. Es kommt dabei nach unserer Einschätzung nicht auf eine tagesgenaue Bestimmung an, sondern auf eine grobe Tendenz für das jeweilige Entwicklungsalter.

Wenn der Rohwert eines Kindes in mehreren Altersstufen zu einem Skalenwert von 10 bzw. einem Standardwert von 100 führt (manche Fähigkeiten entwickeln sich offenbar langsam) würden wir empfehlen, für die Medianbestimmung den Mittelwert zu nehmen: Angenommen, der Rohwert ist sowohl im Alter von 4;3 bis 4;5 als auch bei 4;6 bis 4;8 und 4;9 bis 5;1 beim Skalenwert von 10, dann wird als Entwicklungsalter für diesen Untertest das gemittelte Alter 4;7 gewählt.

In der KABC-II liegt für die altersübergreifende Auswertung eine spezielle Tabelle (D5) vor, in der die Entwicklungsalter bzw. Altersäquivalente direkt abgelesen werden können. In dieser Tabelle sind diese Aspekte bereits berücksichtigt.

Erreicht ein Kind selbst bei der jüngsten Altersstufe mit seinem Rohwert keinen Skalenwert von 10, lässt sich das genaue Entwicklungsalter für diesen Untertest nicht bestimmen, es kann nur festgehalten werden, dass die Leistung niedriger ist, als sie in der jüngsten Altersgruppe durchschnittlich wäre (in der KABC-II wäre das < 3;0).

2. *Median der Entwicklungsalter in den verschiedenen Untertests bestimmen:* Sind die unterschiedlichen Entwicklungsalter für alle Untertests ermittelt, werden sie der Größe nach angeordnet, um den Median zu bestimmen: also denjenigen Wert, der in der Mitte liegt und die Verteilung in zwei gleich große Teile teilt. Es gibt mehrere Gründe, warum sich dafür der Median besser eignet als das arithmetische Mittel:
   • Beim Median fallen Ausreißer weniger stark ins Gewicht. Wenn die Schülerin in einem Untertest aus persönlichen Gründen bspw. kaum einen Punkt erzielt hat (bspw. »Ich hasse Fische«), sodass das Entwicklungsalter sogar niedriger ist als das niedrigste im Test vorgesehene Testalter, kann es nicht genau bestimmt werden, es kann lediglich mit »< 3;0 Jahre« (s.o.) angegeben werden. Beim arithmetischen Mittel wäre das ein Problem, weil kein konkreter Wert bestimmt werden kann. Beim Median dagegen wird das Ergebnis »< 3;0 Jahre« bei den *jüngsten* Untertests eingeordnet und somit die Schwierigkeit der ungenauen Angabe umgangen. Wenn das allerdings bei mehreren Untertests der Fall ist, sollte man (um Stärken und Schwächen abbilden zu können) darüber nachdenken, einen Test für jüngere Kinder zu verwenden.
   • Auch Ausreißer nach oben könnten beim arithmetischen Mittel das Ergebnis verzerren. Wenn ein Kind eine spezifische Stärke hat, bspw. beim Puzzeln, und hier ein hohes Altersäquivalent erreicht, würde

dieser eine Wert den Mittelwert nach oben verschieben. Im Median würde dieser hohe Wert ganz am Ende eingereiht und das mittlere Entwicklungsalter nicht verzerrt.
- Der dritte Grund ist, dass das Entwicklungsalter keine Dezimalzahl ist, die Angabe 6;4 bedeutet nicht 6,4 Jahre, sondern sechs Jahre und vier Monate. Um hier einen korrekten Mittelwert zu bestimmen, müsste man alle Altersäquivalente in Monate umrechnen.

Im Fall der 17-jährigen Nicole sieht die Tabelle zur Ermittlung des mittleren Entwicklungsalters folgendermaßen aus (▶ Tab. 2.6). Dabei ist zu berücksichtigen, dass der Untertest Konzeptbildung nur bis 6;11 Jahre normiert ist, sie dort aber deutlich besser war (sie ist auch mit 17 Jahren sehr viel älter), insofern muss »> 7 (Jahre)« in der Tabelle stehen. Da man nicht weiß, wie hoch das Entwicklungsalter hier tatsächlich ist, ordnet man es in der Medianbestimmung ganz am Ende ein. Mit dem ermittelten Median wird anschließend eine erneute Auswertung vorgenommen, so als wäre die Schülerin eben nicht 17, sondern (in diesem Falle) 6;3 Jahre. Dies wird mit der Absicht gemacht, dass sich dadurch Stärken und Schwächen zeigen lassen, die in der regulären Auswertung im Vergleich mit 17-Jährigen nicht sichtbar werden konnten.

3. *Erneute Auswertung mit dem mittleren Entwicklungsalter:* Bei der erneuten Auswertung mit dem Entwicklungsalter (▶ Tab. 2.6) ist vorab zu beachten, dass sich die Skalen in dem jüngeren Alter etwas anders zusammensetzen, dass bspw. die Skala Planung wegfällt, die erst bei älteren Probandinnen und Probanden relevant ist. Im vorliegenden Beispiel ergibt die erneute Auswertung mit dem ermittelten mittleren Entwicklungsalter einen Standardwert von 100 (▶ Abb. 2.3) – das ist eine gute Kontrollmöglichkeit dafür, ob man mit dem Entwicklungsalter ungefähr richtig liegt: Sollte der mit dem Entwicklungsalter ermittelte mittlere Standardwert niedriger ausfallen, also bspw. bei 77 liegen, ist das ein Zeichen dafür, dass das ermittelte Entwicklungsalter zu hoch ist und dass es offenbar irgendwo einen Fehler bei der Ermittlung des Medians gegeben hat.

Die Analyse der Stärken und Schwächen zeigt nun zudem eine individuelle Stärke in der Skala Simultan/Gv und eine individuelle Schwäche in der Skala Lernen/Glr, die vorher nicht sichtbar waren (▶ Abb. 2.3).

Tab. 2.6: Tabelle zur Ermittlung des mittleren Entwicklungsalters von Nicole (17 Jahre – KABC-II) (eigene Darstellung)

Untertest	Rohwerte	Entwicklungs-alter	Entwicklungs-alter (sortiert)
Atlantis	56	5;2	4;10
Geschichten ergänzen	19	9;9	5;2
Zahlen nachsprechen	9	6;3	5;4
Rover	11	6;3	5;4
Atlantis (Abruf nach Intervall)	10	5;8	5;8
Wortschatz	15	4;10	5;10
Wort- und Sachwissen	56	10;0	6;3
Symbole	18	5;4	**6;3**
Dreiecke	16	5;4	6;3
Bausteine zählen	17	8;9	6;3
Wortreihe	16	7;3	7;3
Muster ergänzen	8	5;10	8;9
Symbole (Abruf nach Intervall)	9	6;3	9;9
Rätsel	20	6;3	10;0
Konzeptbildung	20	> 7;0	> 7;0
Median			**6;3**

Es ist durch die erneute Auswertung mit dem mittleren Entwicklungsalter möglich, zuvor nicht sichtbare Stärken und Schwächen von Nicole abzubilden und sie für eine Förderung zu nutzen (Förderplanung ▶ Kap. 3). Es sei angemerkt, dass das nicht bei jeder TP und in jedem Fall zu einem solch deutlichen Zuwachs an Informationen führt wie in diesem Beispiel. Es erscheint aber sinnvoll zu sein, im Falle eines deutlich flachen Leistungsprofils die hier gezeigte Möglichkeit der Alternativen Auswertung zu nutzen. Die Anwendung der Alternativen Auswertung ist im Zuge der Ergebnisdarstellung in jedem Fall deutlich auszuweisen, um Missverständnisse zu vermeiden und die sich damit verändernden nummerischen Ergebnisse richtig einordnen zu können (bspw. hier das Ergebnis der individuellen Stärke in der Skala

2 Grundlagen der Diagnostik

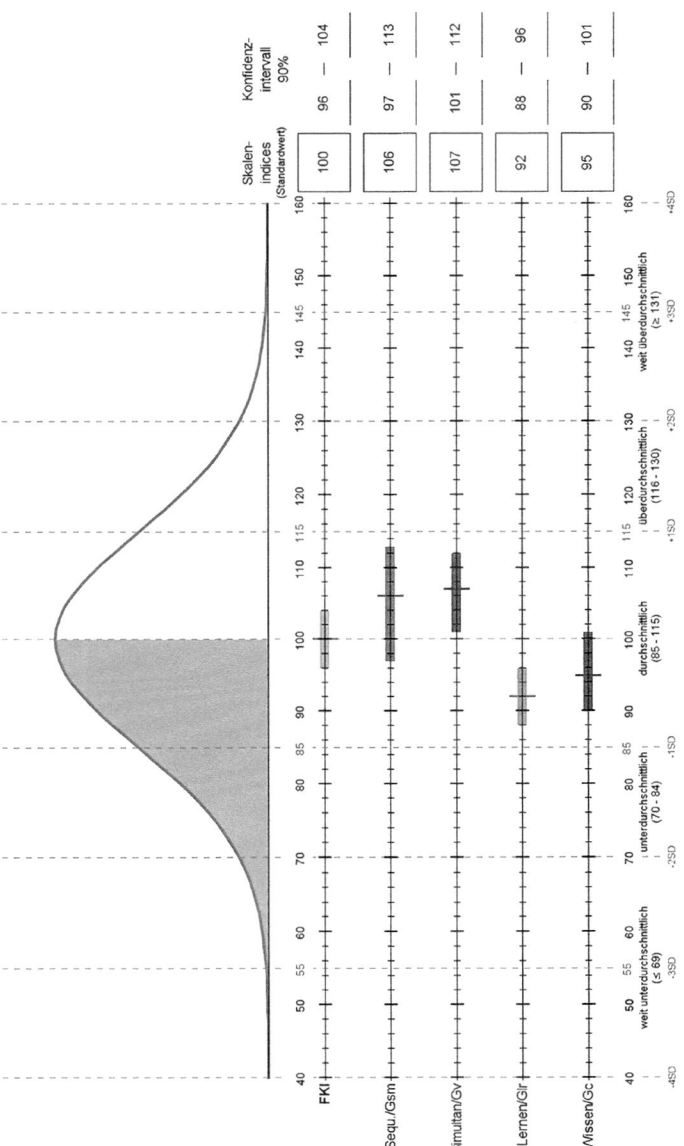

Abb. 2.3: Grafisches Profil der Skalenindices aus der KABC-II mit dem mittleren Entwicklungsalter (Median Entwicklungsalter 6;3 Jahre) (»Kaufman Assessment Battery for Children – II« (KABC-II). Autoren englischsprachiges Original: Alan S. Kaufman, Nadeen L. Kaufman. Deutschsprachige Fassung von Peter Melchers & Martin Melchers © 2004 NCS Pearson, Inc.; deutschsprachige Version © 2015 NCS Pearson, Inc.)

2.5 Spezifika im Kontext intellektueller Beeinträchtigung

Tab. 2.7: Analyse der Skalenindices aus der KABC-II mit dem mittleren Entwicklungsalter (»Kaufman Assessment Battery for Children – II« (KABC-II). Autoren englischsprachiges Original: Alan S. Kaufman, Nadeen L. Kaufman. Deutschsprachige Fassung von Peter Melchers & Martin Melchers © 2004 NCS Pearson, Inc.; deutschsprachige Version © 2015 NCS Pearson, Inc.)

Skala	Skalenindices (Standardwert)	Untertest Skalenwerte hoch	Untertest Skalenwerte niedrig	Spannweite	interpretierbar	normative Schwäche (NSC) oder normative Stärke (NST) < 85 (NSC) > 115 (NST)	individuelle Schwäche (ISC) oder individuelle Stärke (IST) Differenz vom Mittelwert	ISC selten oder IST (p < .05)
Sequentiell/Gsm	106	12	10	2	ja		6	
Simultan/Gv	107	13	9	4	ja		7	IST
Lernen/Glr	92	9	8	1	ja		-8	ISC
Wissen/Gc	95	10	8	2	ja		-5	

Anmerkung: Der gerundete Skalenmittelwert beträgt 100. Der Berechnung wurde der Index FKI (einschließlich Wissen/Gc) zugrunde gelegt.

Simultan/Gv mit einem Standardwert von 107 und einer Differenz vom Mittelwert mit 7; ▶ Tab. 2.7).

2.5.8 Interpretation von Testergebnissen und Nutzen für die Förderung

Ein Intelligenztest birgt neben dem IQ, der ja an sich kaum Aussagekraft bezüglich der Stärken und Schwächen der Schülerinnen und Schüler hat, weit mehr Informationen, die sich für eine sinnvolle Förderung nutzen lassen.

Bei der Interpretation von Testergebnissen ist es zunächst unerlässlich, das Verhalten des Kindes während der Untersuchung gut zu dokumentieren: War es sehr müde oder abgelenkt, unruhig oder wäre es lieber in die Pause gegangen? Dafür eignen sich Beobachtungsbögen wie beispielsweise der VEWU – ein Bogen zur Verhaltensbeobachtung während der Untersuchung von Döpfner und Petermann (2012, 162). Durch diese Notizen zum Verhalten während der Untersuchung können später fundierte Überlegungen zum guten oder schwachen Abschneiden angestellt werden.

Das Auswertungsprogramm der KABC-II dient als erste Interpretationshilfe und lässt Aussagen über den Gesamt-Standardwert, das Konfidenzintervall und die Prozentränge zu. Außerdem wird zu jeder Skala eine eigene Auswertung erstellt: Ist das Ergebnis interpretierbar, ist es über- oder unterdurchschnittlich, gibt es signifikante Stärken und/oder Schwächen.

Aus unserer Sicht ist es anschließend sinnvoll, sich die Ergebnisse auf Untertestebene anzuschauen: Welche Untertests sind die mit den besten Ergebnissen, welche die mit dem schlechtesten Abschneiden? Daran anschließend gilt es zu überlegen, welche Kompetenzen für die Bewältigung der einzelnen Untertests erforderlich sind und folglich, wo mit der Förderung angesetzt werden könnte. Dazu ist es zunächst sinnvoll, sich über die Untertests genau zu informieren, bspw. mit Fragen wie »Was sollen sie testen?«, »Welches Aufgabenformat liegt vor?« oder »Wie ist der Grad der Anschaulichkeit?«. Dazu finden sich im Handbuch des jeweiligen Testverfahrens häufig bereits zahlreiche Hinweise.

Quellen und Hinweise Internet (KABC-II)
Darüber hinaus gibt es speziell in Bezug auf die KABC-II sehr umfangreiche »Arbeitsmaterialien zur KABC-II« von Laschkowski et al. (2016). Die »Arbeitsgemeinschaft Schulberatung in Mittelfranken« (ASchuM) hat eine

Handreichung erstellt, in der neben einer knappen Darstellung des Verfahrens bei jedem Untertest beschrieben wird, welche Kompetenzen für ein erfolgreiches Lösen der Aufgaben vorhanden sein müssen. Außerdem werden Hypothesen formuliert, wieso es sein könnte, dass ein Kind einen Untertest nicht gut lösen kann. Eine qualitative Betrachtung der Ergebnisse auf Untertestebene kann also dazu beitragen, passende Fördermöglichkeiten zu entwickeln. Dieses Vorgehen werden wir im Kapitel zur Kognition an einem Beispiel konkret durchspielen (▶ Kap. 4). Das Skript mit 130 Seiten steht auf der Seite der AG kostenlos zu Verfügung. (https://www.aschum.de/images/Arbeitskreise/Arbeitshilfen_Tests/KABC-II_Gesamtskript.pdf).

3 Grundlagen der Förderplanung

3.1 Die Grundidee der Förderplanung

Im schulischen Kontext lässt sich die Bedeutung von diagnostischen Maßnahmen pointiert herausstellen: Sie sind der Ausgangspunkt für die adaptive, an den individuellen Bedarfen der Schülerinnen und Schüler orientierte Konzeption unterrichtlicher Angebote – oder kurz: ohne Diagnostik kein Unterricht. Die auf den Erkenntnissen diagnostischer Maßnahmen aufbauenden Planungstätigkeiten (Förderplanung) werden dabei oft als spezifisch sonderpädagogisches Element angesehen, sollten prinzipiell aber als Qualitätsstandard für alle Schülerinnen und Schüler (ob mit oder ohne sonderpädagogischen Förderbedarf) und alle schulischen Settings gelten. Denn bei genauer Betrachtung kann Unterricht nur dann adaptiv auf die Bedürfnisse des einzelnen Schülers bzw. der einzelnen Schülerin abgestimmt werden, wenn die jeweiligen Lernausgangslagen und -entwicklungen kontinuierlich von der Lehrkraft in den Blick genommen werden. Die Planung von Unterricht kann demnach

- immer nur vor dem Hintergrund eines je spezifischen Inhalts *(fachwissenschaftlicher und fachdidaktischer Aspekt)*
- mit Blick auf die besonderen Bedarfe des jeweiligen Kindes bzw. Jugendlichen *(individuumbezogener Aspekt)*
- unter Zuhilfenahme geeigneter Maßnahmen *(methodisch-didaktischer Aspekt)* stattfinden.

So wird statusorientierte Diagnostik durch einen prozessorientierten Blickwinkel ergänzt, indem Diagnostik »im schulischen Kontext die formalrechtlich geregelte Feststellung von Förderbedarf (Gutachtendiagnostik) mit einer kontinuierlichen Fortschreibung der Planung und Evaluation der systemisch entwickelten Zielsetzungen (Förderplanung)« (Schäfer & Rittmeyer 2021, 292) verbindet (Schäfer 2025). Förderplanungsprozesse und die darauf fußenden Förderpläne, die konsekutiv an diagnostische Abklärungen anknüpfen, schließen in diesem Sinne die Lücke zwischen Diagnostik und Förderung (Melzer 2021, 81), sodass sonderpädagogische Förderplanung impliziert, dass neben den strukturellen und didaktisch-methodischen auch die organisatorischen und prozessualen Komponenten der sonderpädagogischen Förderung in einen gleichsam konkreten wie systematischen Begründungszusammenhang gestellt werden (Heimlich, Lutz & Wilfert 2021, 12).

An dieser Stelle sei darauf hingewiesen, dass der Begriff der Förderung nicht gänzlich unkritisch zu sehen ist, ist ihm doch ein gewisses passives Element inhärent (ein Kind »wird gefördert«). Wir verstehen Förderung in Anlehnung an Bundschuh (2021, 300) jedoch vielmehr als einen wechselseitigen Prozess, der in Kooperation zwischen Lehrkraft und Lernenden zu fruchtbaren Lernprozessen und Erkenntnissen führen kann. So kennzeichnet Albers in einem Vorwort (Rother 2024, 4) individuelle Lernstandserhebungen und Förderpläne als unverzichtbar für einen erfolgreichen Unterricht in heterogenen Lerngruppen, »da die Unterrichtsgestaltung auf einer den Lernprozess begleitenden pädagogischen Diagnostik und einer kontinuierlichen Dokumentation der Lernentwicklung basiert«.

Popp, Melzer und Methner (2023, 15 f.) führen diesen Gedanken weiter, indem sie Förderplanarbeit als »stetige individuelle Anpassung der entsprechenden Fördermöglichkeiten und -angebote der Schule an den Einzelnen mit seinen individuellen Bedürfnissen und Problemlagen« sehen und somit die Beachtung der Individualität des Einzelnen als zentrales Qualitätskriterium von Förderplänen fassen. Entlang einer individuumzentrierten Sichtweise versteht sich Förderplanung somit »als prozessbegleitendes Instrument individueller Entwicklungsförderung für alle Schülerinnen und Schüler« (Meyer & Grüter 2019, 10).

Förderplanung kann aber nicht losgelöst von anderen pädagogischen Aufgabenfeldern gesehen werden, vielmehr kann Förderplanarbeit immer nur »in der Synopse zu Unterricht, Förderung, Diagnostik und Evaluation betrachtet werden« (Popp, Melzer & Methner 2023, 18). Förderpläne stellen innerhalb dieser Systematik

> »die schriftlich oder auch kognitiv festgehaltene und begründbare Zielfestsetzung [basierend auf einem diagnostischen Verlaufsprozess dar], deren Erreichen im besten Fall von allen am Prozess beteiligten Personen angestrebt wird. Um diese Zielperspektive zu verwirklichen oder sich ihr anzunähern, [...] sollte ein Förderplan auf der Basis diagnostischer Prozesse individuelle Fördermaßnahmen generieren, strukturieren, deren Qualität hinsichtlich einer Zielperspektive überprüfen und sich gegebenenfalls dynamisch an eine neue Ausgangssituation anpassen« (Bundschuh 2021, 298 f.).

3.2 Ablauf und Funktion der Förderplanung

In Anlehnung an Herbig (2020) kann individuelle Förderung als »zyklischer, kumulativ verlaufender und dynamischer Prozess« verstanden werden, »der alle Handlungen von allen am Lehr-Lern-Prozess« (ebd., 88) Beteiligten umfasst. In vielen Publikationen hat sich dafür ein vierschrittiges Vorgehen etabliert, dessen Ausgangspunkt die Diagnostik bildet (siehe hierzu außerdem den Exkurs »Funktionen von Förderplänen« in ▶ Kap. 3.2.4):

3.2.1 Diagnostik

Ausgehend von einer spezifischen Fragestellung werden im ersten Schritt geeignete diagnostische Erhebungsmethoden und -materialien gewählt (▶ Kap. 2.3) und angewendet, um den Ist-Stand zu erheben und somit ein möglichst differenziertes Bild über die Kompetenzen eines Schülers oder einer Schülerin in Bezug auf die konkrete Fragestellung zu erhalten. Hierbei fließen die Erkenntnisse von qualitativen (nicht normierten) Verfahren (bspw. auch Beobachtungsbögen oder Screeningverfahren) ebenso in den Planungsprozess mit ein wie Ergebnisse aus klassischen Testverfahren (bspw. KABC-II oder IDS-2), die Aufschluss über Stärken und Schwächen geben können; ggf. werden sie auch alternativ ausgewertet und können damit als Ausgangspunkt für wesentliche Zielstellungen der Förderung dienen.

Wichtig: von Beginn an sind die Eltern und Erziehungsberechtigten aus zwei Gründen in den Prozess einzubeziehen – zum einen aufgrund der formalen Vorgaben der Information der Schule gegenüber den Eltern und Erziehungsberechtigten (bspw. im Zuge des Feststellungsverfahrens als Moment der Anhörung beschrieben), zum anderen mit der Zielstellung, in einem kooperativen Prozess gemeinsame Überlegungen im Interesse des Kindes und einer optimalen Förderung anzustellen. Die Eltern und Erziehungsberechtigten bringen sich mit ihrer Expertise und wertvollen Hinweisen in der Regel wesentlich in den Prozess der Förderplanung mit ein.

3.2.2 Förderplanung

Im zweiten Schritt werden die diagnostischen Ergebnisse

»unter Berücksichtigung von Sollwerten (Ziele, Konzeptionen etc.), allgemeinen und situativen Bedingungen der Fördersituation (bspw. Klassengröße, Ort, personelle Besetzung etc.) und erziehungswissenschaftlichen, bildungstheoretischen und entwicklungspsychologischen Theorien und Konzepten in pädagogische Handlungsalternativen transferiert« (Popp, Melzer & Methner 2023, 20).

Dabei werden möglichst konkrete und überprüfbare Ziele formuliert, die der Schüler bzw. die Schülerin in einem zeitlich umrissenen Rahmen erreichen soll. Da insbesondere im SGE zumeist viele unterschiedliche Disziplinen im Schulalltag vertreten sind (Förderschullehrkräfte, pädagogische Fachkräfte, Therapeutinnen und Therapeuten, Schulbegleitungen usw.), ist ein kooperativer Planungsprozess, der auch den Schüler bzw. die Schülerin miteinschließt, dringend zu empfehlen und erhöht zugleich das Engagement aller Beteiligten.

3.2.3 Förderung und Unterricht

Die im vorherigen Schritt konzipierten Angebote werden nun im Unterricht (und je nach Bereich auch im außerunterrichtlichen Kontext) implementiert. Auch an dieser Stelle sei darauf hingewiesen, dass die Wahrscheinlichkeit, die Ziele der Förderplanung zu erreichen, deutlich gesteigert wird, wenn alle Beteiligten an der Umsetzung der geplanten Maßnahmen bestmöglich und kooperativ mitwirken.

Hierbei gilt es gerade im Kontext einer kooperativen Förderplanung darauf zu achten, dass neben den inhaltlichen Aspekten (bspw. die Frage inhalts- und entwicklungsbezogener Schwerpunkte) sowohl die personalen als auch die organisatorischen Aspekte klar herausgearbeitet und somit Zuständigkeiten benannt werden. Bspw. ist abzuklären, ob etwa spezifische Differenzierungsangebote vor dem Hintergrund der aktuellen Personalisierung der Klasse angeboten werden können (personaler Aspekt) und ob hierfür ggf. benötigte räumliche Kapazitäten zur Verfügung stehen (organisatorischer Aspekt).

Durch das stete Ineinandergreifen der gesamtschulischen Strukturen personaler und organisatorischer Art ist es besonders wichtig die Planung und Durchführung vereinbarter Fördermaßnahmen als Prozess zu beschreiben, der strukturellen Schwankungen unterliegen kann. Zugleich ist es deshalb besonders wichtig, diesen Prozess (also die Förderung und den Unterricht) klar und mit Weitblick zu planen, um auf die Eventualitäten bestmöglich vorbereitet zu sein und so flexibel reagieren zu können (Fischer & Schäfer 2022).

3.2.4 Evaluation

Im letzten Schritt sollte die Evaluation sowohl das Endergebnis einer Fördermaßnahme (summative Evaluation) als auch deren Verlauf (formative Evaluation) berücksichtigen, um eine belastbare Grundlage zu schaffen, mit deren Hilfe Angebote beendet, angepasst, fortgeschrieben oder neu konzipiert werden können (Popp, Melzer & Methner 2023, 21). Der stetige Blick auf die Entwicklung der Kompetenzen ermöglicht eine kontinuierliche Anpassung der unterrichtlichen Angebote an die aktuellen Bedürfnisse der Schülerinnen und Schüler und erlaubt, Lernfortschritte mit allen Beteiligten zu reflektieren. Die Evaluation bildet zugleich den End- wie auch den Ausgangspunkt für die weitere Förderplanung (vgl. zur Schulentwicklung im Kontext SGE weiterführend Schäfer & Rittmeyer 2019).

Exkurs
Funktionen von Förderplänen
Förderpläne können in Abhängigkeit der jeweiligen Gestaltung des Förderplanungsprozesses unterschiedliche Funktionen haben. Um diese darzustellen, nutzen wir die Ausführungen von Popp, Melzer und Methner (2023, 25 f.). Sie unterscheiden in ihrer Systematik zwischen *elementaren Funktionen* und *erweiterten Funktionen von Förderplänen*, die sie wie folgt näher darlegen:

- *Elementare Funktionen von Förderplänen:*
  - zielführende Funktion (sowohl im Unterricht als auch außerhalb): Förderung muss immer zielgerichtet sein, um möglichst effektiven Unterricht zu gewährleisten. Darüber hinaus wird durch die Erarbeitung des Förderplans eine gemeinsame Zielvereinbarung und -fokussierung des ausführenden Teams ermöglicht.
  - strukturierende Funktion: Die Erarbeitung von Förderplänen kann zur Strukturierung individueller Lernprozesse beitragen.
  - Legitimations- und Dokumentierungsfunktion: Die jeweilige Förderung von Schülerinnen und Schülern kann über Förderpläne sowohl dokumentiert als auch zur Legitimation möglicher Schullaufbahnentscheidungen herangezogen werden.
  - Evaluationsfunktion: Förderpläne können zur Evaluation der Entwicklung des Schülers bzw. der Schülerin in den einzelnen Bereichen und der damit verbundenen Lernangebote durch die Lehrkraft dienen.

- *Erweiterte Funktionen von Förderplänen* können demnach insbesondere dann zum Tragen kommen, wenn die Förderplanung gemeinsam mit den Schülerinnen und Schülern und/oder im Team in Form einer kooperativen Förderplanung vorgenommen wird. Hierzu gehören nach Popp, Melzer und Methner (2023, 25 f.) folgende Funktionen:
  - Transparenzfunktion: Für alle Beteiligten sind die Inhalte und Ziele transparent und klar.
  - Zielbindungsfunktion: Der Schüler bzw. die Schülerin und die beteiligten Lehrkräfte fühlen sich dem vereinbarten Ziel gegenüber verpflichtet.
  - koordinierende Funktion: zur erleichterten Abstimmung und zum verbesserten Austausch mehrerer Lehrkräfte
  - Reframingfunktion: Verschiedene Sichtweisen auf ein und denselben Gegenstand (bspw. das Verhalten eines Schülers bzw. einer Schülerin) können zu einer Veränderung und Neubewertung der als problematisch erlebten Situation führen.
  - Motivationsfunktion: Lehrkräfte – und durchaus auch Schülerinnen und Schüler – können durch die gemeinsame Erstellung und Fortschreibung von Förderplänen neue Motivation zur Förderung gewinnen.
  - Orientierungsfunktion: zur Zielfokussierung im Schulalltag
  - Rückmeldefunktion: Kriteriumsorientierte Rückmeldungen werden insbesondere durch regelmäßige Evaluationen des Förderplans ermöglicht.

Für konkrete Umsetzungsbeispiele verweisen wir an dieser Stelle beispielsweise auf die Konzeptionen KEFF (Kooperative Erstellung und Fortschreibung individueller Förderpläne; Popp, Melzer & Methner 2023) oder ILEB (Individuelle Lern- und Entwicklungsbegleitung; Burghardt & Brandstetter 2008). Beide greifen die vierschrittige Grundstruktur auf, konkretisieren sie insbesondere mit Blick auf methodische Ansätze und rahmen sie mit Empfehlungen und Hinweisen zur konkreten Durchführung.

Weiterführende Literatur (Grundlagen Förderplanung)

Bundschuh, K. (2021): Grundlagen der Förderplanung. In: Schäfer, H. & Rittmeyer, C. (Hrsg.): Handbuch inklusive Diagnostik. Kompetenzen feststellen – Entwicklungsbedarfe identifizieren – Förderplanung umsetzen. Weinheim: Beltz. 296–315.

Burghardt, M. & Brandstetter, R. (2008): Individuelle Lern- und Entwicklungsbegleitung: Aufgabe und Instrument der Arbeit an Sonderschulen. In: Pädagogische Impulse 3 (41) 2–9.

Popp, K., Melzer, C. & Methner, A. (2023): Förderpläne entwickeln und umsetzen. München: Ernst Reinhardt.

4 Kognitive Kompetenzen

4.1 Fallbeispiel

Merle ist ein 9;4 Jahre altes Mädchen mit Trisomie 21, das etwas undeutlich, aber noch gut verständlich spricht. Sie befindet sich im dritten Schulbesuchsjahr an einer Schule mit dem sonderpädagogischen Schwerpunkt Geistige Entwicklung (SGE).

> »Beim Schuleingangstest hat Merle sich total verweigert, aber es war ja irgendwie klar, dass sie Förderbedarf hat, da hat man sie nicht länger mit Tests belastet und ihr den Förderbedarf ›Geistige Entwicklung‹ (GE) zugesprochen. Das passt auch soweit, denke ich«, erzählt die Sonderpädagogin. »Aber so haben wir nun leider keine differenzierten Infos zu ihren kognitiven Kompetenzen und das wäre ja wichtig, um ihr angemessene Angebote zu machen. Ich weiß nicht einmal genau, wie groß ihre Gedächtnisspanne ist, sie kann sich beispielsweise Handlungsabläufe irgendwie total schlecht merken. Oder sie will einfach nicht machen, was wir gerade von ihr verlangen, das weiß man nicht so genau.«
>
> Die Schulbegleitung eines anderen Kindes ergänzt hierzu: »Ja, sie hat offenbar den Förderbedarf im Bereich Geistige Entwicklung, was das aber ganz genau bedeutet, ist mir gar nicht so klar. Ich weiß wohl, dass die Kognition beeinträchtigt ist, aber was zur Kognition genau dazu gehört? – keine Ahnung.«

4.2 Theoretische Grundlagen

Im Fallbeispiel werden verschiedene Aspekte der Kognition angesprochen und es wird zudem die Unsicherheit der Kolleginnen deutlich, was genau nun mit *kognitiven Fähigkeiten* gemeint ist. Außerdem sprechen sie an, dass Merle im Alltag »ganz gut klarkommt« und beschreiben hier implizit die sogenannten adaptiven Kompetenzen (▶ Kap. 5).

Zunächst einmal gilt es zu klären, was man unter Kognition versteht. Was sind kognitive Fähigkeiten und Prozesse? Und in welchen Kompetenzbereichen kann es Schwierigkeiten bei Menschen mit intellektueller Beeinträchtigung geben? Ganz generell umfasst die intellektuelle Kompetenz »die Kapazität und die Strategien zur Verarbeitung von Informationen, die einem Kind oder einer bzw. einem Jugendlichen zur Verfügung stehen« (Sarimski 2024, 52). An dieser Stelle sei vorweg auf die teilweise unklare Verwendung und Vermischung der Begrifflichkeiten hingewiesen. So finden sich in der Literatur neben Begriffen wie intellektuelle Kompetenz und Intelligenz auch kognitive Kompetenzen und kognitive Prozesse, wobei diese Begriffe teilweise äquivalent und alternativ verwendet werden oder gar zur Erläuterung des jeweils anderen Begriffs herangezogen werden. Bevor wir uns in einer Exegese dieser Vielzahl an Begriffen und Denkschulen verlieren, verwenden auch wir sie weitgehend synonym – wobei sich Intelligenz operationalisieren lässt »als allgemeine mentale Fähigkeit, die schlussfolgerndes Denken, Planen, Problemlösen, Verständnis für komplexe Sachverhalte und Lernfähigkeit einschließt« (Schalock & Luckasson 2021; zit. nach Sarimski 2024, 20). Kognitive Prozesse beziehen sich häufig auf die exekutiven Funktionen, die auf den nächsten Seiten konkreter beschrieben werden und die kurz gesagt der Planung, Durchführung und Kontrolle von Handlungen dienen.

Anderson (1992; zit. nach Sarimski 2024, 56) stellt die kognitiven Kompetenzen in Bezug auf ihre Zusammensetzung und Organisation in einem zweidimensionalen Modell dar, wie er in seiner »Theorie der minimalen kognitiven Architektur« ausführt: Auf der einen Seite bringt ein Kind (in Analogie zum Computer) so etwas wie eine Hardware mit, eine Art kognitive Grundausstattung. Diese ist unveränderlich und mehr oder weniger leistungsstark. Dazu gehören das Arbeitsgedächtnis ebenso wie die Fähigkeit, die Wahrnehmung irrelevanter Reize und Reaktionen zu hemmen, die Verarbeitungsgeschwindigkeit sowie weitere modulare Kompetenzen (bspw. die räumliche Wahrnehmung, phonologische Encodierung, syntaktisches Regelwissen, die Theory of Mind, musikalische oder künstlerische Fähigkeiten).

Zu dieser Hardware (als Grundausstattung) kommt die Software, also Strategien, um die Hardware möglichst effektiv zu nutzen. Die individuellen Unterschiede bei erfassten Kompetenzen erklären sich demnach aus

»Unterschieden in der Wissensbasis, der Gedächtniskapazität, der Effizienz zur Repräsentation von Informationen, der Geschwindigkeit des Bearbeitungsprozesses sowie der Breite und Verfügbarkeit von Strategien bei seiner exekutiven Kontrolle« (Sarimski 2024, 56).

Die *Strategien der exekutiven Kontrolle* werden in der Literatur häufig als *exekutive Funktionen* bezeichnet. Die exekutiven Funktionen umfassen dabei alle »Kontrollprozesse bei der Steuerung der Aufmerksamkeit, der Speicherung von Informationen, der Planung von Lösungsstrategien und der Selbstkontrolle bei ihrer Anwendung« (Sarimski 2024, 55) und ermöglichen es den

Kindern, problemlösend zu denken, zielgerichtet zu handeln und auch zu kontrollieren, ob das Handlungsergebnis erfolgreich war. Dabei wird unterschieden in sogenannte *hot executive functions*, die auf die Verhaltensregulierung bezogen sind, und *cold executive functions*, bei denen eher metakognitive Bereiche der Handlungssteuerung im Zentrum stehen.

Die exekutiven Kompetenzen können mit einem Fragebogen, dem BRIEF-L (Lehrkräfte) und dem BRIEF-E (Eltern) bzw. bei Vorschulkindern mit dem BRIEF-P (Preschool) erfasst werden. Es handelt sich um Fragebögen, die von Lehrkräften und/oder Eltern oder anderen Bezugspersonen ausgefüllt werden. Verschiedene Studien zeigen die Relevanz exekutiver Funktionen und deren Einschränkung bei Schülerinnen und Schülern mit intellektueller Beeinträchtigung.

- So erfassten von Seeler und Agha (2021) in einer Stichprobe von N = 69 Schülerinnen und Schülern mit intellektueller Beeinträchtigung zwischen acht und 16 Jahren die exekutiven Funktionen durch Lehrkrafteinschätzungen mit dem BRIEF-L. Sie fanden in nahezu allen Skalen (außer in den Skalen Ordnen und Organisieren) des BRIEF-L auffällige Ergebnisse.
- Damit bestätigen sie die Studien von Janz et al. (2012) sowie Hintermair, Heyl und Janz (2014), die ebenfalls deutlich erhöhte Auffälligkeiten in Bezug auf die exekutiven Funktionen bei Schülerinnen mit intellektueller Beeinträchtigung beschreiben. In diesen zuletzt genannten Studien wurde mit einer Übersetzung des BRIEF-Originals von Gioia et al. (2000) und den amerikanischen Normen gearbeitet, da die deutsche Version des BRIEF-L zu dem Zeitpunkt noch nicht verfügbar war.

4.2.1 Die Erfassung der kognitiven Kompetenzen

Wichtig für die Zuschreibung eines Förderbedarfs im sonderpädagogischen Schwerpunkt Geistige Entwicklung ist (neben den adaptiven Fähigkeiten, die im nächsten Kapitel betrachtet werden; ▶ Kap. 5) nach wie vor der Intelligenzquotient (IQ), der durch einen gängigen Intelligenztest erfasst werden muss (siehe hierzu außerdem die Empfehlungen der KMK 2021). Welche Bereiche im Einzelnen zur Intelligenz gehören, ist von Test zu Test unterschiedlich, da sie auf unterschiedlichen theoretischen Annahmen und damit Modellen beruhen. Trotzdem ist die konvergente Validität zwischen Intelligenztests hoch, sie korrelieren hoch miteinander, wie in verschiedenen Studien belegt werden konnte (vgl. Sarimski 2024, 62). Die unterschiedliche Fokussierung in den Tests kann aber wiederum bedeutsam für eine anschließende Förderung sein, will man die Ergebnisse auch qualitativ-inhaltlich nutzen und nicht nur einen isolierten IQ-Wert feststellen.

So werden bspw. manchmal Aspekte des erworbenen Wissens in die Intelligenzmessung einbezogen (wie bei der KABC-II), manchmal nicht. Ebenso beinhalten die meisten Intelligenztests Aufgaben zur Erfassung des Arbeitsgedächtnisses und der Kurzzeitspeicherung – in den nonverbalen IQ-Tests der Snijders-Oomen-Reihe (SON-R 2–8 und SON-R 6–40) ist das Gedächtnis allerdings nicht enthalten. Es ist daher wichtig, verschiedene Intelligenzmodelle zu kennen und außerdem zu wissen, welche Theorie dem jeweils verwendeten Intelligenztest zugrunde liegt. Unter Umständen sollten im Sinne einer Cross-Battery-Testung (Renner & Mickley 2015b) bspw. als Ergänzung zu einem nonverbalen SON-R-Test noch entsprechende Untertests zur Erfassung der Gedächtnisleistungen aus einem anderen IQ-Test hinzugezogen werden. Auch andere fehlende Aspekte können (für eine qualitativ umfassende Betrachtung der kognitiven Kompetenzen) aus anderen Tests einbezogen werden.

Zur Erfassung der intellektuellen Fähigkeiten stehen eine Reihe Verfahren zur Verfügung, die sich auch bei Kindern und Jugendlichen mit intellektueller Beeinträchtigung einsetzen lassen (Sarimski 2024, 61). Die Wahl eines geeigneten Intelligenztests hängt vom Alter und einigen zentralen Kompetenzen des Kindes ab, in der folgenden Tabelle findet sich eine entsprechende Übersicht (▶ Tab. 4.1; vgl. zu den Abkürzungen die Hinweise im Testverzeichnis in ▶ Kap. 14).

Im Fallbeispiel der neunjährigen Merle (▶ Kap. 4.1) kommen daher verschiedene Tests zur Erfassung der kognitiven Kompetenzen in Betracht: KABC-II, WISC-V und IDS-2 oder auch, falls ihre sprachlichen Schwierigkeiten höher gewichtet werden, ein sprachfreies Verfahren wie SON-R 6–40 oder WNV.

Welcher Test ausgewählt wird, hängt zudem davon ab, welche Aspekte besonders betont werden sollen, wie viel Zeit zur Verfügung steht (der WNV dauert bspw. länger als der SON-R 6–40), ob das Gedächtnis in die Testung mit einbezogen werden soll oder ob es im jeweiligen Fall vorrangig um andere Kompetenzen wie etwa das Kategorienverständnis geht, das wiederum im SON-R 6–40 überprüft wird. Eine sorgfältige Einarbeitung und eine breite Kenntnis unterschiedlicher Verfahren sind daher unerlässlich für die adäquate Auswahl geeigneter Instrumente mit Blick auf das zu testende Kind und die damit verbundene Fragestellung.

Tab. 4.1: Welcher Intelligenztest passt für welche Situation? (Auswahl) (eigene Darstellung)

Alter	Kind spricht/hört nicht gut; verfügt über keine ausreichenden Deutschkenntnisse	Kind spricht und hört ausreichend gut; spricht Deutsch
< 3 Jahre	• Bayley Scales 3 (ab 1 Monat) • SON-R 2–8 (ab 2 Jahre)	• Bayley Scales 3 (ab 1 Monat) • ET 6–6-R (ab 6 Monate)
3 Jahre	• SON-R 2–8 (ab 2 Jahre) • KABC-II (sprachfrei) (ab 3 Jahre)	• KABC-II (ab 3 Jahre) • WPPSI-IV (ab 2;6 Jahre) • IDS-P (ab 3;5 Jahre) • ET 6–6-R • WET (ab 3 Jahre)
4 bis 6 Jahre	• SON-R 2–8 • KABC-II (sprachfrei) • WNV (ab 4 Jahre) • CFT 1-R (ab 5 Jahre)	• KABC-II • WPPSI-IV • IDS-P (bis 5;11 Jahre) • ET 6–6-R (bis 6 Jahre) • IDS-2 (ab 5 Jahre)
6 bis 8 Jahre	• SON-R 2–8 (bis 8 Jahre) • SON-R 6–40 (ab 6 Jahre) • KABC-II (sprachfrei) • WNV • CFT 1-R	• KABC-II • WPPSI-IV (bis 7;7 Jahre) • WISC-V (ab 6 Jahre) • IDS-2
8 bis 10 Jahre	• SON-R 6–40 (ab 6 Jahre) • KABC-II (sprachfrei) • WNV • CFT 1-R • CFT 20-R (ab 8;5 Jahre)	• KABC-II • WISC-V • IDS-2
10 bis 16 Jahre	• SON-R 6–40 (ab 6 Jahre) • KABC-II (sprachfrei) • WNV • CFT 1-R (Normen Förderschule bis 11;11 Jahre) • CFT 20-R	• KABC-II • WISC-V • IDS-2 • WTB (ab 16 Jahre, Normen für Menschen mit intellektueller Beeinträchtigung)
>16 Jahre	• SON-R 6–40 (ab 6 Jahre) • KABC-II (sprachfrei) (bis 18 Jahre) • WNV (bis 21;11) • CFT 20-R (PC-Version, Normen für Menschen mit geistiger Behinderung 20–50 Jahre)	• KABC-II (bis 18 Jahre) • WISC-V (bis 16;11 Jahre) • IDS-2 (bis 20 Jahre) • WTB

4.2.2 Die theoretische Fundierung der Kaufman Assessment Battery for Children – II (KABC-II)

Der Kaufman Assessment Battery for Children-II (KABC-II) liegen zwei theoretische Modelle zugrunde, die neuropsychologische Theorie von Luria und das CHC-Modell von Cattel, Horn und Carroll (Melchers & Melchers 2015, 43 ff.).

Das Luria-Modell geht davon aus, dass die Informationsverarbeitung der relevante Aspekt der kognitiven Leistungsfähigkeit ist: die Wahrnehmung und Speicherung von Reizen und Informationen, das schlussfolgernde Denken sowie die Problemlösefähigkeiten. Welches Wissen ein Kind bis dato erwerben konnte, spielt in dieser Betrachtung keine Rolle – es geht rein um die Informationsverarbeitung. Im CHC-Modell dagegen, der zweiten theoretischen Grundlegung, die nachfolgend konkreter beschrieben wird, kommt zur Informationsverarbeitung noch der Bereich des erworbenen Wissens hinzu.

Das CHC-Modell vereint verschiedene Intelligenztheorien in einem gemeinsamen Modell und ist insofern besonders geeignet, eine differenzierte Betrachtung abzubilden. Es geht auf Arbeiten der Autoren Raymond B. Cattell, John L. Horn und John B. Carroll zurück, ist hierarchisch aufgebaut und besteht aus drei Schichten (Strata).

Dieses Modell geht zunächst davon aus, dass es, im Sinne von Spearman (1904), im übergeordneten Stratum 3 einen Generalfaktor g gibt, der sich auf verschiedene Bereiche auswirkt: Es zeigt sich, dass Kinder häufig in praktisch allen Bereichen sehr gut bzw. schlecht sind, dass es offenbar eine übergeordnete Fähigkeit (jenseits von speziellen Kompetenzen oder Begabungen) gibt, die auf alle Bereiche ausstrahlt.

Gleichzeitig besteht die empirisch belegte Überzeugung, dass zur Erfassung der Intelligenz weitere, gänzlich unterschiedliche Fähigkeiten und Fertigkeiten einbezogen werden müssen. So differenzierte Cattell, ein Schüler Spearmans, in seiner weiterführenden Theorie den Generalfaktor g in die sogenannte *fluide* und *kristalline Intelligenz*, wobei die fluide Intelligenz das logische, schlussfolgernde Denken und die kristalline Intelligenz das erworbene Wissen umfasst (Cattell 1987).

Diese beiden Bereiche sind (neben einigen anderen) auch im CHC-Modell auf Schicht 2 (Stratum 2) zu finden. Sarimski (2024, 53) hat diese sogenannten breiten Fähigkeiten (broad abilities) des Stratum 2 übersichtlich zusammengestellt (▶ Tab. 4.2). Die broad abilities setzen sich ihrerseits auf der Schicht 1 (Stratum 1) aus engeren Fähigkeitsbereichen, den narrow abilities zusammen, die dann in verschiedenen Untertests geprüft werden.

Tab. 4.2: Die breiten Fähigkeiten (broad abilities) des CHC-Modells (nach Sarimski 2024, 53; eigene Darstellung)

Bereich	Beschreibung
schlussfolgerndes Denken	Gebrauch von kognitiven Strategien, um neu auftretende Probleme zu lösen, die nicht durch zuvor gelernte Gewohnheiten und Denk- oder Handlungsschemata gelöst werden können
Kurzzeitspeicherung	Fähigkeit, Informationen kurzzeitig zu speichern und bei der Bewältigung von Aufgaben zu bearbeiten
Langzeitgedächtnis	Fähigkeit, neue Informationen zu speichern und über eine längere Zeitspanne zu konsolidieren
visuell-räumliche Verarbeitung	Fähigkeit, visuell dargebotene Informationen wahrzunehmen, zu diskriminieren und bei einer Problemlöseaufgabe zu einem mentalen Bild zu verarbeiten
auditive Verarbeitung	Fähigkeit, akustisch dargebotene (vor allem sprachliche) Informationen zu unterscheiden, zu speichern und bei der Problemlösung zu verarbeiten
Flüssigkeit der Informationsverarbeitung	Geschwindigkeit und Flüssigkeit, mit der Informationen im Langzeitgedächtnis zugänglich gemacht werden können

Zusätzlich zu den Bereichen, die auch durch das Luria-Modell abgedeckt sind, kommt in der KABC-II unter Beachtung des CHC-Modells der Aspekt Wissen hinzu. Die einzelnen Skalen werden in einem späteren Abschnitt noch konkreter beschrieben (▶ Kap. 4.4). Längst wird nicht in allen Testverfahren die zugrunde liegende Theorie so explizit dargestellt, wie wir dies in der KABC-II finden; die Snijders-Oomen-Reihe der nonverbalen Intelligenztests macht bspw. wenig Angaben zur theoretischen Grundlegung. Die dort getesteten Bereiche mit der Fähigkeit zum Erkennen von Unterschieden und Zusammenhängen sowie zum schlussfolgernden Denken sind jedoch am ehesten der fluiden Intelligenz nach Cattell zuzuordnen.

Hat man als Testleitung entschieden, welche Bereiche der Intelligenz für die jeweilige Fragestellung relevant sind, kann das Verfahren ausgewählt werden, das die für dieses spezifische Kind relevanten Aspekte auch tatsächlich erfasst und das vom Alter, von den sprachlichen, körperlichen und kulturellen Voraussetzungen für dieses Kind möglichst passend ist. Ggf. müssen in einem weiteren Schritt fehlende Aspekte noch separat erfasst werden, wenn sie mit dem ausgewählten Test nicht erhoben werden können. Wir sprechen hier von »möglichst passend«, um gerade im Kontext intellektueller Beeinträchtigung zugleich die Grenzen der Passung solcher Verfahren mit in den Blick zu nehmen (vgl. hierzu außerdem Joél 2021).

Der Prozess der Testauswahl wird nun am Beispiel von Merle dargestellt. Hierzu soll das diagnostische Raster genutzt werden, dessen Vorzüge bereits ausführlich vorgestellt wurden (► Kap. 2.2).

4.3 Untersuchungsplanung und diagnostisches Raster

Im oben genannten Beispiel handelt es sich um die 9;4-jährige Merle mit Trisomie 21, bei der die Lehrkräfte aufgrund der bis dato fehlenden differenzierten Diagnostik keine konkreten Informationen zu ihren kognitiven Kompetenzen haben. Neben einem IQ-Wert sind auch die unterschiedlichen Fähigkeitsbereiche relevant und genau genommen wichtiger, um Informationen über ihre Kompetenzen, aber auch über ihre Förderbedarfe in unterschiedlichen Bereichen wahrzunehmen und Merle anschließend adäquat fördern zu können.

Beim nachfolgenden diagnostischen Raster (angelehnt an ► Tab. 2.1) für Merle zu den kognitiven Funktionen sind (wie in allen anderen Kapiteln auch) die Randbereiche der Untersuchungsplanung, wie bspw. das Arbeitsverhalten, Interessen, aber auch etwaige Verhaltensauffälligkeiten ausgeblendet, da hier der Fokus auf den kognitiven Prozessen liegen soll. Die Intelligenzfaktoren (Gf, Gc, Gsm, Ga – Bezeichnungen aus KABC-II; ► Tab. 4.3) erweisen sich als besonders relevant für den Erwerb schulischer Fähigkeiten (Mickley & Renner 2010, 453). Im Raster werden verschiedene mögliche Verfahren genannt, die für das Thema eingesetzt werden könnten (► Tab. 4.3).

Bei der neunjährigen Merle stehen im diagnostischen Raster sowohl die WISC-V (s.u.: Kasten »Wechsler Intelligence Scale for Children«) als auch die IDS 2 (s.u.: Kasten »Intelligence and Development Scales – 2«), der SON-R 6–40 (s.u.: Kasten »Snijders-Oomen Nonverbaler Intelligenztest 6–40«) oder die KABC-II (► Kap. 4.4) zur Auswahl. Wie kann nun entschieden werden, welcher Test geeignet ist und ob ggf. verschiedene Tests kombiniert werden sollten?

Tab. 4.3: Untersuchungsplanung und diagnostisches Raster zum Bereich Kognition von Merle, 9;4 Jahre (eigene Darstellung)

Untersuchungsbereich	Differenzierung/Begründung	Methode/Verfahren
Wahrnehmung	*visuell-räumliches Denken (Gv):* • Auge-Hand-Koordination • Abzeichnen • Figur-Grund • Gestaltschließen • Formkonstanz	• FEW-3 Test zur visuellen Wahrnehmung • Beobachtungen im Alltag und aus der Bearbeitung der KABC-II
kognitive Kompetenzen (inkl. IQ und Entwicklungsalter)	• *Sequentiell/Gsm:* Die Skala Kurzzeitgedächtnis erfasst Leistungen des phonologischen Arbeitsgedächtnisses. • *Planung/Gf:* Die Skala erfasst die fluide Intelligenz, d. h. die Fähigkeit zur Planung und zum schlussfolgernden Denken. • *Lernen/Glr:* Die Skala Langzeitgedächtnis und -erinnerung erfasst die Fähigkeit zur Speicherung von Informationen im Langzeitgedächtnis und zu deren Wiederabruf. • *Simultan/Gv:* Die Skala Visuelle Verarbeitung erfasst die grundlegende Fähigkeit zur Wahrnehmung visueller Muster und Reize und zum mentalen Umgang mit diesen Mustern und Reizen. • *Wissen/Gc:* Die Skala Kristalline Fähigkeit erfasst das Ausmaß spezifischen Wissens, welches ein Mensch innerhalb einer Kultur erworben hat und die Fähigkeit, dieses Wissen effektiv anzuwenden (aus: https://www.psychometrica.de/KABC-II.html).	• KABC-II (FKI-inkl. Wissen), SON-R 6-40, WISC-V oder IDS2 • Ggf. werden schon Untertests für jüngere Kinder mitgemacht für eine sogenannte Alternative Auswertung (▶ Kap. 2.5.7) • Beobachtungen im Alltag
exekutive Funktionen	• cold executive functions • hot executive functions (▶ Kap. 4.2)	• BRIEF-E und BRIEF-L • Beobachtungen zur Handlungsplanung

Die Wechsler Intelligence Scale for Children (5th edition, WISC-V) ist ein gängiges und erprobtes Verfahren, das ein differenziertes Profil über die Leistungen der Kinder und Jugendlichen zwischen 6;0 und 16;11 Jahren ermöglicht. Dieser Test liefert einen Gesamt-IQ-Wert sowie sogenannte primäre und sekundäre Indexwerte. Es ist möglich, eine Differenzanalyse zur Ermittlung der individuellen Stärken und Schwächen, ebenso wie die Bestimmung eines nonverbalen Index, vorzunehmen. Die Testdurchführung ist relativ komplex, liefert dafür aber ein differenziertes Profil der kognitiven Fähigkeiten und wäre daher aus unserer Perspektive gut geeignet (s. u.: Kasten »Wechsler Intelligence Scale for Children«). Dieser Test ist im Fall von Merle an der Schule nicht vorhanden, daher wird er (trotz der grundsätzlich sehr guten Eignung) verworfen. Auch das ist eine praktische Erfahrung, dass man als Lehrperson auch mit den infrastrukturellen Gegebenheiten an der Schule umgehen muss.

Der IDS 2 ist ebenfalls ein gängiger Intelligenztest, der es erlaubt ein umfassendes Kompetenzprofil von Kindern und Jugendlichen im Alter von fünf bis 20 Jahren abzubilden, und wäre daher für Merle gut geeignet (s. u.: Kasten »Intelligence and Development Scales – 2«). Bei diesem Test, der zwar an der Schule vorhanden ist, ist sich die Lehrkraft allerdings etwas unsicher in der Durchführung, da sie meistens mit der KABC-II getestet hat und sich hier sicherer ist – auch dies kann manchmal eine Entscheidung für oder gegen einen Test beeinflussen, wenngleich unsere Empfehlung ist, sich mit mehreren Verfahren gut auszukennen, damit man flexibler ist.

Merle verfügt über eine recht gut verständliche Sprache, daher ist ein rein nonverbaler Test aus unserer Sicht nicht unbedingt notwendig (zumal relevante Aspekte wie das Gedächtnis nicht erfasst werden würden). Da viele Kinder mit intellektueller Beeinträchtigung aber über eine nicht so gut ausgeprägte Lautsprache verfügen, soll (auch wenn es bei Merle nicht notwendig ist) der SON-R 6–40 hier ebenfalls kurz vorgestellt werden (s. u.: Kasten »Snijders-Oomen Nonverbaler Intelligenztest 6–40«). Die Erfahrung zeigt zudem, dass dieser Test in vielen Schulen vorliegt und die Durchführung nicht so lange dauert.

> **Wechsler Intelligence Scale for Children (5th edition – WISC-V)**
> In der WISC-V (Wechsler 2017) werden neben der allgemeinen Intelligenz auch spezifischere kognitive Kompetenzen bei Kindern und Jugendlichen zwischen sechs und 16 Jahren erfasst. Es ist ein komplexer Test, der ein umfassendes Profil der Fähigkeiten abbilden kann. Neben einem Gesamt-IQ werden fünf sogenannte primäre Indices gebildet, die verschiedene Fähigkeitsbereiche umfassen: Sprachverständnis, die visuell-räumliche Verarbeitung, fluides Schlussfolgern, Arbeitsgedächtnis und Verarbeitungsgeschwindigkeit. Zusätzlich erlaubt der Test noch weitere sogenannte sekundäre Indices abzubilden.

Die primären Indices umfassen zehn Untertests: Gemeinsamkeiten finden (GF), Wortschatztest (WT), Mosaiktest (MT), Visuelle Puzzles (VP), Matrizentest (MZ), Formenwaage (FW), Zahlen nachsprechen (ZN), Bilderfolgen (BF), Zahlen-Symbol-Test (ZST) und Symbolsuche (SYS). Die sekundären Indices bilden sich aus den folgenden Subtests: Allgemeines Wissen (AW), Allgemeines Verständnis (AV), Buchstaben-Zahlen-Folgen (BZF), Durchstreichtest (DT) und Rechnerisches Denken (RD). Der Gesamt-IQ wird über die Leistung in sieben primären Subtests (MT, GF, MZ, ZN, ZST, WT und FW) bestimmt.

Es ist möglich, individuelle Stärken und Schwächen der Testperson über den Vergleich eines Index- oder Subtestwertes mit dem Gesamt-IQ bzw. dem Mittelwert der primären Indexwerte festzustellen. Außerdem ist es möglich, Diskrepanzvergleiche zwischen den einzelnen Indices, den Subtests oder zwischen Prozesswerten vorzunehmen, um so ein differenziertes Bild der Fähigkeiten zu erhalten. Ein Fallbuch (Daseking & Petermann 2021) hilft bei der Interpretation der Ergebnisse. (Weitere Informationen zu den Gütekriterien sowie Hinweise zu den Kosten wie bspw. dem Verbrauchsmaterial finden sich auf der Seite der Testzentrale unter https://www.testzentrale.de → Suchbegriff: WISC-V)

Intelligence and Development Scales – 2 (IDS 2)
Bei der IDS 2 (Grob & Hagmann-von Arx 2018) handelt es sich um einen entwicklungsbezogenen Intelligenztest, mit dem Kinder und Jugendliche im Alter von 5;0 bis 20;11 Jahren getestet werden können.

Der Test ist modular aufgebaut und basiert ähnlich wie die KABC-II theoretisch auf dem CHC-Modell. Es ist möglich, mit nur zwei Untertests ein IQ-Screening vorzunehmen. Der IQ wird dann mit sieben Untertests bestimmt. Außerdem ist es möglich, ein umfassenderes IQ-Profil mit vierzehn Untertests und sieben Faktoren zu erstellen: visuelle Verarbeitung, Verarbeitungsgeschwindigkeit, auditives Kurzzeitgedächtnis, räumlich-visuelles Kurzzeitgedächtnis, Langzeitgedächtnis, abstraktes Denken und verbales Denken.

Des Weiteren gibt es Untertests zur sozial-emotionalen Kompetenz, dies ist eine Besonderheit gegenüber anderen Intelligenztests. Dieser Aspekt ist ggf. im Sinne einer Cross-Battery-Testung gesondert zu nutzen, indem man diese Untertests explizit hinzuzieht – selbst wenn die eigentliche Testung mit einem anderen Test vorgenommen worden ist. Die Bearbeitungsdauer ist je nach Einsatz unterschiedlich. (Weitere Informationen zu den Gütekriterien sowie Hinweise zu den Kosten wie bspw. dem Verbrauchsmaterial finden sich auf der Seite der Testzentrale unter https://www.testzentrale.de → Suchbegriff: IDS-2)

Snijders-Oomen Nonverbaler Intelligenztest 6–40 (SON-R 6–40)
Der SON-R 6–40 (Tellegen, Laros & Petermann 2012) gehört zu den Tests der Snijders-Oomen-Gruppe, die speziell für den nonverbalen Einsatz entwickelt wurden. Zu dieser Reihe gehört für jüngere Kinder auch der SON-R 2–8. Die Tests sind besonders gut geeignet für Kinder, die noch nicht lange mit der deutschen Sprache in Kontakt sind oder auch für Kinder, die eine Hörschädigung oder eine Beeinträchtigung der Lautsprache haben (vgl. Sarimski 2024, 63).

Der SON-R 6–40 ist ein relativ kurzer Test, der aus vier Untertests besteht und eher die Erfassung der fluiden Intelligenz abdeckt. Die Durchführungsdauer beträgt ohne Pausen ca. 50 Minuten. Bei der Durchführung gibt es eine Besonderheit, die im Kontext einer oftmals geringen Frustrationstoleranz und der häufig stark ausgeprägten Misserfolgsängstlichkeit von Menschen mit intellektueller Beeinträchtigung bedeutsam ist: Die Testperson bekommt nach jedem Item ein Feedback zur Richtigkeit der Antwort und im Falle einer falschen Antwort wird das richtige Vorgehen demonstriert. Die Erfahrung zeigt, dass Kinder im SGE sich durch dieses negative Feedback mitunter verunsichern lassen und ihre Motivation rapide sinkt. Es scheint daher gerechtfertigt und geboten, diese Vorgabe (sobald sich negative Wirkungen zeigen) zu verändern und nur ein bestätigendes Feedback zur Mitarbeit zu geben, wie »Prima machst du mit!« – wohl wissend, dass die Kinder der Vergleichsstichprobe von einem differenzierteren Feedback profitiert hätten. Aber schaut man noch einmal auf die Besonderheiten bei der Testung von Kindern mit intellektueller Beeinträchtigung (▶ Kap. 2.5), scheint dieses Vorgehen legitim und sinnvoll zu sein, weiß man doch sonst nicht, ob das Kind nur aus lauter Frust über ein negatives Feedback die weitere Mitarbeit verweigert hat oder ob es die nächsten Items tatsächlich intellektuell nicht lösen konnte.

Es ist bei der Snijders-Oomen-Reihe möglich, sowohl die Testinstruktionen als auch die Antworten nonverbal zu erteilen. Hier ist ein wenig pantomimisches Geschick der Testleitung nötig, aber dann lassen sich die Aufgaben auch nonverbal stellen. Vermutlich wird man sie trotzdem verbal begleiten, da das Vorgehen sonst sehr künstlich wirkt, auch auf die

Testleitung selbst. Aber die Testpersonen haben die Möglichkeit, alle Aufgaben ohne Lautsprache zu beantworten.

Der Test besteht aus vier Subtests (Analogien, Mosaike, Kategorien und Zeichenmuster). Alle Untertests werden adaptiv in jeweils drei Aufgabenzeilen vorgegeben. Das bedeutet, dass je nach Abschneiden der Testperson in der vorigen Aufgabenzeile in der nachfolgenden Aufgabenreihe nicht automatisch mit dem ersten Item eingestiegen wird, sondern dass die ersten Items dort ggf. übersprungen (Einstieg = letztes gelöstes Item der Vorreihe minus zwei) und diese übersprungenen Aufgaben dann als gekonnt bewertet werden. Für jeden Untertest liegen Abbruchkriterien vor. Der SON-R 6–40 gibt Wertpunkte (M = 10, SD = 3) für jeden der vier Untertests aus. Außerdem lässt sich ein standardisierter Gesamtwert mit einem Mittelwert von 100 und einer Standardabweichung von 15 ermitteln (Gesamt-IQ).

(Weitere Informationen zu den Gütekriterien sowie Hinweise zu den Kosten wie bspw. dem Verbrauchsmaterial finden sich auf der Seite der Testzentrale unter https://www.testzentrale.de → Suchbegriff: SON-R 6–40).

4.4 Vorstellung eines Verfahrens: KABC-II

Der letzte vorgeschlagene Test im Raster, die KABC-II, wurde bereits an mehreren Stellen im Buch angesprochen (▶ Kap. 3). Die Lehrkraft von Merle entscheidet sich für dieses Verfahren, es ist an der Schule vorhanden und sie kennt sich damit aus. Die KABC-II setzt sich je nach Alter aus verschiedenen und aus unterschiedlich vielen Untertests zusammen. Im Alter von Merle werden fünf Skalen getestet:

- »Sequentiell/Gsm: Die Skala Kurzzeitgedächtnis (Gsm) erfasst die Aufnahme und Bereithaltung von Informationen in unmittelbarer Bewusstheit und die Nutzung dieser Information innerhalb weniger Sekunden, bevor sie vergessen wird.
- Simultan/Gv: Die Skala Visuelle Verarbeitung (Gv) erfasst die grundlegende Fähigkeit zur Wahrnehmung, Speicherung sowie Handhabung von und Denken mit visuellen Mustern.
- Lernen/Glr: Die Skala Langzeitgedächtnis und -erinnerung (Glr) erfasst die Fähigkeit zur Speicherung von neu oder früher gelernten Informationen und deren effektiven Wiederabruf.

- Planung/Gf: Die Skala Fluides Denken (Gf) erfasst die Fähigkeit zur adaptiven und flexiblen Lösung neuartiger Problemstellungen durch induktives und deduktives Denken.
- Wissen/Gc: Die Skala Kristalline Fähigkeit (Gc) erfasst das Ausmaß spezifischen Wissens, welches ein Mensch innerhalb einer Kultur erworben hat, und die Fähigkeit, dieses Wissen effektiv anzuwenden«
(KABC-II Auswertungsprogramm PC-Auswertungsbogen).

Es gibt, wie oben dargestellt, die Möglichkeit nach dem Luria-Modell zu testen und den Intellektuellen Verarbeitungsindex (IVI) zu erhalten, oder die Skala Wissen einzubeziehen und dadurch den Fluid-Kristallin-Index (FKI) zu erhalten. Außerdem gibt es im Test auch einen Sprachfreien Index (SFI). Alle drei Indices sind analog zur IQ-Skala skaliert, die Standardwerte haben also einen Mittelwert von 100 und eine Standardabweichung von 15 (▶ Abb. 4.1).

Im Fall von Merle entscheidet die Lehrkraft, sie mit der KABC-II zu testen, da hier (anders als beim WISC-V) die Altersspanne bis zu drei Jahren eingeschlossen ist. Damit ist der Test auch für jüngere oder in ihrer Gesamtleistung schwächere Kinder geeignet, sodass auch eine *Alternative Auswertung* mit dem Entwicklungsalter möglich ist. Merles lautsprachliche Kompetenzen sind zudem gut entwickelt und die Lehrkraft interessiert sich darüber hinaus für ihre Gedächtnisleistungen. Sie entscheidet sich zudem für eine Testung nach dem CHC-Modell, also nach dem Fluid-Kristallin-Index (FKI), bei dem Wissen mitgetestet wird. Merles Ergebnisse und die Ableitungen für eine Förderung werden nachfolgend dargestellt.

4.5 Ergebnisse der Diagnostik und Schlüsse für die Förderung

Die Untersuchung mit der KABC-II verlief relativ ungestört, die Testleitung notiert folgende Beobachtungen während der Untersuchung:

> »Merle ist zu Beginn konzentriert bei der Sache, Atlantis macht ihr viel Spaß. Die Instruktionen müssen aber häufig wiederholt werden. Pause nach ca. 30 Minuten. Nach jedem Untertest erhält sie einen Glitzersticker. Beim Untertest Wort- und Sachwissen zeigt sie sehr überhastet auf das vermeintlich richtige Bild, bei Rover und Rätsel ist sie unkonzentriert und steht immer wieder auf.«

4.5.1 Ergebnisse der KABC-II

Merle erhält folgende konkrete Ergebnisse in der KABC-II (grafisches Profil der Skalenindices ▶ Abb. 4.1 und ▶ Tab. 4.4). Zur Interpretation der Werte sei an die Ausführungen zur Auswertung von Tests erinnert (▶ Kap. 2.4.2).

Tab. 4.4: Ergebnisse KABC-II von Merle, 9;4 Jahre (Auszug aus dem Auswertungsbogen) (»Kaufman Assessment Battery for Children – II« (KABC-II). Autoren englischsprachiges Original: Alan S. Kaufman, Nadeen L. Kaufman. Deutschsprachige Fassung von Peter Melchers & Martin Melchers © 2004 NCS Pearson, Inc.; deutschsprachige Version © 2015 NCS Pearson, Inc.)

Skala	FKI	IVI	Standardwerte	95% Konfidenzintervall	%-Rang
Sequentiell/Gsm	6	6	58	54–71	0,26
Simultan/Gv	9	9	70	66–77	2,28
Lernen/Glr	17	17	92	87–97	29,69
Planung/Gf	12	12	77	71–87	6,26
Wissen/Gc	2	2	40	37–49	0,00
FKI	46		65	62–70	0,98

Fluid-Kristallin-Index

Der Fluid-Kristallin-Index (FKI) stellt das zusammenfassende Maß für die intellektuellen Verarbeitungsprozesse dar, wie sie im CHC-Modell definiert sind, also inklusive der Skala Wissen. Insgesamt wurde ein Standardwert von 65 (95%-Konfidenzintervall: 62–70) erzielt. Dabei handelt es sich um den IQ, die Autoren verwenden den Begriff Standardwert. Dieses Ergebnis entspricht einem Prozentrang von 0,98. Es zeigt sich ein weit unterdurchschnittliches Ergebnis. Im Einzelnen wurden von Merle folgende Ergebnisse erzielt:

- Sequentiell/Gsm: In der Skala Kurzzeitgedächtnis (Gsm) erzielt sie einen Indexwert von 58 (95%-Vertrauensintervall: 54–71). Dieses Ergebnis entspricht einem Prozentrang von 0,26. Es ist ein weit unterdurchschnittliches Ergebnis.
- Simultan/Gv: In der Skala Visuelle Verarbeitung (Gv) erzielt sie einen Indexwert von 70 (95%-Vertrauensintervall: 66–77). Dieses Ergebnis ent-

4 Kognitive Kompetenzen

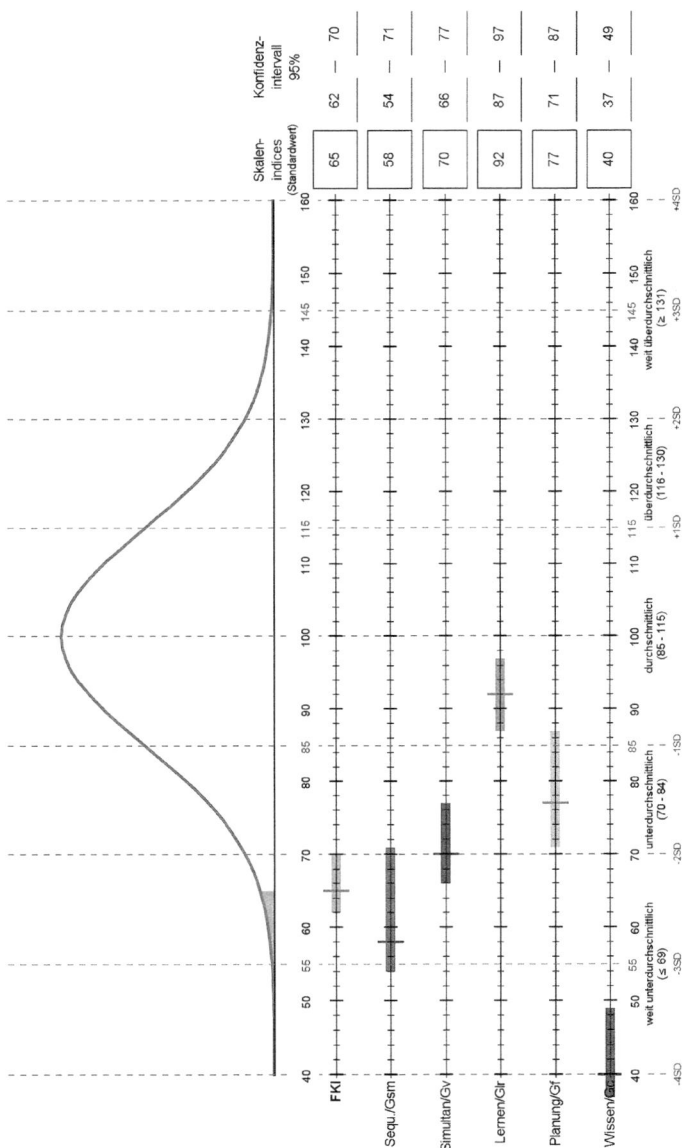

Abb. 4.1: Grafisches Profil der Skalenindices aus der KABC-II von Merle, 9;4 Jahre (Auszug aus dem Protokollbogen im Auswertungsbogen) (»Kaufman Assessment Battery for Children – II« (KABC-II). Autoren englischsprachiges Original: Alan S. Kaufman, Nadeen L. Kaufman. Deutschsprachige Fassung von Peter Melchers & Martin Melchers © 2004 NCS Pearson, Inc.; deutschsprachige Version © 2015 NCS Pearson, Inc.)

spricht einem Prozentrang von 2,28. Es handelt sich um ein unterdurchschnittliches Ergebnis.
- Lernen/Glr: In der Skala Langzeitgedächtnis und -erinnerung (Glr) erzielt Merle einen Indexwert von 92 (95 %-Vertrauensintervall: 87–97). Dieses Ergebnis entspricht einem Prozentrang von 29,69. Dabei handelt es sich um ein durchschnittliches Ergebnis.
- Planung/Gf: In der Skala Fluides Denken (Gf) erzielt sie einen Indexwert von 77 (95 %-Vertrauensintervall: 71–87). Dieses Ergebnis entspricht einem Prozentrang von 6,26. Dies ist ein unterdurchschnittliches Ergebnis.
- Wissen/Gc: In der Skala Kristalline Fähigkeit (Gc) erzielt sie einen Indexwert von 40 (95 %-Vertrauensintervall: 37–49). Dieses Ergebnis entspricht einem Prozentrang von 0,00. Dabei handelt es sich um ein weit unterdurchschnittliches Ergebnis.

Es wird bereits hier deutlich, dass Merle große Leistungsunterschiede in den verschiedenen Bereichen aufweist. Die genaue Analyse der Skalenindices (▶ Tab. 4.5) zeigt zudem, dass ein differenziertes Leistungsprofil erkennbar ist, sodass die TL keine Alternative Auswertung vornimmt (zur Erinnerung: Dies ist nur dann notwendig, wenn ein flaches Bodenprofil vorliegt, das keine Stärken und Schwächen zeigen kann).

Analyse der Skalenindices

Alle Skalen sind interpretierbar und es zeigen sich zwei individuelle Stärken in den Bereichen Lernen und Planung, wobei die Stärke in der Skala Lernen sogar selten ist. Nur in weniger als 1 % der Fälle kommt ein ebenso großer Abstand zum individuellen Skalenmittelwert vor (dieser steht unterhalb der Tabelle und beträgt 67; ▶ Tab. 4.5). Merle liegt mit einem Standardwert (SW) von 92 hier sogar im durchschnittlichen Bereich, verglichen mit Kindern im gleichen Alter. Das ist bemerkenswert und kann für die Förderung relevant sein. Die beiden dazugehörigen Untertests Atlantis und Symbole haben ihr viel Spaß gemacht und sie war sehr konzentriert.

Alle anderen Skalen sind normative Schwächen, weil sie Einzelwerte außerhalb des Normbereichs aufweisen. Die zweite individuelle Stärke in der Skala Planung (SW 77) widerspricht zunächst augenscheinlich dem im Fallbeispiel beschriebenen Eindruck der Lehrkräfte, dass Merle keine guten Handlungsplanungskompetenzen besitzt. Die Bezeichnung *Planung* der Skala ist jedoch etwas irreführend, geht es doch hier im Test unter diesem Label eher um das flexible Problemlösen. Es gilt daher für Aussagen zu ihrer Handlungskompetenz auch die Ergebnisse des BRIEF und der Beobachtungen

4 Kognitive Kompetenzen

Tab. 4.5: Analyse der Skalenindices in der KABC-II bei Merle, 9;4 Jahre (Auszug aus dem Auswertungsbogen) (»Kaufman Assessment Battery for Children – II« (KABC-II). Autoren englischsprachiges Original: Alan S. Kaufman, Nadeen L. Kaufman. Deutschsprachige Fassung von Peter Melchers & Martin Melchers © 2004 NCS Pearson, Inc.; deutschsprachige Version © 2015 NCS Pearson, Inc.)

Skala	Skalenindices (Standardwert)	Untertest Skalenwerte			Interpretierbar	normative Schwäche (NSC) oder normative Stärke (NST) < 85 (NSC) >115 (NST)	individuelle Schwäche (ISC) oder individuelle Stärke (IST)	Differenz vom Mittelwert / ISC oder IST (p < .05) / Selten
		Hoch	Niedrig	Spannweite				
Sequentiell/Gsm	58	4	2	2	Ja	NSC	-9 ISC	
Simultan/Gv	70	5	4	1	Ja	NSC	3	
Lernen/Glr	92	9	8	1	Ja		25 IST	< 1%
Planung/Gf	77	8	4	4	Ja	NSC	10 IST	
Wissen/Gc	40	1	1	0	Ja	NSC	-27 ISC	< 1%

Anmerkung: Der gerundete Skalenmittelwert beträgt 67. Der Berechnung wurde der Index FKI (einschließlich Wissen/Gc) zugrunde gelegt.

einzubeziehen. Ggf. hat sie Probleme, mit einer konkreten Handlung zu starten oder sich nicht ablenken zu lassen, was aber in der KABC-II nicht gut erfasst wird.

Den Stärken stehen zwei individuelle Schwächen gegenüber, von denen das Kurzzeitgedächtnis mit einem Standardwert von 58 als weit unterdurchschnittlich bezeichnet werden kann. Die zweite individuelle Schwäche sticht im Bereich Wissen besonders heraus. Der große Abstand zu ihrem individuellen Mittelwert ist ebenfalls sehr selten und tritt nur in weniger als 1 % der Fälle auf.

4.5.2 Qualitative Analyse der Untertests und Förderung

Was bedeuten nun Merles Ergebnisse der KABC-II und welche Schlüsse lassen sich für die Förderung ableiten? Der IQ von 65 sagt nichts über die individuellen Stärken und Schwächen aus. Insgesamt lässt sich mit Blick auf die oben dargestellte kognitive Struktur und Vorstellung von einer Hardware und Software festhalten, dass diese Hardware mit der Begrenzung des Arbeitsspeichers, der Hemmung der Wahrnehmung irrelevanter Reize und zugehöriger Reaktionen sowie der Verarbeitungsgeschwindigkeit nicht einfach zu verändern oder zu erweitern ist. Möglich ist jedoch, die Strategien für eine optimale Nutzung dieser Hardware zu fördern und sie den Schülerinnen und Schülern zunächst bewusst zu machen. Merle zeigte bei der Skala Sequentiell, die das Arbeitsgedächtnis testet, bspw. ziemlich schwache Leistungen und die Lehrperson im Fallbeispiel war sich ebenfalls unsicher, was sich Merle merken kann.

Um die begrenzte Arbeitsgedächtniskapazität optimal zu nutzen, sollten in der Folge Gedächtnisstrategien angebahnt werden, wie bspw. folgende:

- *Rehearsal:* das bewusste lautlose Vor-sich-Hinsprechen des zu merkenden Inhaltes
- *Elaborieren:* bspw. Merkhilfen einsetzen (Dies können phonologisch bzw. artikulatorisch auch Lautgebärden im Schriftspracherwerb sein.)
- *Chunking:* Die zu merkenden Inhalte werden in größeren Einheiten zusammengefasst – das wird bspw. auch beim Silbenlesen genutzt, indem sich nicht jeder Buchstabe einzeln gemerkt werden muss.
- *Methode der Orte:* Man stellt sich einen Raum vor, in dem sich in jeder Ecke ein zu merkender Begriff befindet.

> **Praxis**
> **Memo-Training** (Gedächtnisstrategien erlernen)
> Mit dem »Memo-Training« können solche Gedächtnisstrategien spielerisch erlernt werden, um Memo, einem vergesslichen Elefanten, von der Schweiz zu seinem nach Hause in Botswana zu helfen (Everts & Ritter 2022). Es gibt hier sechs Trainingslektionen sowie eine Transfer- und eine Auffrischungslektion. Dieses Training wurde auf neurowissenschaftlicher Grundlage entwickelt und evaluiert. Es zeigte sich, dass die Kombination aus Gedächtnisstrategietraining und Arbeitsgedächtnisübungen statistisch signifikant bessere Ergebnisse sowohl bei der Lern- und Erinnerungsleistung als auch beim Kopfrechnen erzielte als die jeweils separat durchgeführten Trainings (ebd., 11).

Die Analyse der Skalenindices hat Bereiche aufgezeigt, in denen Merle besonders stark oder besonders schwach war: Erkennbar ist eine große Diskrepanz zwischen Merles hoher Kompetenz, neue und für sie offenbar reizvolle Dinge zu erlernen (wie die Fantasienamen von Fischen im Untertest Atlantis oder auch Symbole) und ihrem erworbenen Wissen. Eine mögliche Ursache dafür könnte eine bislang nicht passende Förderung sein – es ist offenbar nicht gelungen, dass sie trotz ihrer großen Lernkompetenzen neue Inhalte erlernt und auch behält, sodass Wissen aufgebaut werden konnte. Hier gilt es, ihr großes Potenzial, sich neue interessante Inhalte anzueignen, zu nutzen, um ihr Wissen weiter aufzubauen.

Der nächste Schritt ist nun ein qualitativer Blick in die einzelnen Untertests. Auch wenn in den meisten Testhandbüchern zu lesen ist, dass die Untertests einzeln betrachtet nicht ausreichend reliabel sind, kann dieser Blick in die einzelnen Aufgabenformate, Inhalte und Darbietungsformen wichtige (didaktische sowie methodische) Hinweise auf eine mögliche Förderung geben. Dafür ist es zunächst relevant, die Untertests gut zu kennen und natürlich das Verhalten während der Untersuchung (VEWU) einzubeziehen: Wenn das Kind die ganze Zeit unter dem Tisch saß anstatt sich mit den Aufgaben zu befassen, ist ein schlechtes Ergebnis wenig erstaunlich und bedarf auch im Grunde keiner weiteren Interpretation. Wenn es aber im Prinzip aufmerksam war und versucht hat, die Aufgaben zu lösen, ist ein genauerer Blick auf die Aufgaben und die dafür notwendigen Kompetenzen lohnend und notwendig. Folgende Fragen können hierbei leitend sein:

- Welches sind die zwei bis drei stärksten Untertests, welches sind die zwei bis drei schwächsten?

4.5 Ergebnisse der Diagnostik und Schlüsse für die Förderung

- Welche Kompetenzen sind erforderlich, um diese Untertests jeweils zu bewältigen?
- Wie können die noch schwach ausgebildeten Kompetenzen gefördert werden und dabei ggf. bereits gut ausgebildete Kompetenzen genutzt werden?

Beispielhaft soll nachfolgend das Vorgehen bei Merle an ihrem schwächsten Untertest *Wort- und Sachwissen* (siehe Exkurs »Wort- und Sachwissen«) nachgezeichnet werden. Hier hatte sie einen weit unterdurchschnittlichen Skalenwert von 1 erreicht (zur Erinnerung: Die Skalenwerte haben einen Mittelwert von 10 und eine Standardabweichung von 3).

Exkurs
Wort- und Sachwissen
Im Untertest Wort- und Sachwissen muss das Kind aus einer Auswahl von sechs Bildern das passende Bild zu einer mündlichen Beschreibung heraussuchen. Damit werden das Allgemeinwissen, der Wortschatz und seine Abrufbarkeit ebenso wie die sprachliche Ausdrucksfähigkeit überprüft. Angelehnt an Laschkowski et al. (2016, 40) braucht man folgende Kompetenzen und Erfahrungen, um den Untertest erfolgreich bearbeiten zu können (zu Laschkowski et al. 2016 siehe »Medien und Materialien Internet« in ▶ Kap. 2.5.8):

- Weltwissen (unterstützender sozioökonomischer Kontext)
- visuelle Wahrnehmung (Figur-Grund-Wahrnehmung, Differenzierungsfähigkeit)
- induktives Denken (Fähigkeit, etwas auszuschließen im Sinne von »Was kann es alles *nicht* sein?«)
- Durchhaltevermögen
- Entscheidungsfähigkeit
- Sprachentwicklung
- semantische Kenntnisse
- auditive Wahrnehmung

Zu überlegen ist nun, welche Aspekte zu diesem äußerst schwachen Ergebnis geführt haben könnten. Merles sozioökonomischer Hintergrund kann als unterstützend und fördernd beschrieben werden und ihre generelle Lernfähigkeit ist offenbar gut (bei Dingen, die sie interessant findet wie bspw. die

Fische im Untertest Atlantis, was ja in der Testdurchführung bereits festgestellt werden konnte).

Dass ihr schwaches Ergebnis im Untertest zu Wort- und Sachwissen ggf. an ihrer visuellen Wahrnehmung liegt, wäre ebenfalls eine Hypothese, jedoch konnte Merle im Untertest Symbole die Symbole und auch im Untertest Atlantis die Bilder sehr gut erkennen. Dennoch sollte ihre Sehfähigkeit noch einmal überprüft werden, ebenso die auditive Wahrnehmung, denn sie kann nur auf das richtige Bild zeigen, wenn sie die Beschreibung auch gehört hat.

Es zeigte sich allerdings deutlich, dass sie große Schwierigkeiten hatte, sich alle Bilder genau und konzentriert anzuschauen, und auch, sich für eines zu entscheiden, wenn sie nicht ganz sicher war. Die Strategie, nach dem Ausschlussprinzip (induktiv denkend) vorzugehen, hat sie augenscheinlich nicht angewendet. Es paart sich also möglicherweise eine semantische Schwäche mit einer generellen Unsicherheit und Entscheidungsangst sowie einer Konzentrationsschwäche, sodass sie lieber sehr schnell auf irgendein Bild gezeigt hat.

Für die hier erfassten Fähigkeiten stehen nun verschiedene Fördermöglichkeiten zur Verfügung (Auswahl) (vgl. Laschkowski et al. 2016, 41):

- Sachwissen systematisch aufbauen, bspw. durch Rätselspiele oder Quartette, ebenso wie Wimmelbilder (wobei man hier auch die Altersangemessenheit einbeziehen muss, ggf. ist ihr das schon zu kindisch)
- Begriffszuordnung üben, bspw. mit dem Brettspiel »Können Schweine fliegen?« von Kosmos oder zur Erweiterung ihres Wissens mit dem Memospiel »TwinFit« von ProLog
- Erfahrungen ermöglichen: Ausflüge, Museumsbesuche, Büchereibesuche, Bücher lesen, Hörbücher oder -spiele hören
- Entscheidungen auch bei Unsicherheit treffen: positive Fehlerkultur etablieren, Entscheidungen einfordern und Selbstbestimmung ermöglichen
- Durchhaltefähigkeiten steigern mit Time-Timer und motivierender Belohnung

Es zeigt sich also, dass eine differenzierte Betrachtung der Leistungen in den einzelnen Untertests differenzierte Erkenntnisse zur Förderung liefern kann. Die hier nur beispielhaft aufgeführten Möglichkeiten der Förderung sind nun einerseits in die mit den Eltern besprochene Förderplanung einzubeziehen und andererseits mit den weiteren Lern- und Entwicklungsbereichen zu kombinieren, bspw. im Wochenplan

- durch die Lektüre bzw. die Auseinandersetzung mit konkreten sachunterrichtlichen Inhalten (bspw. biologische oder auch historische Aspekte) im Kontext Deutsch
- sowie (hinsichtlich des Aufbaus von Durchhaltevermögen) mit systematischen Strukturhilfen in den Arbeitsphasen etwa zur Menge der Arbeitsaufträge und Aufgabenstellungen sowie zu zeitlichen Aspekten, bspw. mit Medien, wie sie im TEACCH-Konzept beschrieben werden.

Zahlreiche methodische Hinweise für den Unterricht bei intellektueller Beeinträchtigung finden sich zudem in den Ausführungen von Pitsch und Thümmel (2023).

5 Adaptive Kompetenzen

5.1 Fallbeispiel

Klara ist ein 11;3 Jahre altes Mädchen mit Trisomie 21. Sie besucht eine Schule mit dem sonderpädagogischen Schwerpunkt Geistige Entwicklung (SGE) und hat in der Intelligenztestung mit dem WISC-V einen Standardwert von 64 erreicht. »Das wundert mich, dass sie im IQ-Test so schlecht abgeschnitten hat,« meint ihre Klassenlehrerin.

> »Sie kommt nämlich hier in der Klasse so im täglichen Umgang miteinander eigentlich am besten von allen Kindern klar: Sie orientiert sich gut im Schulhaus, kann bspw. mit einem scharfen Messer Obst schneiden, Blumen gießen, geht selbstständig zur Toilette und kann ihre Bedürfnisse auch ganz gut ausdrücken. Nur manchmal stürmt sie etwas wild auf andere Kinder zu und bemerkt nicht unbedingt, dass die gerade gar nicht mit ihr spielen wollen.«

5.2 Theoretische Grundlagen

Die von der Klassenlehrerin beschriebenen Kompetenzen von Klara lassen sich unter einem Begriff zusammenfassen, wir sprechen von den sogenannten *adaptiven Kompetenzen* bzw. dem adaptiven Verhalten (ergänzend hierzu ▶ Kap. 4). Diese Kompetenzen, die im angloamerikanischen Raum (bspw. im DSM-5) seit Langem fester Bestandteil der Diagnostik einer intellektuellen Beeinträchtigung (intellectual disability) sind (Dworschak & Kölbl 2022, 175), wurden im deutschsprachigen Raum erst seit einiger Zeit in den Blick genommen (Sarimski 2021, 100) und traten zuvor bei der Frage eines möglichen Sonderpädagogischen Förderbedarfs als (im Vergleich zu den Intelligenzwerten) deutlich untergeordnete Dimension in Erscheinung. In den KMK-Empfehlungen von 2021 werden die adaptiven Kompetenzen nun explizit im Kontext des formalrechtlichen Feststellungsverfahrens genannt und stehen gleichwertig neben der *Intelligenzdiagnostik* und der *Kind-Umfeld-Analyse* (KMK 2021, 18). (▶ Kap. 13.5)

Adaptive Kompetenzen

Umgangssprachlich ließe sich sagen, adaptive Kompetenzen beschreiben, wie ein Kind im Alltag klarkommt. Diese Kompetenzen sind in verschiedenen Kontexten (Schule, Elternhaus, öffentlicher Raum) relevant. Sie hängen eng mit den sozialen Erwartungen zusammen, die an die Kinder bzw. Jugendlichen gerichtet werden (Sarimski 2023, 81 f.), variieren mit dem Alter und umfassen verschiedene Kompetenzbereiche.

Empirisch zeigt sich eine dreifaktorielle Struktur dieser Kompetenzbereiche mit jeweils zugeordneten Subgruppen zu Fähigkeiten und Fertigkeiten (Dworschak & Kölbl 2022, 177; Sarimski 2024, 64). Die adaptiven Kompetenzen werden in folgende Bereiche unterteilt (engl. Begriffe nach Tassé et al. 2012, 291 f.):

- *kognitiv-kommunikative Fähigkeiten* (conceptual skills)
  - Sprachverständnis und -produktion
  - Kulturtechniken (academic skills) wie Lesen und Schreiben
  - Verständnis für die Dimensionen Geld und Zeit sowie für Zahlen
- *praktische Fähigkeiten* (practical skills)
  - Fertigkeiten der Selbstversorgung (bspw. Nahrung, Kleidung auswählen und anziehen, Hygiene)
  - Fertigkeiten zur Partizipation im öffentlichen Raum (bspw. Beachtung von Sicherheitsregeln, Gesundheitsvorsorge, Benutzung von ÖPNV oder Telefon, praktischer Umgang mit Geld)
- *soziale Fähigkeiten* (social skills)
  - Fähigkeiten, die für Beziehungen zu anderen Menschen (sowohl Peers als auch erwachsene Bezugspersonen und Fremde) relevant sind
  - Fähigkeiten in Bezug auf das Erfüllen sozialer Erwartungen

Adaptive Kompetenzen beziehen sich demnach darauf selbstständig zu sein, selbst für sich zu sorgen und gesellschaftliche Erwartungen in Bezug auf die persönliche und auch auf die soziale Verantwortung wahrzunehmen, sie zu erfüllen und mit anderen auszukommen (Sparrow, Cicchetti & Saulnier 2021, 23). An dieser Stelle sei die ungünstig »einseitige Ausrichtung der Beurteilung, rein an den sozialen Konventionen [sowie die] Dominanz gesellschaftlicher Erwartungen im Konzept« explizit erwähnt und es gilt, diesen Aspekt bei der Diagnostik der adaptiven Kompetenzen zu reflektieren (Dworschak & Kölbl 2022, 186).

5 Adaptive Kompetenzen

Im Fallbeispiel (▶ Kap. 5.1) wundert sich nun die Klassenlehrerin, dass Klara einen so schwachen Standardwert im Intelligenztest habe, obwohl die adaptiven Kompetenzen, die sie im Anschluss beschreibt (ohne sie jedoch konkret als solche zu benennen), so viel besser seien. Sie stellt damit die Frage nach einem Zusammenhang zwischen den kognitiven und den adaptiven Kompetenzen und dieser Zusammenhang lässt sich tatsächlich häufig nachweisen. Sarimski (2024) verweist etwa auf eine Metaanalyse (Alexander & Reynolds 2020; zit. nach Sarimski 2024, 65) mit insgesamt 16.000 Teilnehmenden aus 148 Studien, in der sich ein durchschnittlicher Korrelationskoeffizient von r = .51 zwischen kognitiven und adaptiven Kompetenzen zeigte (siehe Exkurs »Korrelationskoeffizient«). Weiterhin wird deutlich, dass mit der Schwere der Beeinträchtigung der Zusammenhang zwischen Kognition und adaptiven Kompetenzen größer wird (ebd., 65).

Exkurs
Korrelationskoeffizient
Als Korrelationskoeffizient wird das Maß für den Grad des linearen Zusammenhangs zwischen zwei intervallskalierten Variablen verstanden. Der Korrelationskoeffizient kann Werte zwischen -1 und + 1 annehmen. Als Hinweis für die Interpretation gelten folgende Orientierungspunkte (Kuckartz et al. 2010):

- 0,0–0,1 – keine Korrelation,
- 0,1–0,3 – geringe Korrelation
- 0,3–0,5 – mittlere Korrelation
- 0,5–0,7 – hohe Korrelation
- 0,7–1,0 – sehr hohe Korrelation

Zu beachten ist: Korrelation ist ungleich Kausalität! Sie zeigt nur einen zeitlichen Zusammenhang an (das gleichzeitige Auftreten bzw. die Veränderung zweier Merkmale). Auch wenn sich zum Beispiel eine hohe Korrelation zwischen den Variablen »Zunahme der Geburten in einem Jahr« und »Zunahme der Störche im selben Jahr« ergibt, dann ist damit noch nicht gesagt, dass das eine die Ursache des anderen sei.

Gleichwohl deutet vieles darauf hin, dass es differenzierte Entwicklungsprofile gibt. So zeigten Kinder mit Trisomie 21 in einer Längsschnittstudie (N = 30) mit elf Jahren relative Stärken in den Bereichen Sprachverständnis und hauswirtschaftliche Kompetenzen, wiesen aber häufig gleichzeitig Schwächen in der Sprachproduktion sowie in ihrer Motorik auf (Sarimski 2021, 100). Dabei erwiesen sich die Bereiche Motorik, Sprachverständnis und Spiel im Alter von zwei Jahren jeweils als signifikante Prädiktoren für den Entwicklungsstand mit elf Jahren. Das bedeutet umgekehrt, dass sich nicht alle Bereiche synchron entwickeln, sondern dass es Möglichkeiten der Förderung und Anleitung zur Entwicklung der adaptiven Kompetenzen geben kann (Sarimski 2024, 64). Zudem zeigen einige Studien, dass Kinder mit bestimmten Syndromen wie Fragiles-X-Syndrom, Trisomie 21 und Prader-Willi-Syndrom sich in Bezug auf die Stärken und Schwächen hinsichtlich der adaptiven Kompetenzen voneinander unterscheiden (Sarimski 2014). Postler und Sarimski (2017) konnten auch an einer kleinen Querschnittsstudie mithilfe einer eigenen Übersetzung der Vineland Scales zeigen, dass Schülerinnen und Schüler im inklusiven Setting (den damals sogenannten Außenklassen in Baden-Württemberg) über bessere adaptive Kompetenzen verfügen als Kinder und Jugendliche, die an Förderschulen unterrichtet werden, insbesondere in Bezug auf die Gestaltung sozialer Beziehungen. Dabei bleibt jedoch aufgrund des querschnittlichen Designs unklar, ob sie bereits aufgrund ihrer höheren Kompetenzen für eine Außenklasse ausgewählt wurden oder ob sich die Kompetenzen dort verbessert haben (Platzierungs-Bias).

Müller et al. (2020) haben die adaptiven Kompetenzen von N = 1.107 Schülerinnen und Schülern mit intellektueller Beeinträchtigung mit der Evaluationsversion des ABAS-3 (Bienstein, Döpfner & Sinzig 2017) erhoben (Adaptive Behavior Assessment System, Third Edition) (aktuell Bienstein & Scheliga 2024). 90,3 % der Schülerschaft verfügen in ihrer Stichprobe insgesamt über Alltagskompetenzen, die als sehr tief bzw. unterdurchschnittlich bezeichnet werden (Müller et al. 2020, 357). Dabei waren die Kompetenzen hinsichtlich der praktischen Fähigkeiten (practical skills) signifikant höher als bei den kognitiv-konzeptuellen Fähigkeiten (conceptual skills). Jüngere Schülerinnen und Schüler verfügten über vergleichsweise geringere Alltagskompetenzen als ältere (ebd., 360).

Selmayr und Dworschak (2021) legten in einer großen bayerischen Studie (N = 898) – ebenfalls mit der Evaluationsversion des ABAS-3 von Bienstein, Döpfer & Sinzig (2017) – den Fokus auf die praktische Domäne adaptiven Verhaltens. Im ABAS-3 gelten Standardwerte von 90 bis 109 als durchschnittlich. 11 % ihrer Stichprobe erreichten durchschnittliche Standardwerte und 13 % sogar Werte im überdurchschnittlichen Bereich (≥ 110). Dennoch erreichte mehr als die Hälfte der Kinder und Jugendlichen sehr niedrige Standardwerte (< 70) und der Gesamtmittelwert lag bei einem Standardwert von 69 (deutlich unterdurchschnittlich). Die Stichprobe erweist sich damit als sehr heterogen (Selmayr & Dworschak 2021, 206 f.; Dworschak & Kölbl 2022, 187), und es deutet Vieles darauf hin, dass adaptive Kompetenzen in ihrer dreifaktoriellen Struktur sehr unterschiedlich ausgeprägt sein können.

5.3 Untersuchungsplanung und diagnostisches Raster

Das diagnostische Raster für diesen Bereich ist auf der Basis der theoretischen Grundlegung entstanden (▶ Tab. 5.1) und alle weiteren Bereiche, die bspw. zur Feststellung des sonderpädagogischen Unterstützungsbedarfs untersucht werden müssten, sind hier (ebenso wie die Spalte zum Untersuchungszeitpunkt) ausgeblendet.

Tab. 5.1: Untersuchungsplanung und diagnostisches Raster zur Erfassung der adaptiven Kompetenzen von Klara, 11;3 Jahre (eigene Darstellung)

Untersuchungsbereich	Differenzierung/Begründung	Methode/Verfahren
kognitiv-kommunikative Fähigkeiten (conceptual skills)	• Sprachverständnis und -produktion • Kulturtechniken (academic skills) wie Lesen und Schreiben • Verständnis für die Dimensionen Geld und Zeit sowie Zahlen	• Sprachtest SET 5–10 • Vineland-3 – Vineland Adaptive Behavior Scales (Skala Kommunikation) • Beobachtungen im Unterricht
praktische Fähigkeiten (practical skills)	• Fertigkeiten der Selbstversorgung (bspw. Nahrung, Kleidung auswählen und anziehen, Hygiene) • Fertigkeiten zur Partizipation im öffentlichen Raum (bspw. Beachtung von Sicherheitsregeln, Gesundheitsvorsorge, Benutzung von ÖPNV oder Telefon, praktischer Umgang mit Geld)	• Vineland-3 – Vineland Adaptive Behavior Scales (Skala Alltagsfertigkeiten) • Beobachtungen im Unterricht
soziale Fähigkeiten (social skills)	• Fähigkeiten, die für Beziehungen zu anderen Menschen (sowohl Peers als auch erwachsene	• Vineland-3 – Vineland Adaptive Behavior Scales (Skala soziale Fertigkeiten)

Tab. 5.1: Untersuchungsplanung und diagnostisches Raster zur Erfassung der adaptiven Kompetenzen von Klara, 11;3 Jahre (eigene Darstellung) – Fortsetzung

Untersuchungs-bereich	Differenzierung/Begründung	Methode/Verfahren
	Bezugspersonen und Fremde) wichtig sind • Fähigkeiten in Bezug auf das Erfüllen sozialer Erwartungen	• Beobachtungen im Unterricht

Neben dem Sprachtest, der hier zur Konkretisierung der sprachlichen Kompetenzen zusätzlich mit aufgenommen wurde, besteht das Raster ausschließlich aus einem einzigen Verfahren, das alle Bereiche abdeckt: Den Vineland Adaptive Behavior Scales 3 (Vineland-3) (Sparrow, Cicchetti & Saulnier 2021). Zusätzlich sind bei jedem Bereich Beobachtungen aufgenommen worden, um das konkrete Verhalten des Kindes, jenseits der Fragen in den Vineland Scales, zu erfassen. Weitere spezifische Zugangsmöglichkeiten (bspw. Verfahren zur Feststellung der mathematischen Kompetenzen) bleiben zur Fokussierung auf das adaptive Verhalten hier außen vor – in einer Gesamterhebung würden diese natürlich zur Komplettierung hinzugezogen werden (▶ Kap. 2.2).

5.4 Vorstellung eines Verfahrens: Die Vineland Scales 3

Lange Zeit war kein deutschsprachiges Verfahren verfügbar, um diese relevanten Kompetenzen von Kindern und Jugendlichen valide zu erfassen. Seit 2021 liegen nun die Vineland Scales in einer deutschen Version (Vineland-3 – Vineland Adaptive Behavior Scales) vor (Sparrow, Cicchetti & Saulnier 2021) (https://www.testzentrale.de → Suchbegriff: Vineland-3).

Es handelt sich um ein Fremdbeurteilungsverfahren; die Kinder und Jugendlichen selbst werden nicht einbezogen (Irblich, Kölbl & Scholz 2023, 18). Die Vineland Scales 3 sind in der Version für Lehrkräfte von 3;0 bis 18;11 Jahren, in der Elternversion bis 21;11 Jahre normiert, die Fragen sollen von einer vertrauten Person, die das tatsächliche Verhalten des Kindes bzw. des oder der Jugendlichen einschätzen kann, ausgefüllt werden. Diese Personen können neben Eltern auch die Bezugspersonen aus einem Heim oder Pflegeeltern sein. Wichtig ist, dass sie den Schüler oder die Schülerin bis kurz vor der Einschätzung regelmäßig gesehen haben. Die Eltern- und Lehrkräfte-Versionen unterscheiden sich geringfügig, im Folgenden wird auf die Lehrkräfteversion eingegangen.

Es liegen eine Kurz- und eine Langform vor, die Kurzform umfasst jeweils ca. ein Drittel der Items der Langform. Die Durchführungsdauer für die Langversion wird im Manual je nach Alter mit zehn bis 25 Minuten angegeben (Sparrow, Cicchetti & Saulnier 2021, 28) – das Ausfüllen dauert in der Praxis allerdings länger (Irblich, Kölbl & Scholz 2023, 5) und muss auch mit Blick auf das Schätzen zu den Antworten gut vorbereitet werden (s.u.). Die drei Kernskalen haben die Bezeichnungen Kommunikation, Alltagsfertigkeiten und soziale Fertigkeiten (und weichen damit ein wenig von den oben dargestellten Begrifflichkeiten ab). Bei vielen Items werden Beispiele gegeben, die die Beantwortung erleichtern.

- Die Skala *Kommunikation* umfasst drei Subskalen, hier werden Items zum Zuhören und Verstehen, Sprechen ebenso wie zum Lesen und Schreiben erfasst, bspw.: »Stellt Fragen, die mit Warum beginnen. Beispiele: Warum muss ich gehen? Warum hast Du meine Sachen weggeräumt? Einfach nur zu fragen warum? (ein Wort) zählt nicht« (Lehrerfragebogen Langform, Skala Kommunikation, Subskala Sprechen, Frage 24).
- Die Skala *Alltagsfertigkeiten* umfasst alle praktischen Kompetenzen, wie die eigenen Dinge in Ordnung zu halten und für sich zu sorgen, Erwartungen in der Schulgemeinschaft zu erfüllen, Hausarbeit und Zahlenverständnis, bspw.: »Befolgt Regeln, die in der Schule gelten, bspw. sich hintenanstellen, nicht durch die Gänge rennen, Regeln beim Mittagessen« (Lehrerfragebogen Langform, Skala Alltagsfertigkeiten, Subskala Schulgemeinschaft, Frage 3).
- In der Skala *Soziale Fertigkeiten* spielen besonders der Umgang mit Anderen sowie Spielen, Freizeit und Anpassung an Regeln und gesellschaftliche Vorgaben eine Rolle, bspw.: »Spricht in einer Lautstärke, Geschwindigkeit und mit einem Erregungsniveau, welche zur jeweiligen Unterhaltung passen« (Lehrerfragebogen Langform, Skala Soziale Fertigkeiten, Subskala Schulgemeinschaft, Umgang mit anderen, Frage 15).

Die drei Kernskalen bilden gemeinsam den Gesamtwert adaptiven Verhaltens (GAV) (Sparrow, Cicchetti & Saulnier 2021, 26).

Neben diesen drei Kernskalen gibt es noch zwei zusätzliche Skalen: *Motorik* (nur normiert bis neun Jahre, unterteilt in Grob- und Feinmotorik) und *Verhalten* (unterteilt in Internalisierung, Externalisierung und sogenannte kritische Items, die bei Vorkommen eine psychologische Beratung erfordern).

Die Beurteilung des Verhaltens erfolgt in der Regel auf einer dreistufigen Ratingskala, manche Aussagen können nur mit »Ja« oder »Nein« beantwortet werden, bspw. »spricht mindestens 50 Wörter«. Wenn man sich unsicher ist und die Antwort eher geschätzt ist, vergibt man zusätzlich zur Bewertung ein Häkchen im Kästchen »Haken, falls geschätzt«. Eine Skala wird abgebrochen, wenn fünf aufeinanderfolgende Items mit null Punkten bewertet wurden. Zur Beurteilung können folgende Punkte vergeben werden:

- 2 Punkte (wenn das Verhalten normalerweise oder oft gezeigt wird)
- 1 Punkt (wenn es manchmal beobachtet werden kann)
- 0 Punkte (wenn es nie vorkommt)

Da die Fragen altersmäßig aufeinander aufbauen, kann es sein, dass ein Verhalten früher bereits gezeigt wurde, es im derzeitigen Alter aber nicht mehr üblich wäre, bspw.:

> »Spielt einfache Fantasiespiele mit anderen Schülern. Beispiele: Sich verkleiden; so tun, als ob man ein Superheld sei. Info: Wenn Sie denken, dass der/die Schüler/in dies früher getan hat, und jetzt schon weiter ist, geben Sie auch 2 Punkte. Wenn Sie sich nicht sicher sind, machen Sie zudem einen Haken in dem Kästchen für die Schätzungen« (Lehrerfragebogen Langform, Skala soziale Fertigkeiten, Subskala Spielen und Freizeit, Frage 5).

Im Anschluss an den Fragebogen werden weitere Ausfüllhilfen gegeben für Fälle, in denen man bei der Beantwortung unsicher sein könnte, bspw. wird dort die Spezifizierung gemacht: »um Punkte zu erhalten, muss der Schüler dies ohne Hilfe tun«.

Die erreichten Rohwerte werden dann für die einzelnen Subskalen in sogenannte v-Werte überführt, eine Skala mit dem Mittelwert $M = 15$ und der Standardabweichung $SD = 3$. Anschließend werden diese v-Werte für die Kernskalen (Kommunikation, Alltagsfertigkeiten, soziale Fertigkeiten) umgewandelt in *Skalenwerte* mit $M = 100$ und $SD = 15$ (Sparrow, Cicchetti & Saulnier 2021, 25). An dieser Stelle sei verwiesen auf den Infokasten zu den Begrifflichkeiten (»Wertpunkte – Skalenwerte – Standardwerte in der KABC-II« in ▶ Kap. 2.4.2), da Skalenwerte üblicherweise mit $M = 10$ und $SD = 3$ skaliert sind. Der Gesamtwert Adaptiven Verhaltens (GAV) ist ebenso skaliert, mit einem Mittelwert von 100 und einer Standardabweichung von 15, sodass eine Vergleichbarkeit mit dem ABAS-3 und auch mit eventuell vorhandenen IQ-Werten ermöglicht wird (Dworschak & Kölbl 2022, 182).

Die Ergebnisse zu den adaptiven Kompetenzen werden im Zuge des Feststellungsverfahrens mit den Intelligenzwerten in Beziehung gesetzt, bewertet und mit Beobachtungen unter anderem auch mit Hinweisen zum Kind-Umfeld ergänzt. Auch die Lebensbedingungen des Schülers oder der Schülerin werden miteinbezogen, ebenso wie Erkenntnisse aus weiteren spezifischen Verfahren, bspw. zur Unterstützten Kommunikation oder zur Motorik. Gleichzeitig können die Ergebnisse aus den Subskalen und auch die Einzelitems differenziert betrachtet werden und als Grundlage für die Förderung dienen, wie nachfolgend dargestellt wird (vgl. aktuell auch Irblich, Kölbl & Scholz 2025).

5.5 Ergebnisse der Diagnostik und Schlüsse für die Förderung

Die Subskalen bauen »kumulativ nach Entwicklungsfortschritten aufeinander auf« (Sparrow, Cicchetti & Saulnier 2021, 83), sodass Aussagen zum Entwicklungsstand in den einzelnen Bereichen getroffen werden können. Wenn die Items einer Subskala (= eines Kompetenzbereichs) zunächst alle mit zwei Punkten bewertet wurden (also das Verhalten normalerweise oder oft gezeigt wird) und dann ein schlechter bewertetes Item folgt, stellt die dort abgefragte Kompetenz die »Zone der nächsten Entwicklung« (Wygotski 1987, 83) dar und kann Ausgangspunkt für eine entsprechende Förderung sein.

Das Manual bietet vielfältige Hinweise zur Förderung der adaptiven Fähigkeiten und es werden verschiedene Techniken dargestellt und an praktischen Beispielen veranschaulicht (Sparrow, Cicchetti & Saulnier 2021, 83 ff.). Da es um den Aufbau von Verhalten und Fertigkeiten geht, ist es zunächst unerlässlich zu wissen, »wo man hin will«. Um dieses Ziel zu erreichen werden an erster Stelle verhaltenstherapeutische Techniken genannt, indem durch positive Verstärkung von kleinen Schritten das erwünschte Verhalten bzw. das Verhalten, das entwicklungslogisch als nächstes folgen würde, angebahnt oder verstärkt wird. Die Autorinnen und Autoren nennen hier die Techniken *Fading*, *Shaping* und *Chaining* (siehe Infokasten »Verhaltenstherapeutische Techniken«). Auch das Modelllernen kommt gerade im Kontext SGE bei einem geplanten Verhaltensaufbau besonders zum Tragen.

> **Verhaltenstherapeutische Techniken**
>
> • *Fading* bedeutet, dass Hilfestellungen bzw. Prompts allmählich zurückgenommen werden.
> • *Shaping* meint die Verhaltensformung durch Verstärkung von kleinen Schritten hin zu erwünschtem Verhalten.
> • *Chaining* bezeichnet das Erlernen einer komplexeren Handlung durch die Verkettung einfacherer Handlungsteile, die verstärkt werden.

Was bedeutet das nun konkret? Angenommen, ein Kind kann sich noch nicht selbstständig an- und ausziehen, wie wir es in der Primarstufe im SGE nicht selten vorfinden (bspw. im Sportunterricht oder in der Kabine zum Schwimmbad). Einige Fertigkeiten bzw. Teilschritte dieses komplexen Geschehens hat es aber bereits erlernt. Diese werden auch im Fragebogen abgefragt, wie bspw. »Hose mit Gummizug hochziehen«. Dann wäre diese (per Item erhobene) Fertigkeit der Ausgangspunkt für die Intervention: Das Kind ist aktuell in der Lage, eine Hose mit Gummizug hochzuziehen.

Es gilt nun also im Kontext der Förderplanung (bspw. im Lernfeld Selbstversorgung), das nächste Ziel festzulegen und den Weg dahin in kleine (nachvollziehbare und damit auch prüfbare) Handlungsschritte klein(st)schrittig zu unterteilen und diese ebenso zu verstärken (vgl. hierzu auch im Kontext der ICF Bühler & Manser 2019).

Das nächste Ziel könnte also sein, sich die Socken (und bspw. anschließend die Schuhe) anzuziehen (und bei den Schuhen wieder differenziert nach Verschlüssen – Klett- oder Schnürverschluss). Bei der Förderung von Kindern mit intellektueller Beeinträchtigung ist es ratsam, mit Aufforderungen zu beginnen, die sie schon gut beherrschen, also bspw. zunächst noch einmal die Jogginghose hochzuziehen (allein hier gilt es wieder viele Dinge zu beachten, die förderdiagnostisch bedeutsam sind wie rechts – links, vorne – hinten, Gummizug oder ggf. Schnürverschluss bis hin etwa zur Jeans mit Knöpfen oder Reißverschluss).

Das nächste Ziel wäre es dann, sich die Socken anzuziehen. Wichtig ist, dafür eher etwas zu große und dehnbare Socken mit einem weiten Bündchen zu wählen, die einfach anzuziehen sind. Ein Zugang kann sein, sich als Lehrkraft zunächst auch selbst die Socken auszuziehen und gemeinsam kurz ohne Socken da zu stehen. Dann zeigt sie (als Modell), wie sie ihre Socke beidhändig oben greift und etwas auseinanderzieht und die Zehen hineinsteckt. Anmerkung: Allein hierbei wird die Herausforderung für das Kind ersichtlich, beide Hände nutzen zu müssen – die rechte Hand am rechten oberen Bund der Socke, die linke Hand am linken oberen Bund der Socke – anschließend kommt die zweite Socke.

Die Lehrkraft fordert das Kind auf, das ebenso zu versuchen. Jeder kleine Schritt (Socke greifen, mit beiden Händen auseinanderziehen, Zehen hineinstecken) wird kommentiert und freudig gelobt. Dann können beide erst einmal mit einer (ggf. erst halb) angezogenen Socken ein wenig herumlaufen. Es folgt der nächste Schritt: Die Socken müssen richtig sitzen, damit man in die Schuhe passt. Wichtig: In Aussicht sollte etwas Schönes stehen, wofür man die Schuhe braucht, bspw. auf den Spielplatz oder zum Ballspiel gehen. Wieder ziehen beide an ihrer Socke, bis sie oben ist, das Kind ggf. zunächst mit etwas Unterstützung, falls erst in die falsche Richtung gezogen wird und alles wieder mit großer Begeisterung. Dies wird im weiteren Verlauf wiederholt, bis die Abläufe klar sind. Dann geht man dazu über, nur noch das Ergebnis zu loben, wenn also die Socke am Fuß sitzt.

Analog sind Zieldefinitionen und kleinschrittige Förderung auch in den anderen Bereichen des adaptiven Verhaltens möglich (bspw. Kommunikation). Die Ergebnisse der Vineland Scales 3 können dabei sowohl Ausgangspunkt der Förderung sein (letzte gekonnte Kompetenz), als auch als Zielsetzung dienen (Zone der nächsten Entwicklung). Durch einen nach einiger Zeit wiederholten Einsatz der Vineland Scales sind Entwicklungen abbildbar und können zur Dokumentation von Entwicklungsschritten und der Wirksamkeit der Förderung dienen.

Im Sinne einer kooperativen Förderplanung (▶ Kap. 3) ist es gerade in diesem Bereich der Selbstversorgung bedeutsam auch den familiären Kontext ganz unmittelbar einzubeziehen, und zwar

- sowohl in der differenzierten Betrachtung der erhobenen Kompetenzen mit Blick auf den Elternfragebogen (bspw. mit der Fragestellung: Kann das Kind etwas zu Hause, was es in der Schule nicht zeigt – und umgekehrt? Lassen sich hier Präferenzen zu Personen und/oder Situationen ausmachen?) (Perspektive *Diagnostik*)
- als auch hinsichtlich der familiären Begleitung der Förderplanung im häuslichen Umfeld (Übungen zu den Aufgaben aus der Schule wie bspw. auch zu Hause das eigenständige Anziehen der Socken umsetzen bzw. versuchen) (Perspektive *Förderplanung*)

Weiterführende Literatur (Adaptives Verhalten)

Dworschak, W. & Kölbl, S. (2022): Adaptives Verhalten. Zur Bedeutung eines (zu) wenig beachteten Konstrukts im Kontext geistiger Behinderung aus diagnostischer Sicht. In: Gebhardt, M., Scheer, D. & Schurig, M. (Hrsg.): Handbuch der sonderpädagogischen Diagnostik. Grundlagen und Konzepte der Statusdiagnostik, Prozessdiagnostik und Förderplanung. Regensburg: Universitätsbibliothek. 175–190. (https://doi.org/10.5283/epub.53149)

Irblich, D., Kölbl, S. & Scholz, M. (2025): Vineland-3 – Vineland Adaptive Behavior Scales – Third Edition – Serie Diagnostik Teil 1. In: Lernen konkret 4 (43) 36–39.

6 Schriftspracherwerb

6.1 Fallbeispiel

Lina ist ein 10;4 Jahre altes Mädchen, das die Primarstufe einer Schule mit dem sonderpädagogischen Schwerpunkt Geistige Entwicklung (SGE) besucht. Sie hat eine intellektuelle Beeinträchtigung unklarer Genese. Lina kann bislang etwa 15 Buchstaben sicher die korrekten Laute zuordnen, das synthetisierende Lesen stellt sie jedoch noch vor große Herausforderungen. Lina artikuliert jeden Buchstaben einzeln, macht eine kurze Pause und fokussiert sich dann auf den nächsten Buchstaben.

6.2 Theoretische Grundlagen

Der Erwerb schriftsprachlicher Kompetenzen markiert für Schülerinnen und Schüler im sonderpädagogischen Schwerpunkt Geistige Entwicklung (SGE) einen besonderen Meilenstein mit Blick auf soziale und gesellschaftliche Teilhabe, Selbstbestimmung, Lebensqualität und Unabhängigkeit. In einem stark literal geprägten Alltag stellen fehlende Lese- und Schreibfähigkeiten wesentliche Exklusionsrisiken dar und erschweren Kommunikation, soziales Miteinander, aber auch schulische und berufliche Bildung sowie Freizeitgestaltung, um nur einige Aspekte zu nennen (Köb & Terfloth 2025). Umso verwunderlicher ist, dass das Lesen- und Schreibenlernen lange Zeit kaum eine Rolle im schulischen Alltag an Förderschulen gespielt hat. Vielmehr galt es bis in die 1970er Jahre als höchst umstritten, dass Schülerinnen und Schüler mit einer intellektuellen Beeinträchtigung überhaupt Kompetenzen im schriftsprachlichen Bereich erwerben können (Euker & Koch 2010, 262; Sermier Dessemontet et al. 2019, 52).

Das steht heute nicht mehr zur Debatte. Vielmehr betrachten wir den Schriftspracherwerb umfassender eingebettet in das Konzept der Literalität. Darin sind unterschiedliche Bezugspunkte vereint (in Anlehnung an den aus dem angloamerikanischen Sprachraum stammenden Literacy-Begriff) bzw. werden weiter ausdifferenziert (bspw. Rosebrock 2013, 245). So fasst Feilke

(2011, 5) literale Kompetenzen entlang eines kulturbezogenen Verständnisses als soziale, emotionale, kognitive und sprachliche Fähigkeiten auf, die zur Kommunikation mithilfe von Texten erforderlich sind, und versteht deren Erwerb als literale Sozialisation. Das davon abhängige Lese- und Schreibhandeln und die damit verbundene Auseinandersetzung mit Prozessmerkmalen schriftsprachlicher Kompetenz verortet er auf einer sekundären, handlungsorientierten Ebene (ebd., 8). Unter dem Strukturaspekt literaler Kompetenz versteht Feilke (2011) schließlich die »Beherrschung der Formmerkmale schriftlicher Sprache, die das Verstehen schriftlicher Wörter, Sätze und Texte möglichst kontextfrei ermöglichen« (ebd., 12).

Aus schulischer Perspektive betrachtet bedeutet der Auf- und Ausbau literaler Kompetenzen demnach weitaus mehr als die grundlegende Vermittlung der Kulturtechniken Lesen und Schreiben. Vielmehr sollen schriftsprachliche Kompetenzen Lernende in die Lage versetzen, kritisch reflektiert für »schriftkulturelle Erfordernisse adäquate Lösungen zu finden, die den jeweiligen sprachlichen, situations- und interaktionsspezifischen Erwartungen entsprechen« (Böhm & Hohenstein 2023, 8).

6.2.1 Der Erwerb schriftsprachlicher Kompetenzen

Grundsätzlich lässt sich konstatieren, dass sich der Erwerb schriftsprachlicher Kompetenzen bei Schülerinnen und Schülern mit einer intellektuellen Beeinträchtigung nicht wesentlich von dem unbeeinträchtigter Lernender unterscheidet (van Wingerden et al. 2017, 218). Vielmehr scheint es sich um einen (teilweise) deutlich verlängerten bzw. verzögerten Erwerbsprozess über die gesamte Schullaufbahn und ggf. darüber hinaus zu handeln, dessen Erfolg vor allem von der Passung der unterrichtlichen Angebote und der Berücksichtigung der individuellen Lernvoraussetzungen wie beispielsweise der Aneignungsmöglichkeiten der Schülerinnen und Schüler abhängt (Köb & Terfloth 2025; Pezzino, Marec-Breton & Lacroix 2019, 586; van Tilborg 2018, 79). Zudem sind im Erwerbsprozess aus unterschiedlichen Gründen teilweise früher oder später auch Grenzen gesetzt, wie die Studie SFGE-II zeigen kann (Ratz & Selmayr 2021).

Für den Aufbau (schrift-)sprachlicher Kompetenzen ist ein komplexes Zusammenspiel zahlreicher kognitiver Komponenten maßgeblich, so bspw.

- der Abruf von kognitiven Ressourcen zur Informationsverarbeitung (Aufmerksamkeit, Wahrnehmung, Gedächtnis),

- die Koordination mit bereits erworbenem Wissen und Handlungsstrategien
- sowie Steuerungs- und Kontrollprozesse bei der Organisation von komplexen Handlungen (exekutive Funktionen) (Sarimski 2024, 91).

Als Herausforderung hierbei werden oftmals die Spezifika der kognitiven und metalinguistischen Verarbeitungsprozesse im Kontext einer intellektuellen Beeinträchtigung diskutiert (Köb & Terfloth 2025). Demnach können folgende Aspekte je als potenzielle Hürde für den Aufbau und die Erweiterung literaler Kompetenzen erachtet werden:

- eine reduzierte (Arbeits-)Gedächtnisleistung
- Schwächen in der phonologischen Schleife (Kehl & Scholz 2021, 123) und der automatischen Benennungsgeschwindigkeit im Bereich der phonologischen Informationsverarbeitung (de Chambrier et al. 2021, 5 f.)
- eine reduzierte phonologische Speicherkapazität (Schuchardt, Mähler & Hasselhorn 2011, 1938; Lifshitz, Kilberg & Vakil 2016, 160) verbunden mit Schwierigkeiten im Bereich
  - der exekutiven Funktionen (von Seeler & Agha 2021, 144)
  - der Sprachentwicklung (Aktas, Müller & Wolf 2017, 306)
  - der auditiven Wahrnehmung und Verarbeitung (Pezzino, Marec-Breton & Lacroix 2019, 588)
  - der phonologischen Bewusstheit (Anjos, Barbosa & Azoni 2019, 5)

Exkurs
Verarbeitungsgeschwindigkeit
Von besonderer Bedeutung scheint in diesem Zusammenhang die Verarbeitungsgeschwindigkeit zu sein, die in der Regel über die automatische Benennungsgeschwindigkeit (rapid automatized naming, RAN) operationalisiert wird (Christopher et al. 2012, 473; Mayer 2021). Unterschiedliche Studien deuten auf eine deutlich reduzierte Benennungsgeschwindigkeit bei Lernenden im SGE hin (de Chambrier et al. 2021, 5 f.; van Tilborg et al. 2018, 9; Nilsson et al. 2021, 1). Das führt dazu, dass visuell repräsentierte Zeichen (Ikone, Symbole, Buchstaben) in der Regel nicht in ausreichender Geschwindigkeit identifiziert und die mit ihnen zusammenhängenden Eintragungen im Langzeitgedächtnis nicht schnell genug aktiviert und abgeglichen werden können.

Für Lernende birgt die reduzierte Verarbeitungsgeschwindigkeit (siehe Exkurs »Verarbeitungsgeschwindigkeit«) demnach die Gefahr eines langen Verharrens beim buchstabenweise synthetisierenden Lesen (vgl. hierzu das Fallbeispiel in ▶ Kap. 6.1), das wiederum extrem kapazitätsintensiv für das Arbeitsgedächtnis ist. Es zeigt sich ein deutlicher Zusammenhang zwischen der Benennungsgeschwindigkeit, der phonologischen Bewusstheit und den basalen Lesefähigkeiten bei Schülerinnen und Schülern mit intellektueller Beeinträchtigung (Alhwaiti 2024, 13 f.). Zudem scheint die phonologische Bewusstheit bei ihnen signifikant schwächer ausgebildet (van Tilborg et al. 2018, 6; Anjos, Barbosa & Azoni 2019, 5) und gleichzeitig länger bedeutsam für die Decodierfähigkeiten zu sein als bei Schülerinnen und Schülern ohne sonderpädagogischen Unterstützungsbedarf (Nilsson et al. 2021, 11).

Neben den dargestellten Aspekten, die vor allem entlang einer kognitionspsychologischen Zugriffsweise auf Lese- und Schreibkompetenzen zentral sind, spielen für den Erwerb schriftsprachlicher Kompetenzen weitere Faktoren eine Rolle, die sich auf Bereiche wie Motivation, Selbstkonzept, Beteiligung, aber auch auf Möglichkeiten der Anschlusskommunikation und der Einbettung in soziale Kontexte beziehen (Groeben 2004; Hurrelmann 2002; vgl. auch Rosebrock & Nix 2020). Kurz gefasst lässt sich diesbezüglich herausstellen, dass Schülerinnen und Schüler im SGE signifikant seltener intrinsisch motiviert sind, wenn es um die Beschäftigung mit im engeren Sinne akademischen (schulischen) Inhalten im Allgemeinen (Daniel & Cooc 2018, 108) und das Lesen und Schreiben im Besonderen geht – vor allem dann, wenn sie sich von Themen wenig angesprochen fühlen (Poblete, de Blume & Soto 2022, 486). Häufig weisen sie im Vergleich zu Schülerinnen und Schülern ohne eine intellektuelle Beeinträchtigung ein niedrigeres Selbstkonzept in Bezug auf schriftsprachliche Bereiche (Garrels 2019, 204) auf, was mit (wiederholten) Misserfolgserfahrungen, dem Nicht-Bewältigen (bzw. dem ihnen auch nicht zugetrauten Bewältigen) akademischer Herausforderungen und nicht passgenauen unterrichtlichen Angeboten zusammenhängen könnte.

Diese möglichen Gründe lassen sich bereits in vorschulischen Kontexten beobachten, also in Phasen, in denen sich bspw. Vorschulgruppen mit schriftsprachlichen Bereichen beschäftigen. Auch hier sollte bereits für Kinder mit (intellektueller) Beeinträchtigung individuelle Förderung in angemessenem, auch spielerischem Rahmen (bspw. bewegungs- und lautbetont) mitgedacht werden (Schäfer 2022).

6.2.2 Strategien innerhalb des Schriftspracherwerbs

Häufig wird der Schriftspracherwerb in mehreren Phasen dargestellt (Sauerborn & Köb 2025). Die Basis diverser Modelle bildet dabei das von Frith (1986) für den englischsprachigen Raum entwickelte sechsschrittige Modell zum Lese- und Schreiberwerb:

- Ausgehend vom logografischen Lesen, bei dem die Kinder Wörter bzw. Logos anhand markanter Merkmale erkennen, folgt das logografische Schreiben, bei dem ein Wort wie ein Bild notiert (genauer: gemalt) wird und zunächst noch kein Bezug zwischen Buchstaben und Lauten vorliegt, wobei die Kinder am Ende dieser Phase bspw. den Anfangsbuchstaben benennen und auch bei anderen Wörtern wiedererkennen können (bspw. M wie Mia).
- Daran schließt sich das alphabetische Lesen an, bei dem Wörter anfangs buchstabenweise erlesen werden. Im Verlauf nutzen Kinder zunehmend größere Einheiten (bspw. Silben oder Morpheme), sodass mit mehr und mehr Lesepraxis schließlich orthografisch gelesen wird.
- Der Weg zum orthografischen Schreiben vollzieht sich langsamer und steht nach Frith am Ende der Entwicklung (Frith 1986, 79).

Der beginnende Schriftspracherwerb wird laut Frith (1986) an der logografemischen Zugangsweise, also dem Erkennen von Wörtern und Logos anhand markanter Merkmale, festgemacht. Der hier skizzierte Zeichenbegriff konsolidiert sich demnach am literalen bzw. symbolischen Zeichen. Zeichentheoretisch lässt sich hingegen mit Peirce (1983) argumentieren, dass auch Ikone zu den Zeichentypen gehören und demzufolge eine Bedeutungsrekonstruktion ermöglichen. Die Erweiterung um die Nutzung ikonischer, also auf Ähnlichkeitsbeziehungen beruhender Zeichen findet in verschiedenen Modellen zum Schriftspracherwerb Beachtung (Günther 1986; Koch 2008; Koch & Euker 2019; Köb & Terfloth 2021) und nimmt eine Brückenfunktion im Hinblick auf basal(st)e Lese- und Schreibfähigkeiten ein (▶ Tab. 6.1).

Die Anwendung der jeweiligen Strategien hängt von unterschiedlichen Faktoren ab, die mitunter auch als Vorläuferfertigkeiten bezeichnet werden. Nach Marx (2007) lässt sich hierbei zwischen internalen und externalen Faktoren unterscheiden:

- *Externale Faktoren* umfassen bspw. das soziokulturelle Kapital der Familie, lesesozialisatorische Prozesse und den Anregungsgehalt der Umwelt.

- Bei den *internalen Faktoren* lassen sich eher spezifische Aspekte für den Schriftspracherwerb und eher unspezifische Bereiche ausmachen, wobei die Zuordnung in diese beiden Kategorien nicht immer ganz eindeutig ist, da einzelne Faktoren auch mit anderen Leistungsbereichen zusammenhängen können (vgl. ebd., 38).

Tab. 6.1: Kombiniertes Modell zu den Phasen des Schriftspracherwerbs (in Anlehnung an Köb & Terfloth 2021, 22; eigene Darstellung)

Lesen (Rezeption)	Schreiben (Produktion)	
integrativ-automatisiert orthografisch Wahrnehmung Nutzung größerer Einheiten (subsilbische Einheiten, Silben, Morpheme)	**integrativ-automatisiert orthografisch** Einsicht in orthografische Schreibung	**Lesen und Schreiben im engeren Sinne** **phonologische Bewusstheit im engeren Sinne** Wahrnehmung kleinster sprachlicher Einheiten (Phoneme), bspw. An-, In- und Endlautidentifikation
alphabetisch (Graphem-Phonem-Korrespondenz, Buchstabenkenntnis) synthetisierendes Lesen	**alphabetisch** (Phonem-Graphem-Korrespondenz, Buchstabenkenntnis) synthetisierendes Lesen	
logographemisch Geschriebenes (Logos, Wörter) wird anhand von (prägnanten) Merkmalen erkannt	**logographemisch** Wörter werden wie Bilder gemalt, erste Buchstabenschrift	**Lesen und Schreiben im weiteren Sinne** **phonologische Bewusstheit im weiteren Sinne** Wahrnehmung größerer sprachlicher Einheiten wie Wörter und Silben bspw. Silbensegmentation, Reimwortidentifikation
präliteral-symbolisch Lesen von Symbolen (konventionalisiert) Lesen von Ikonen, Bilderlesen, beginnende Einsicht in bedeutungstragende Elemente (visual literacy)	**präliteral-symbolisch** eigenen Zeichnungen wird Bedeutung zugewiesen, beginnende Einsicht in bedeutungstragende Elemente **gegenständlich manipulativ** Spuren und Kritzel	
Kontextfaktoren wie bspw. Anregungsgehalt der Umwelt in Bezug auf (schrift-)sprachliche Kommunikation; Erfahrungen mit Sprache und Schrift; Kompetenzen im Bereich der Kommunikation und Interaktion; visuelle, auditive und haptische Wahrnehmung; kognitive Fähigkeiten wie Aufmerksamkeits- und Gedächtnisleistungen, phonologische Informationsverarbeitung, exekutive Funktionen usw.		

In Anlehnung an Marx (2007, 39) sowie Sauerborn und Köb (2025) können die folgenden internalen Faktoren als besonders relevant für den Schriftspracherwerb erachtet werden (▶ Tab. 6.2).

Tab. 6.2: Übersicht zu den internalen Faktoren, die als besonders relevant für den Schriftspracherwerb einzuschätzen sind (eigene Darstellung)

eher spezifische Faktoren		eher unspezifische Faktoren
(schrift-)sprachbezogen (vgl. Early Literacy)	kognitiv	
• (phonologische) Sprachentwicklung (Grammatik, Wortschatz, Hörverständnis) • Wissen über Schrift	• Arbeitsgedächtniskapazität • Zugriff auf das Langzeitgedächtnis • visuelle und auditive Informationsverarbeitung	• Konzentrationsfähigkeit • Intelligenz • exekutive Funktionen • Aufmerksamkeit und Wahrnehmungsprozesse • Lernfreude • Leistungsmotivation • Selbstkonzept
phonologische Informationsverarbeitung (vgl. Wagner & Torgesen 1987, 192): • phonologische Bewusstheit • phonologisches Recodieren im Arbeitsgedächtnis • phonologisches Recodieren beim Zugriff auf das semantische Lexikon		

Im Vergleich zu Marx (2007) ist für didaktische Zwecke (und damit auch für den diagnostischen Prozess) eine weitere Unterscheidung der eher spezifischen internalen Faktoren in *schriftsprachbezogene* Faktoren, welche mit der Early Literacy gleichzusetzen sind, und *kognitive* Faktoren sinnvoll, da bspw. bei Kindern, die Deutsch als Zweitsprache erlernen oder die einen sonderpädagogischen Unterstützungsbedarf im Bereich Sprache haben, möglicherweise andere Faktoren hemmend wirken als bei Kindern mit einem Unterstützungsbedarf im Bereich Geistige Entwicklung. Die phonologische Informationsverarbeitung wird von Marx (ebd.) nicht explizit genannt, deren Bestandteile sind jedoch in seiner Darstellung in manchen Aspekten enthalten. In der Übersicht zu den internalen Faktoren (▶ Tab. 6.2) wird die phonologische Informationsverarbeitung daher separat aufgeführt und (weiter ausdifferenziert) als sowohl *sprachbezogen* wie auch stark von den *kognitiven Ressourcen* abhängig verstanden (Sauerborn & Köb 2025).

6.2 Theoretische Grundlagen

Einen Überblick über die unterschiedlichen Teilbereiche des Schriftspracherwerbs gibt das Modell von Sauerborn und Köb (2025), das diese Aspekte berücksichtigt (▶ Abb. 6.1).

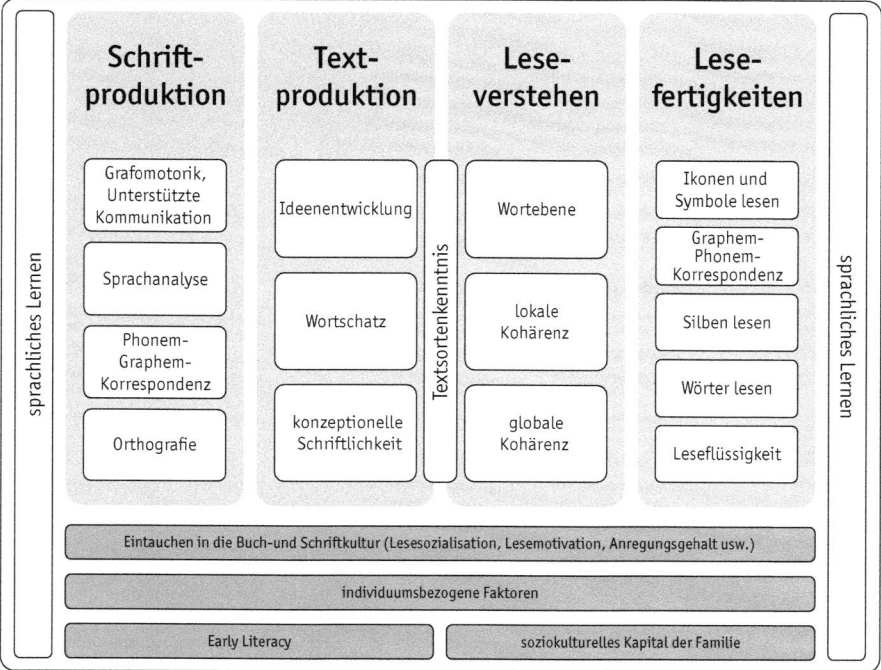

Abb. 6.1: Kombiniertes Modell zum Erwerb schriftsprachlicher Kompetenzen (KOMET-Modell nach Sauerborn & Köb 2025; eigene Darstellung)

Kernaspekte schriftsprachlicher Kompetenzen (Schriftproduktion, Textproduktion, Leseverstehen und Lesefertigkeiten) werden im oberen Bereich des Modells dargestellt. Lesen und Schreiben sind dabei getrennt aufgeschlüsselt, dennoch können beide Kompetenzbereiche weder im Erwerb noch in der Ausführung getrennt betrachtet werden. Innerhalb der Bereiche des Schreibens und des Lesens wird zudem jeweils eine weitere Unterteilung vorgenommen: Beim Schreiben wird in Anlehnung an Bachmann und Becker-Mrotzek (2017, 28) zwischen Schrift- und Textproduktion, beim Lesen zwischen Lesefertigkeit und Leseverstehen (bspw. Richter & Müller 2017) unterschieden. Im Hinblick auf den Schriftspracherwerb ist die Unterscheidung von Schrift- und Textproduktion gewinnbringend: Oft können Kinder schon früh mündlich Texte produzieren und zum Beispiel einer schreibenden

115

Person (vgl. Merklinger 2011; Sauerborn 2015) oder mithilfe eines Geräts mit Spracherkennung Texte diktieren (vgl. Köb et al. 2023), im Sinne einer Textproduktion ohne eigene Schriftproduktion.

Beim Lesen liegt in den frühen Phasen des Anfangsunterrichts der Fokus vor allem auf dem Ausbau der Lesefertigkeiten. Das Leseverstehen auf der Wort- und Satzebene ist dabei durchaus relevant, Textverstehen auf der globalen Kohärenzebene hingegen erst nach dem Erwerb der basalen Lesefertigkeiten (Leseverstehen nicht ohne Lesefertigkeit). Sind diese weitgehend automatisiert, lässt sich das Leseverstehen entlang des Mehrebenenmodells von Rosebrock und Nix (2020) differenzierter darstellen. Neben sozialen und individuumbezogenen Aspekten wie dem Anregungsgehalt in Familie und Schule sowie den individuellen Wissensbeständen und motivationalen Faktoren spielen für die Lesekompetenzen insbesondere Komponenten des Lesens auf der Prozessebene eine zentrale Rolle. Für den kognitiv-konstruktiven Prozess des Lesens ist die aktive Bedeutungskonstruktion elementar. Im Bereich der Wortidentifikation als hierarchieniedrigstem Level sind dabei die Verfügbarkeit von Wörtern im semantischen Gedächtnis, die Differenziertheit des Wortschatzes und das (Kontext-)Wissen relevant. Flüssiges Lesen, das sich in Genauigkeit und Schnelligkeit spiegelt, gilt hier als Voraussetzung. Über die Satzidentifikation (bei der semantisch zusammenhängende Sequenzen aus mehreren Wörtern gebildet werden müssen) werden allmählich lokale Kohärenzen geknüpft, in denen durch die Verbindung mehrerer Satzfolgen Sinnzusammenhänge über einzelne Satzgrenzen hinaus entstehen. Durch die zunehmende Verdichtung dieser lokalen Kohärenzen werden sogenannte Makrostrukturen, also strukturierte Vorstellungen, vom Textinhalt als Ganzem gebildet. Ergänzt durch formale Einsichten in den Aufbau eines Textes (sog. Superstrukturen) werden schließlich Darstellungsstrategien identifiziert, sodass der logische Gang eines Textes gleichsam aus der Metaperspektive nachvollzogen werden kann. Hiermit ist nach Rosebrock und Nix (2020) das hierarchiehöchste Level des Lesens erreicht.

Neben der Beschäftigung mit den Teilbereichen des Schriftspracherwerbs ist es ebenso wichtig, individuumbezogene Faktoren in den Blick zu nehmen, die im unteren Bereich des Modells grau aufgeführt werden (▶ Abb. 6.1). Marx (2007) unterscheidet zwischen internalen und externalen Faktoren. Zu den internalen Faktoren (▶ Tab. 6.2) gehört die Early Literacy (bspw. Dunst et al. 2006; Sauerborn 2015), die mit dem Eintauchen in die Buch- und Schriftkultur (bspw. Hurrelmann, Hammer & Nieß 1993; Muratović 2015) und mit dem soziokulturellen Kapital der Familie zusammenhängt (bspw. Hertel, Jude & Naumann 2010); beide Aspekte sind wiederum Teil der externalen Faktoren. Gerahmt wird das Modell vom Bereich des sprachlichen Lernens.

6.2.3 Schriftsprachliche Kompetenzen von Schülerinnen und Schülern im SGE

Für den deutschsprachigen Raum legten zuletzt Ratz und Selmayr (2021) Ergebnisse einer Studie mit 1.113 Schülerinnen und Schülern mit intellektueller Beeinträchtigung vor, die auf eine hohe Spannweite der schriftsprachlichen Kompetenzen hindeutet. Nach Einschätzung der befragten Lehrkräfte

- *lesen* etwa ein Viertel bzw. *schreiben* etwa ein Fünftel der in die Stichprobe einbezogenen Lernenden im engeren Sinne (noch) gar nicht,
- während etwa 6 % bzw. 27 % logografemische,
- 31 % bzw. 35 % alphabetische
- und rund 36 % bzw. 18 % orthografische Strategien beim Lesen bzw. Schreiben nutzen

(Ratz & Selmayr 2021, 124 f.).

Über 90 % der Schülerinnen und Schüler können Ikone und 74 % Symbole lesen (ebd., 126).

Auch im Hinblick auf das Textverständnis ergibt sich eine hohe Varianz. Orientiert an den Lesekompetenzstufen nach PISA erreichen etwa 44 % der Schülerinnen und Schüler das unterste Kompetenzlevel (Fähigkeit zum Verstehen einfachster Texte) nicht. Fast ein Drittel kann eine explizit gekennzeichnete Information aus einem einfachen Text entnehmen; etwa 20 % können einen explizit angegebenen Hauptgedanken in einem Text lokalisieren und Bezug zum Alltagswissen herstellen und 4 % der einbezogenen Schülerinnen und Schüler können eine Argumentation über mehrere Abschnitte verfolgen (ebd., 127).

6.3 Untersuchungsplanung und diagnostisches Raster

Im Folgenden findet sich das diagnostische Raster für Lina im Bereich des Lesens (▶ Kap. 6.1). Wie in den anderen Kapiteln auch, werden die Randbereiche der diagnostischen Überprüfung ausgeblendet.

Tab. 6.3: Untersuchungsplanung und diagnostisches Raster zur Erfassung der schriftsprachlichen Kompetenzen von Lina, 10;4 Jahre (eigene Darstellung)

Untersuchungsbereich	Differenzierung/Begründung	Methode/Verfahren
Early-Literacy-Erfahrungen		• EuLe 4–5 • Beobachtungen
phonologische Bewusstheit	• im weiteren Sinne • im engeren Sinne	• GISC-EL • Rundgang durch Hörhausen • ZLT-II
Lesekompetenz	• im weiteren Sinne • im engeren Sinne	• GISC-EL • Dani hat Geburtstag • ELFE II • Beobachtungen
Leseflüssigkeit und -genauigkeit	• auf Silbenebene • auf Wortebene • auf Satzebene	• ELFE II • Lautleseprotokoll
Leseverständnis	• Wörter • kurze Sätze • komplexere Sätze • Texte	• ELFE II • Lautleseprotokoll • GISC-EL

Neben dem GISC-EL, der speziell für Kinder mit intellektueller Beeinträchtigung entwickelt wurde und im folgenden Abschnitt näher vorgestellt wird, ist an mehreren Stellen des Rasters der ELFE II aufgeführt (Testverzeichnis in ▶ Kap. 14). In Anlehnung an die theoretischen Ausführungen (▶ Kap. 6.2) kann eine Kombination beider Verfahren eine adäquate Abdeckung der Leseleistungen über die gesamte Entwicklungsspanne gewährleisten:

• Während das GISC-EL insbesondere die Stadien des frühen Lesens (Lesen im weiteren Sinne, phonologische Bewusstheit, Buchstabenkenntnis, Lesen auf Silben- und Wortebene) fundiert abdeckt (ausführlich ▶ Kap. 6.4),
• eignet sich der ELFE II für die Erfassung des Leseverständnisses auf (eher) hierarchiehöheren Ebenen, also auf Wort-, Satz- und Textebene, sowie der Leseflüssigkeit und -genauigkeit.

Der ELFE II umfasst drei (Standardversion) bzw. vier (Computerversion) Subtests:

- *Wortverständnis:* Es müssen Wörter erlesen und das jeweils passende Bild dazu ausgewählt werden.
- *Satzverständnis:* Ein unvollständiger Satz muss gelesen und durch eine von fünf Alternativen ergänzt werden, die zu einem sinnhaften Satz führt.
- *Textverständnis:* Es müssen Texte gelesen werden, die in Umfang und Komplexität allmählich ansteigen. Es schließen sich Fragen an, für deren korrekte Beantwortung Informationen aus mehreren Sätzen miteinander verknüpft werden müssen.
- *Schwellenmessung der Worterkennung* (nur in der Computerversion): Hier wird erfasst, inwiefern Wörter bereits automatisiert erlesen werden können, indem Wörter für eine bestimmte Zeit auf dem Bildschirm präsentiert werden und danach vom Kind ausgewählt werden muss, ob es sich dabei um eine Pflanze, ein Tier oder einen Gegenstand gehandelt hat.

Wenn Schülerinnen und Schüler noch nicht über Lesekompetenzen auf Textebene verfügen, ist eine Kurzversion aus Wort- und Satzverständnistestung möglich, die trotzdem die Ermittlung eines Gesamtwerts erlaubt (Renner & Scholz 2020, 5).

6.4 Vorstellung eines Verfahrens: GISC-EL

Im vorliegenden Fallbeispiel steht die Erfassung der Lesekompetenzen im Vordergrund. Da sich Lina im Bereich des frühen Lesens befindet, wird das GISC-EL gewählt, da es insbesondere in diesem Bereich adäquat differenziert und eine kategoriale Auswertung ermöglicht.

Das GISC-EL wird als Einzeltest zur Erfassung der Lesekompetenzen bei Kindern und Jugendlichen mit einer intellektuellen Beeinträchtigung eingesetzt und fußt auf dem Strategiemodell zum erweiterten Leseerwerb nach Koch (2008). Wie in Kapitel 6.2 dargestellt, ist die Erweiterung des Lesebegriffs von einem engen Verständnis (gelesen werden Buchstaben = literale Zeichen) hin zu einem Lesen im weiteren Sinne (gelesen werden auch gegenstandsähnliche Zeichen = ikonische Zeichen sowie Zeichen ohne Ähnlichkeitsbezug = Symbole) sinnvoll (▶ Kap. 6.2). Der Test dient zur Einschätzung des individuellen Entwicklungsstands der TP, insbesondere um darauf aufbauende Förderangebote zu entwickeln. Eine normierte Auswertung des Tests nach Altersstufen oder Schuljahren ist nicht sinnvoll, variieren die Lesekompetenzen doch in der Zielgruppe erheblich. Es ist daher unerheblich, ob die Kompetenzen eines Kindes verglichen mit Gleichaltrigen durchschnittlich ausgeprägt sind, viel relevanter sind hier die individuellen Kompetenzen des Kindes (wie es auch die Bildungspläne der Länder vorsehen). Die Auswertung erfolgt daher kriterial: Welche Kriterien der Lesekompetenzen werden in welchem Ausmaß erfüllt?

In insgesamt acht Subtests werden sowohl Strategien beim Lesen als auch Vorläuferkompetenzen erhoben. Die Subtests müssen in der vorgegebenen Reihenfolge durchgeführt werden.

- *Subtest 1: Lesen von gegenstandsähnlichen Abbildungen:* Im ersten Subtest werden Kompetenzen des Lesens im weiteren Sinne erhoben. Der TP werden unterschiedliche ikonische Abbildungen (Tiere, Gebäude, Gegenstände) gezeigt, die benannt werden sollen. Die Abbildungen weisen einen ansteigenden Abstraktionsgrad auf; so sind anfangs fotorealistische Abbildungen zu sehen, die übergehen in Zeichnungen und abstrahierte Piktogramme.
- *Subtest 2: Lesen von Symbolen:* Im Gegensatz zum ersten Subtest müssen bei den hier präsentierten Abbildungen Inhaltskonzepte hergeleitet werden, so steht beispielsweise ein großes weißes P auf blauem Grund für Parkplatz.
- *Subtest 3: phonologische Bewusstheit:* Im dritten Subtest wird die phonologische Bewusstheit als Vorläuferkompetenz erhoben. Sie steht im Zusammenhang mit dem Übergang vom Lesen im weiteren zum engeren Sinne (Köb & Terfloth 2021). Während Aufgaben zur Silbensegmentation (Silbenklatschen) eher die phonologische Bewusstheit im weiteren Sinne abdecken, adressieren jene zur Anlauterkennung die phonologische Bewusstheit im engeren Sinne.
- *Subtest 4: Buchstabenkenntnis:* Als weitere Vorläuferkompetenz wird im vierten Subtest die Buchstabenkenntnis erhoben. Es werden sowohl (die weitaus geläufigeren!) Großbuchstaben als auch Kleinbuchstaben dargestellt. Erfahrungsgemäß kann es bei diesem Subtest zu Unsicherheiten in der Identifizierung kommen, da die Buchstaben zwar der Grundschrift ähneln, aber (leider) nicht gänzlich den häufig verwendeten Schulschriftarten entsprechen.
- *Subtest 5: Recodieren von Pseudowörtern:* Zur Erhebung von Strategien beim alphabetischen Lesen werden unterschiedliche ein- bis fünfsilbige Pseudowörter präsentiert. Hier wird erstmals ein Abbruchkriterium (bei sechs falschen Antworten innerhalb der ersten zehn Wörter) genannt.
- *Subtest 6: Leseverständnis auf Wortebene:* Im sechsten Subtest werden Strategien des alphabetischen Lesens auf Wortebene mit Realwörtern erho-

ben. Die meisten Zielwörter sind ein- bis zweisilbig mit einfachem Silbenanfangsrand (Sofa, Rose). Auch hier wird ein Abbruchkriterium genannt (ebenfalls bei sechs falschen Nennungen innerhalb der ersten zehn Wörter).
- *Subtest 7: Leseverständnis auf Satzebene:* Strategien des orthografischen Lesens werden in diesem Subtest erhoben. Dabei müssen kurze Zielsätze (Lisa mag Tomaten) erlesen und im Anschluss die passende Zeichnung dazu ausgewählt werden.
- *Subtest 8: Leseverständnis auf Textebene:* Im letzten Subtest werden Sätze präsentiert, die gelesen werden sollen, um im Anschluss daran zwei Fragen zu beantworten. Der Komplexitätsgrad variiert von Sequenzen aus drei kurzen Sätzen zur Abschlusssequenz aus sieben Sätzen.

Die Durchführung des GISC-EL kann mit einer Gesamtdauer von etwa 30 Minuten als relativ ökonomisch eingeschätzt werden. Das Auswertungsprotokoll zeigt für jeden Subtest, ob der getestete Aspekt der Lesekompetenz als *gekonnt* (mindestens 70 % der Items wurden korrekt gelöst), *teilweise gekonnt* (mindestens 40 % der Items wurden korrekt gelöst) oder *nicht gekonnt* (weniger als 40 % der Items wurden korrekt gelöst) einzuschätzen ist. Die Grenzen der hier genannten Schwellenwerte werden teilweise kritisch diskutiert (siehe hierzu Renner & Schroeder 2017).

Weiterführende Literatur (Grundlagen)

Euker, N. & Koch, A. (2023): Gießener Screening zur erweiterten Lesefähigkeit. Lesediagnostik als Grundlage für die Leseförderung. In: Lernen konkret 4 (42) 8–9.
Thümmel, I. & Schäfer, H. (2023): Deutschunterricht anschlussfähig. Konzeptionelle Grundlagen für den SGE. In: Lernen konkret 4 (42) 4–7.

6.5 Schlüsse für die Förderung

Die Durchführung des GISC-EL bei Lina ergab, dass die Subtests 1 und 2 (Lesen von Ikonen und Symbolen) als gekonnt gelten können. Lina scheint demnach gegenstandsähnliche sowie symbolische Zeichen adäquat entschlüsseln zu können. Während sie in Subtest 3 über 70 % der Items zur Silbensegmentation (phonologisch Bewusstheit im weiteren Sinne) richtig lösen konnte, weist im gleichen Subtest der Wert von weniger als 40 % korrekt gelöster Items bei der

Anlauterkennung (phonologische Bewusstheit im engeren Sinne) auf einen wichtigen Förderbereich hin. Dieses Ergebnis deckt sich mit den Erkenntnissen aus dem vierten Subtest (Buchstabenkenntnis). Lina konnte etwa die Hälfte der präsentierten Großbuchstaben(-verbindungen) korrekt identifizieren. In den nachfolgenden Subtests zum alphabetischen Lesen konnte sie keine Items korrekt lösen, sodass der Test abgebrochen wurde. Im Rahmen der Förderung sollte daher zunächst der weitere Erwerb der Graphem-Phonem-Korrespondenzen fokussiert werden, bevor sich Angebote zur Synthese anschließen.

Der Erwerb der Graphem-Phonem-Korrespondenzen stellt aufgrund der Besonderheiten des Arbeits- und Langzeitgedächtnisses und der phonologischen Informationsverarbeitung im Kontext einer intellektuellen Beeinträchtigung häufig eine besonders hohe Anforderung dar: Eine visuelle Repräsentation (Buchstabe) muss präzise wahrgenommen und mit der entsprechenden lautlichen Form (Laut) verknüpft, gespeichert und bei erneuter Präsentation korrekt und möglichst schnell abgerufen werden. Eine Vielzahl an Studien weist hierbei auf die Bedeutsamkeit und Effizienz von intensiven und systematischen Graphem-Phonem-Einführungen für Lernende im SGE hin (Sermier Dessemontet et al. 2019; Bakken et al. 2021).

Insbesondere die Systematik, anhand derer die Buchstaben eingeführt werden, zeigt sich dabei als zentrale Stellschraube im didaktischen Handlungsraum und sollte im Fall von Lina kritisch beleuchtet werden: Wurden Buchstaben eingeführt, bei denen die phonologische Gestalt, der Klang des Lautes, so deutlich wie möglich erfahrbar ist? Zentral hierfür ist die sogenannte Sonorität, die Schall- bzw. Klangfülle eines Lautes, als Marker »der maximalen Wahrnehmbarkeit« (Keller & Leuninger 2004, 271). Sonorante Laute können akustisch als Klang wahrgenommen werden, was die korrekte Identifizierung immens erleichtert. Ebenso entscheidend für die Wahrnehmbarkeit ist die Lautierbarkeit eines Lautes (Kuhl, Euker & Ennemoser 2015, 45). Dauerlautierbare Laute (bspw. Langvokale, wie das /o/ in S_o_fa) können durch die langgezogene Aussprache oftmals vorliegende Defizite in der phonologischen Schleife zu einem gewissen Maß ausheben, sodass die akustische Wahrnehmung und Verarbeitung erleichtert und der Abruf aus dem Langzeitgedächtnis begünstigt wird. Daraus ergibt sich, dass möglichst mit Buchstaben, die im Anlaut in sonorante und dauerlautierbare Laute (Langvokale, aber auch m, n, l und r) transformiert werden, begonnen werden sollte, bevor Buchstaben, die als Laute weniger sonorant, aber trotzdem dauerlautierbar sind (bspw. f, s, w) und schließlich Plosive (k, p, t, etc.) eingeführt werden.

Weitere Gesichtspunkte stellen die Häufigkeit und die Unterscheidbarkeit dar. So sollten frequentere Buchstaben (bspw. e, n, i) vor seltener vorkommenden (y, x, q) und ähnliche Buchstaben (b und d; p und q) zeitlich getrennt thematisiert werden. Zusätzlich sollte bei Lina auf explizite Angebote zum Training der phonologischen Bewusstheit geachtet werden.

Zudem könnte die Förderung mit dem Einsatz von Lautgebärden insbesondere im Bereich des frühen Lesens kombiniert werden (Tebbe 2023, 316). Initial können Lautgebärden auch noch die beginnende Lautsynthese durch fließende Bewegungsübergänge visualisierend begleiten, im weiteren Verlauf des Schriftspracherwerbs müssen sie jedoch sukzessive zugunsten des synthetisierenden Lesens und des Lesens von größeren Einheiten (Silben) abgebaut werden (Schäfer 2022; Tebbe & Schäfer 2024).

Das Fundament für die Arbeit mit und an der Silbe muss also die sichere Beherrschung der Graphem-Phonem-Korrespondenzen sein. Sobald Lina in der Lage ist, die den Buchstaben zugeordneten Laute in ausreichender Geschwindigkeit aus dem Langzeitgedächtnis abzurufen, sollten sich Angebote zur Synthese anschließen. Auch hier ist auf die Aspekte der Sonorität und Dauerlautierbarkeit bei der Auswahl der Laute zu achten. Dauerlautierbare Laute ermöglichen die sogenannte connected phonation (siehe hierzu auch Gonzalez-Frey & Ehri 2021), bei der der Sprechfluss nicht unterbrochen werden muss, wodurch die Synthese erleichtert wird (so können die Buchstaben M und A als »mmmmmmmmaaaaaaa« durchgehend lautiert werden, dies gelingt in der Verbindung t und a nicht).

Die Anbahnung eines Sichtsilbenschatzes kann für Lina zudem ein wichtiger Zwischenschritt auf dem Weg zum Aufbau eines Sichtwortschatzes sein (Sauerborn & Köb 2025; Tebbe & Schäfer 2023). Um dieses Ziel zu erreichen, müssen aus didaktischer Hinsicht eine Reihe unterschiedlicher Aspekte abgewogen werden, unter anderem die Auswahl der Silben, die Nutzung visueller Unterstützungsformate und der strukturierte Aufbau des Sichtwort- bzw. Sichtsilbenschatzes. Zunächst steht die Wahrnehmung der Silbe im Vordergrund. Effektive Unterstützung können hierfür Visualisierungen bieten, die die Wahrnehmbarkeit der Silbe erleichtern, beispielsweise Silbenbögen, Silbenschieber oder alternierende Einfärbungen der Silben. Eine Kombination mit bewegungsbezogenen Wahrnehmungsangeboten, bei denen Silben bspw. gerutscht, gehüpft oder geschwungen werden, ist ebenso denkbar. Analog zu den Empfehlungen zur Einführung der Phonem-Graphem-Korrespondenzen sollten vorzugsweise offene Silben (auf den Vokal folgt kein Konsonant) mit gespanntem Langvokal und einfachem, sonorantem (m, n, l, r) Anfangsrand (bspw. ma, na, la, ra etc.) gewählt werden. Um die automatisierte Wahrnehmung zu unterstützen, sollte darauf geachtet werden, dass der Vokal im Silbenreim zunächst konstant bleibt (ma, la, ra etc.). Mit zunehmender Sicherheit kann der Silbenreim dann variiert (ma, lu, ro etc.) und auf diese Weise das Inventar erweitert werden, sodass der Übergang vom Aufbau eines Sichtsilbenschatzes zum Sichtwortschatz fließend ist.

Als zentral im Hinblick auf die Automatisierung und die Leseflüssigkeit hat sich für Schülerinnen und Schüler im SGE eine kombinierte Förderung unterschiedlicher Bereiche erwiesen.

- Dabei ist insbesondere die kontinuierliche Verankerung im (schulischen) Alltag (Sermier Dessemontet et al. 2021, 8) mit kurzen, aber dafür intensiven Fördereinheiten (Fuhrer & Winkes 2018, 158; Connor et al. 2022, 8), die systematisch abgestimmte Angebote mit ansteigendem Schwierigkeitsgrad enthalten (Fälth et al. 2023, 10), als besonders wirksam einzuschätzen.
- Methoden der direkten Instruktion (Afacan, Wilkerson & Ruppar 2018, 238) und wiederholtes Lesen mit systematischer Fehlerkorrektur scheinen darüber hinaus effektiv zur Erhöhung der Leseflüssigkeit beizutragen (Strickland, Boon & Mason 2020, 769).

Exkurs
Lautleseverfahren
Oftmals haben Lehrkräfte das Gefühl, dass ihre Schülerinnen und Schüler regelmäßig laut vor der ganzen Klasse vorlesen sollten (oftmals im Reihum-Verfahren), damit eine gewisse Praxis im Lesen vor Gruppen erworben wird und Lehrkräfte gleichzeitig einen Einblick in den aktuellen Lernstand gewinnen können. Dieses Vorgehen ist unbedingt kritisch zu reflektieren und kann insbesondere bei eher schwächer ausgebildeten Lesekompetenzen nicht empfohlen werden (Vach et al. 2023, 7), da es meist zu psychischem Druck und schambesetzten Situationen führt.

Dagegen arbeiten sogenannte *Lautleseverfahren*, die empirisch untersucht und empfehlenswert sind, mit Tandems aus zwei Lernenden, die sich in einem überschaubaren Rahmen gegenseitig vorlesen und auf Peer-Ebene Tipps und Ratschläge zu Verbesserungspotenzialen geben (Afacan, Wilkerson & Ruppar 2018, 238).

Weiterführende Literatur (Grundlagen und Diagnostik)
Köb, S. & Sauerborn, H. (Hrsg.) (2025): Schriftspracherwerb in heterogenen Lerngruppen. Stuttgart: Kohlhammer.

Koch, A. (2016): Diagnostik und Förderung des erweiterten Lesens. In: Kuhl, J. & Euker, N. (Hrsg.): Evidenzbasierte Diagnostik und Förderung von Kindern und Jugendlichen mit intellektueller Beeinträchtigung. Bern: Hogrefe. 67–84.

Koch, A. & Euker, N. (2019a und b): Deutsch I: Grundlagen des Schriftspracherwerbs und Deutsch II: Leseunterricht. In: Schäfer, H: (2019): Handbuch Förderschwerpunkt geistige Entwicklung. Grundlagen – Spezifika – Fachorientierung – Lernfelder. Weinheim: Beltz. 461–468 und 469–477.

Schäfer, H. & Thümmel, I. (Hrsg.) (2023): Deutschunterricht. Anschlussfähige Perspektiven für den Deutschunterricht. Themenheft Lernen konkret 4 (42).

7 Mathematische Basiskompetenzen

7.1 Fallbeispiel

Theo ist ein 8;8-jähriger Junge mit zugeschriebenem Unterstützungsbedarf im sonderpädagogischen Schwerpunkt Geistige Entwicklung (SGE) unklarer Genese, der in der Primarstufe in einer Schule mit dem Förderschwerpunkt Geistige Entwicklung unterrichtet wird. Im Schriftspracherwerb ist er im Vergleich zu seinen Klassenkameradinnen und -kameraden ziemlich gut, er liest kurze Texte sinnentnehmend.

> »Aber in Mathematik, ich weiß auch nicht«, seufzt sein Klassenlehrer. »Er ist in der *mittelstarken* Differenzierungsgruppe, wir arbeiten hier eigentlich im Zahlenraum bis 20. Theo zählt auch meistens ganz richtig so bis zehn, wenn man ihm etwas hilft. Aber er macht auch leider total viel Mist in den Mathematikstunden, das kenne ich aus Deutsch gar nicht von ihm. Ich bin mir nicht sicher, ob er in dieser Mathe-Gruppe überhaupt richtig ist.«

7.2 Theoretische Grundlagen

Die Äußerungen des Klassenlehrers zeigen, dass eine fundierte Diagnostik notwendig ist, um darauf aufbauend eine geeignete Förderung für Theo zu gründen. Auch in diesem Feld ist wichtig, zunächst die theoretischen Grundlagen zu betrachten, auf denen dann der diagnostische Blick und die Verfahren beruhen.

Mathematik kann verstanden werden als »Wissenschaft von Mustern« (Devlin 1998), Muster und Strukturen können daher als das Wesen der Mathematik bezeichnet werden. Daraus lässt sich ableiten, dass mathematische Kompetenzen das »Erkennen und Bearbeiten von Mustern, von Zahlenmustern, von geometrischen Mustern, von Aufgabenmustern usw.« (Ratz & Moser Opitz 2016, 401) beinhalten. Allgemein können mathematische Kompetenzen als kognitive Ressource und weitergeführt als Bereitschaft verstanden werden, die es einer Person ermöglicht, angemessen auf Herausforderungen im mathematischen Bereich zu reagieren (Lehrl, Dornheim & Besser 2022; Niss & Højgaard 2019).

Innerhalb der (für den SGE nicht verbindlichen, aber orientierungsgebenden) Bildungsstandards (hier: für den Primarbereich) der Kultusministerkonferenz (KMK 2022) wird hierbei zwischen den sogenannten prozessbezogenen (bzw. allgemeinen) und den inhaltsbezogenen mathematischen Kompetenzen unterschieden, die miteinander verknüpft sind (▶ Abb. 7.1) (weiterführend Schäfer & Ruwisch 2022).

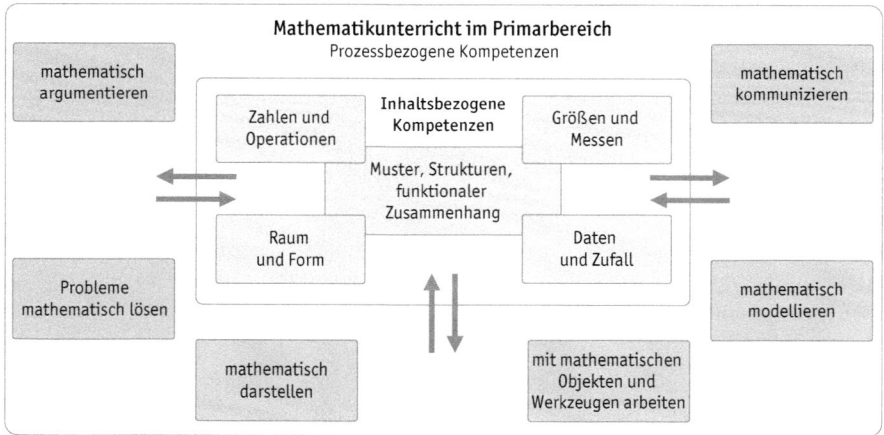

Abb. 7.1: Prozess- und inhaltsbezogene mathematische Kompetenzen (KMK 2022, 6) (eigene Darstellung)

Während sich die inhaltsbezogenen Kompetenzen an fünf mathematischen Leitideen orientieren, die für den gesamten Mathematikunterricht bedeutsam sind, verdeutlichen die prozessbezogenen Kompetenzen, dass die Art und Weise der Auseinandersetzung mit mathematischen Fragen wesentlich zur Entwicklung mathematischer Kompetenzen beiträgt. Demnach ist die Kompetenzentwicklung nicht nur davon abhängig, welche Inhalte Gegenstand des Unterrichts sind, sondern gleichermaßen auch davon, wie sie unterrichtet werden und inwiefern sich der Mathematikunterricht an den Lernergebnissen und Lernprozessen der Schülerinnen und Schüler orientiert (KMK 2022).

7 Mathematische Basiskompetenzen

> **Exkurs**
> **Entwicklungsbezogene Kompetenzbereiche in den Bildungsplänen**
> Von besonderer Bedeutung für den SGE sind in diesem Zusammenhang zudem die entwicklungsbezogenen Kompetenzen. Hierunter werden unter anderem Bereiche wie Motorik, Wahrnehmung, Kognition, Sozialisation und Kommunikation subsumiert, die auch in den neueren Bildungsplänen als spezifische Bereiche der Förderung für Kinder und Jugendliche mit intellektueller Beeinträchtigung in einem wiederum verschränkenden Verständnis von Fach- und Entwicklungsbezug Berücksichtigung finden (bspw. Nordrhein-Westfalen 2022, Bayern 2022 und Baden-Württemberg 2022) (weiterführend hierzu auch Jöhnck 2024).

Insgesamt sind die Entwicklung und Festigung *mathematischer Basiskompetenzen* als Grundlage weiterer mathematischer Operationen von hoher Relevanz (Schneider, Küspert & Krajewski 2021) und erfordern neben fachwissenschaftlichen und -didaktischen auch pädagogische Kompetenzfacetten von Lehrkräften, um

> »Verständnisschwierigkeiten ihrer Lernendengruppe nicht nur mathematikdidaktisch zu analysieren, sondern auch aus fächerübergreifender Perspektive, etwa mit Blick auf allgemeine unterrichtliche Anforderungen der Klassenführung, zu interpretieren und einzuordnen« (König et al. 2023, 294).

7.2.1 Der Erwerb mathematischer Basiskompetenzen

Zur Entwicklung mathematischer Kompetenzen existieren unterschiedliche Modelle. Nach Krajewski und Ennemoser (2013) gehen die mathematischen (Basis-)Kompetenzen über die Vorstellung einer sogenannten (vorzahligen) Pränumerik hinaus, ein Modell, das im SGE als weitverbreitetes, jedoch wissenschaftlich nicht tragfähiges Modell auszumachen ist. Mit Verweis auf die Arbeiten von Dönges (2016), Siegemund (2016), Schäfer (2020; 2025a; 2025b) sowie Schäfer und Ruwisch (2022) darf dieses Modell als »unergiebige Warteschleife« (Dönges 2016, 13) verstanden werden (ebenso wie diagnostische Verfahren, die auf diesem Ansatz beruhen und damit nichtfachliche Fragen stellen).

Im anschlussfähigen Modell von Krajewski und Ennemoser (2013) zur Entwicklung der mathematischen Basiskompetenzen (und um diese geht es in diesem Kapitel) steht die Zahl-Größen-Verknüpfung im Zentrum (Zahl-Größen-Verknüpfungs-Modell, ZGV-Modell). Sie gehen entgegen den Annahmen von Piaget (Piaget & Szeminska 1972) und bspw. de Vries (2006; 2008; 2018) davon aus, dass Kinder von Anfang an mit Zahlen und Größen umgehen und nicht zunächst sogenannte pränumerische Kompetenzen erwerben müssen, um sich dann anschließend mit Zahlen beschäftigen zu können. Vielmehr geht es darum, zu lernen, Größen sowie Zahlen und Mengen immer kompetenter miteinander verknüpfen zu können, diese Kompetenzen sind relevant für gute mathematische Kompetenzen bis in die Sekundarstufe hinein (vgl. Krajewski & Ennemoser 2013, 226; spezifisch für den SGE Schäfer, Peter-Koop & Wollring 2019, 478 ff.).

7.2.2 Das Zahl-Größen-Verknüpfungs-Modell (ZGV-Modell)

Das Zahl-Größen-Verknüpfungs-Modell (ZGV-Modell) von Krajewski und Ennemoser (2013),

> »das auch in den Arbeiten der schulischen Geistigbehindertenpädagogik großen Zuspruch erfährt [...], ist gewissermaßen die Konkretisierung der beiden arithmetischen Grundideen nach Ratz & Wittmann (2011) *Numerische Bewusstheit* und *Zahlreihe*« (Schäfer 2020)

und stellt die Entwicklung der mathematischen Basiskompetenzen auf drei Ebenen dar (▶ Abb. 7.2).

Ebene 1: Basisfertigkeiten

Auf Ebene 1 geht es um Zahlwörter und Ziffern ohne Größenbezug (▶ Abb. 7.2). Diese Entwicklungsebene bezieht sich auf verschiedene Basisfertigkeiten, die (noch) keinerlei Beziehungen zueinander aufweisen (Schneider, Küspert & Krajewski 2021, 28): die Mengen- bzw. Größenunterscheidung und die Kenntnis der Zahlwortfolge. Bereits Säuglinge können Mengen im Hinblick auf das Volumen oder die Fläche voneinander unterscheiden. Im Alter von zwei bis drei Jahren beginnen Kinder, Zahlwörter (bspw. »Ich habe drei Gummibärchen«) zu sprechen und diese auch als Zahlenreihe aufzusagen – zu Beginn noch fehlerhaft (»eins, zwei, drei, sieben, fünf«).

Die Zahlwörter werden aber zunehmend in die richtige Reihenfolge gebracht und der Zahlenraum vergrößert sich dabei. Es handelt sich hierbei zunächst aber um »das Auswendiglernen der Zahlwortreihe im Sinne eines ganzen Wortes (einszweidreivierfünfsechs), als phonetisch geordnete Folge verinnerlicht« (ebd., 29). Analog gilt dies für die Zahlwortreihe als Ziffern-

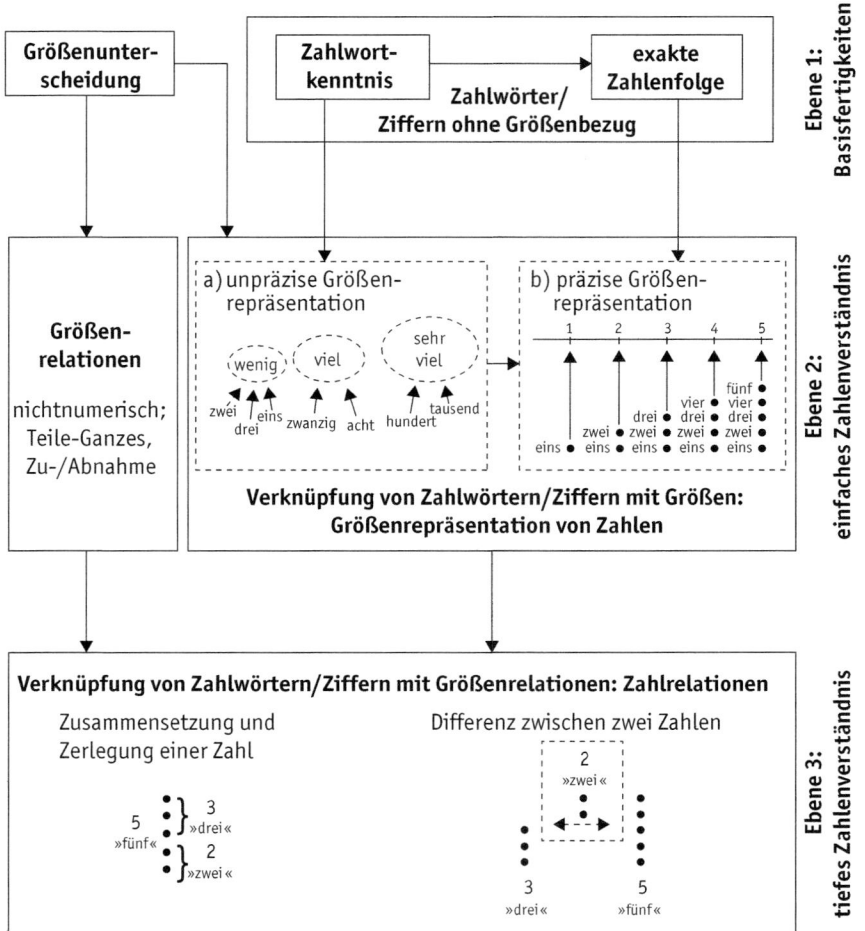

Abb. 7.2: Entwicklungsmodel der Zahl-Größen-Verknüpfung: ZGV-Modell (Krajewski & Ennemoser 2013)

bild. Manchmal gelingt es den Kindern auf dieser frühen Ebene bereits, einen Vorgänger und Nachfolger einer Zahl zu benennen oder die Zahlwortreihe rückwärts aufzusagen, bspw. »Wir lassen eine Rakete steigen: Drei-zwei-eins-los!«. Dennoch haben sie hier noch keine Einsicht in den numerischen Aspekt von Zahlen oder in eine Verknüpfung mit Mengen oder Größen (vgl. ebd., 28 f.).

Ebene 2: einfaches Zahlenverständnis

Auf Ebene 2 kommt es nach Krajewski und Ennemoser (2013) zur Verknüpfung dieser Basisfertigkeiten, der Zahlwörter (und ggf. Ziffern) mit Mengen und Größen (▶ Abb. 7.2). Es geht also um die »Mengen- und Größenbewusstheit von Zahlen« (Krajewski 2005; zit nach Krajewski & Ennemoser 2013, 44). Diese Kompetenz ist im Modell als Meilenstein in der Entwicklung mathematischer (Basis-)Kompetenzen beschrieben (im Kontext Diagnostik vgl. auch Peter-Koop 2021). Die Entstehung und Verfestigung einer »Mengen-/Größenbewusstheit von Zahlen« (Krajewski & Ennemoser 2013, 44) läuft dabei in zwei Phasen ab:

- *Phase des unpräzisen Anzahlkonzepts:* Zunächst lernen Kinder, dass Zahlwörter offenbar eine bestimmte Menge bzw. Größe repräsentieren. Diese Erkenntnis entwickeln sie auch, wenn sie die Zahlwortreihe noch nicht komplett aufsagen können. So lernen sie, häufig nebenbei, dass es Wörter (Zahlen) gibt, die eine große Menge repräsentieren (»Da waren 1000 Leute vor mir in der Schlange!«) und sie lernen, dass die Wörter am Anfang der Zahlenreihe, die beim Zählen schneller an der Reihe sind, eine geringere Menge umfassen als Zahlen, die erst später in der Aufzählung auftreten. Diese Zuordnung und Unterscheidung von Größen ist zu Beginn nur grob, so bedeutet das Zahlwort »zwei« offenbar »wenig«, Zahlwörter wie »dreißig« bedeuten »viel« und »eine Million« entspricht »sehr viel«. Eine Unterscheidung der *Mächtigkeit* von Zahlen, die nahe beieinanderliegen, ist aber in dieser Phase noch nicht möglich (vgl. Schneider, Küspert & Krajewski 2021, 29 f.; Krauthausen 2018).
- *Phase des präzisen Anzahlkonzepts:* Durch das sichere Beherrschen der Zahlwortreihe im jeweiligen Zahlenraum lernen die Kinder in dieser Phase, dass jedem Zahlwort genau eine Menge bzw. Größe zuzuordnen ist. Auf der Basis der sicheren Zahlwortreihe entwickelt sich demnach die Erkenntnis, dass eine Zahl mit einer bestimmten, abzählbaren Menge übereinstimmt (Kardinalzahlkonzept). So wird es nun auch möglich, die Nachbarzahlen hinsichtlich ihrer Größe zu unterscheiden und zu bestimmen, welche Zahl größer ist. Eine Studie von Ansari et al. (2003) konnte allerdings zeigen, dass diese Voraussetzung bei Kindern mit Williams-Beuren-Syndrom (WBS) keine hinreichende für die Entwicklung des Kardinalzahlaspekts ist – trotz sehr guter Beherrschung der Zahlwortreihe zeigten die Kinder mit WBS große Schwierigkeiten in Bezug auf den Kardinalzahlaspekt. Gleichzeitig wird auf dieser Ebene auch das Ver-

ständnis für Größen und Mengen ohne direkten Zahlbezug vertieft und erweitert: Kinder verstehen nun,
- dass eine Menge gleichbleibt, wenn nichts hinzukommt bzw. weggenommen wird (Mengeninvarianz),
- dass sie aber größer wird, wenn etwas hinzukommt,
- und kleiner, wenn etwas weggenommen wird. Dabei ist die Einsicht, dass sich Mengen bzw. Größen aus Teilmengen zusammensetzen, elementar (vgl. Schneider, Küspert & Krajewski 2021, 32, sowie spezifisch Schäfer & Ruwisch 2022).

Ebene 3: tiefes Zahlenverständnis

Auf Ebene 3 (▶ Abb. 7.2) wird das Verständnis für Veränderungen von Mengen bzw. Größen durch ihre Zusammensetzung und Zerlegung nun mit Zahlen in Verbindung gebracht. Kinder erreichen ein »tiefes numerisches Verständnis von Zahlen« (Krajewski & Ennemoser 2013, 45). Es gelingt ihnen nun nicht nur, Mengen bzw. Größen korrekt auszuzählen und ein Ergebnis, eine Zahl zuzuordnen, die die Mächtigkeit der Menge bzw. Größe repräsentiert. Sie lernen nun auch, dass eine Zahl aus anderen Zahlen zusammengesetzt ist und auch in kleinere Zahlen zerlegt werden kann. Außerdem lernen sie, dass der Unterschied zwischen zwei Zahlen wiederum durch eine Zahl dargestellt werden kann (ebd.; Schneider, Küspert & Krajewski 2021, 32 f.) Auf dieser Ebene geht es um die Relation von Zahlen zueinander.

7.2.3   Einordnung des ZGV-Modells in den Kontext SGE

Weitere Annahmen im Modell besagen, dass die Kompetenzentwicklung eines Kindes in Abhängigkeit von den benutzten Zahlen (Zahlwörter vs. arabische Ziffern), dem Zahlenraum (bis 10, 100, 1000) und der Repräsentationsform (anschauliche vs. abstrakte Materialien) auf mehreren Ebenen gleichzeitig stattfinden kann. Es ist daher nicht möglich, ein Kind diagnostisch auf einer einzigen Ebene zu verorten – vielmehr müssen die Kompetenzen immer in Relation zur Repräsentationsform und zum abgefragten Zahlenraum betrachtet werden. So kann es sein, dass die Kompetenzen eines Kindes im Zahlenraum bis zehn bereits auf Ebene 3 verortet werden können und es Zahlen zerlegen kann, im Zahlenraum bis 100 aber noch nicht über die gefestigte Zahlwortreihe verfügt – was Ebene 1 entsprechen würde (Krajewski & Ennemoser 2013, 45 f.).

7.2 Theoretische Grundlagen

Bei der Entwicklung der mathematischen Basiskompetenzen zeigen sich neueren Studien zufolge Effekte der im letzten Kindergartenjahr erhobenen phonologischen Bewusstheit auf die mathematischen (Basis-)Kompetenzen, besonders der Zählfertigkeiten. Offenbar hilft die Fähigkeit, die Aufmerksamkeit auf bedeutungsunterscheidende lautliche Einheiten richten zu können, Kindern, die Zahlenfolge nicht mehr als Wortganzes (»einzweidreivierfünf«) wahrzunehmen, sondern die Einheiten als separate Zahlwörter zu erkennen (»eins, zwei, drei, vier, fünf«). Allerdings scheint sich dieser Einfluss auf die Zählfertigkeiten zu begrenzen und sich nicht auf höhere mathematische Operationen zu beziehen (vgl. Schneider, Küspert & Krajewski 2021, 69 ff.).

Zur Diagnostik der mathematischen Basiskompetenzen werden im schulischen Alltag häufig informelle Verfahren und Beobachtungen, mit oder ohne Leitfaden, eingesetzt. Häufig aus der Praxis heraus konzipiert »fokussieren [sie] sich auf die qualitativen Gesichtspunkte von Lernen im Einzelfall« (Schäfer 2020, 58). Dabei geht es nicht um einen Vergleich mit einer Normierungsstichprobe, sondern ausschließlich um die individuellen Kompetenzen. Häufig sind diese Verfahren daher nicht modellbasiert konstruiert und »in Bezug auf ihre prognostische Validität […] keineswegs sorgfältig überprüft« (Krajewski, Schneider & Küspert 2016, 75).

Es existieren einige wenige Untersuchungen zum Einsatz bzw. zur Anpassung gängiger mathematischer Verfahren für Kinder mit intellektueller Beeinträchtigung. So legen Zentel und Sarimski (2017) eine Untersuchung dazu vor, inwiefern der MARKO-D (Ricken, Fritz & Balzer 2013) für eine Untersuchung von Kindern mit Trisomie 21 geeignet ist, und gehen hier auf mögliche weitere Adaptionen für Kinder mit intellektueller Beeinträchtigung ein. Eine Untersuchung von Moser Opitz et al. (2016) weist in Bezug auf den TEDI-MATH von Kaufmann et al. (2009) ebenfalls auf die Notwendigkeit von entsprechenden Anpassungen für eine erfolgreiche Durchführung im SGE hin.

Weiterführende Literatur (Grundlagen)

Peter-Koop, A. (2021): Bedeutung und Diagnostik von Vorläuferfertigkeiten für das Mathematiklernen im Anfangsunterricht. In: Schäfer, H. & Rittmeyer, Ch. (Hrsg.): Handbuch Inklusive Diagnostik. Kompetenzen feststellen – Entwicklungsbedarfe identifizieren – Förderplanung umsetzen. Weinheim: Beltz. 191–206.
Sarimski, K. (2024): Intellektuelle Behinderung im Kindes- und Jugendalter. Psychologische Analysen und Interventionen. Bern: Hogrefe (hier Kapitel 8: 216–226).

> Schäfer, H. (2025): Mathematik und intellektuelle Beeinträchtigung. In: Streit-Lehmann, J. & Hoth, J. (Hrsg.): Diagnostizieren und Fördern mathematischer Basiskompetenzen: Theorie, Empirie und schulische Praxis. Bielfeld. 80–105.

7.3 Untersuchungsplanung und diagnostisches Raster

Das diagnostische Raster für Theo aus dem Fallbeispiel (▶ Kap. 7.1) sieht folgendermaßen aus. Wieder sind die Randbereiche (wie Kognition, Interessen, visuelle Wahrnehmung) ausgeblendet und es wird nur die Erfassung der mathematischen Basiskompetenzen fokussiert (▶ Tab. 7.1).

Tab. 7.1: Untersuchungsplanung und diagnostisches Raster zur Erfassung der mathematischen Basiskompetenzen von Theo, 8;8 Jahre (eigene Darstellung)

Untersuchungsbereich	Differenzierung/Begründung	Methode/Verfahren

• Mathematische Basiskompetenzen nach ZGV-Modell
• jeweils in unterschiedlichem *Zahlenraum*
• und unterschiedlicher *Präsentationsform*
	Erfassung der drei Ebenen:
	1. Zahlwörter und Ziffern ohne Größenbezug
	2. Zahl-Größen-Verknüpfung
	  • unpräzises Anzahlkonzept
	  • präzises Anzahlkonzept
	  • Kardinalzahlaspekt
	  • Ordinalzahlaspekt
	  • Mengenzerlegung bzw. Mengeninvarianz ohne Zahlenbezug
	3. Zahlrelationen
	  • Zerlegung und Zusammensetzung von Zahlen
	  • Verständnis für Differenzen als Zahl
		• MBK 0 (bzw. MBK GE)
		• EMBI KiGa (zur Validierung und Bestätigung der Ergebnisse des MBK 0 bzw. MBK GE)
		• informelle Überprüfung
		• Beobachtungen

Zur Erfassung der mathematischen Basiskompetenzen wird im Raster neben dem MBK 0, der im folgenden Kapitel genauer vorgestellt wird, noch das EMBI KiGa (ElementarMathematisches BasisInterview EMBI KiGa; Peter-Koop & Grüßing 2011) genannt. Dieser Vorschulteil ergänzt das 2022 von Streit-Lehmann, Flottmann und Peter-Koop neu aufgelegte ElementarMathematische BasisInterview EMBI und ist nach Schäfer (2020, 59) sowie den Autoren selbst als halbstandardisiert zu bewerten, da in einer Art Interviewsituation sehr individuell auf die Kinder eingegangen werden kann. Vier Bereiche stehen dabei im Fokus: (A) Zählen, (B) Stellenwerte, (C) Strategien bei Addition und Subtraktion und (D) Strategien bei Multiplikation und Division (ebd.).

Tab. 7.2: Ausschnitt aus dem Interviewleitfaden, Fragestellung zum Weiterzählen (Peter-Koop & Wollring 2015, 35)

Aufgabe	Material	Interviewer-Handlung	Interviewer-Text	Abbruchkriterien
C 18a	13 rote Bären, Deckel aus Karton		Gib mir bitte 4 rote Bären.	
C 18b		Zeigen Sie dem Kind die 9 Bären. Legen Sie diese 9 Bären neben die 4 roten Bären vor das Kind und verdecken Sie die 9 Bären mit dem Deckel. Zeigen Sie auf die beiden Gruppen.	Ich habe hier 9 rote Bären. Darunter sind 9 Bären versteckt und hier sind 4 Bären. Wie viele Bären sind das zusammen? Wie hast du das herausbekommen?	richtig, dann C 19; Antwort nicht 13, dann C 18c
C 18c		Nehmen Sie den Deckel weg.	Wie viele sind es zusammen?	

Weiterführende Literatur (Grundlagen Mathematik)

Schäfer, H. (2020): Mathematik und geistige Behinderung. Grundlagen für Schule und Unterricht. Stuttgart: Kohlhammer.
Schneider, W., Küspert, P. & Krajewski, K. (2021): Die Entwicklung mathematischer Kompetenzen. Paderborn: Schöningh.

> Siegemund, St. (2016): Kognitive Lernvoraussetzungen und mathematische Grundbildung von Schülerinnen und Schülern mit dem Förderschwerpunkt geistige Entwicklung. Oberhausen: Athena.

7.4 Vorstellung eines Verfahrens: MBK 0 – mit Adaptionen zum MBK GE

Im Fallbeispiel des achtjährigen Theo fragte sich sein Klassenlehrer, ob er in der passenden Differenzierungsgruppe ist. Er bewegt sich nach Aussage der Lehrperson maximal im Zahlenraum bis zehn. Aus diesem Grund wurde im diagnostischen Raster neben dem EMBI KiGa als normiertes Verfahren der MBK 0 zur Erfassung der mathematischen Basiskompetenzen vorgeschlagen – obwohl Theo schon acht Jahre alt ist und dieser Test eigentlich für Vorschulkinder konzipiert wurde. Würde jedoch ein alters- bzw. klassenstufenentsprechender Test gewählt, wie der DEMAT 2+ (Krajewski et al. 2004), wären seine Kompetenzen vermutlich nicht differenziert abbildbar, sondern es ergäbe sich nur ein flaches Bodenprofil. Der MBK 0 basiert auf dem soeben dargestellten Zahl-Größen-Verknüpfungs-Modell (ZGV-Modell) von Krajewski und Ennemoser (2013) und ermöglicht es so fachlich, die Kompetenzen in diesem Kompetenzbereich differenziert abzubilden.

7.4.1 Der MBK 0

Der MBK 0 (Test mathematischer Basiskompetenzen im Kindergartenalter) ist ein theoretisch fundiertes, standardisiertes und normiertes Diagnoseinstrument zur differenzierten Erfassung des numerischen Entwicklungsstandes (Krajewski 2018, 10). Der auf dem ZGV-Modell (▶ Abb. 7.2) basierende Test zur Erfassung der Zahl-Größen-Verknüpfung kann bei Kindergartenkindern ab dem Alter von dreieinhalb Jahren bis zum Schuleintritt als Einzeltest eingesetzt werden. Er kann sowohl in einer Kurz- als auch in einer Langversion bearbeitet werden, wobei die Kurzform ca. 15 Minuten und die Langform ca. 25 Minuten dauert. In der Kurzversion werden in fünf Subtests insgesamt 46 Aufgaben bearbeitet, die Langform umfasst zusätzlich drei weitere Subtests, sodass in dieser Version acht Subtests mit insgesamt 58 Aufgaben zu bearbeiten sind.

Die einzelnen Subtests beziehen sich jeweils auf eine der drei Kompetenzebenen des ZGV-Modells (▶ Kap. 7.2.2) und die Aufgaben unterscheiden sich je nach Zahlenraum und Präsentationsform. Die Untertests werden nachfolgend detaillierter vorgestellt (Krajewski 2018, 21 f.; Groß 2023, 16 ff.).

Kurzform des MBK 0

- Im *Subtest 1* (Zahlenfolge; ZGV-Ebene 1) sollen die Kinder bis höchstens 31 vorwärts und von Ziffer 5 beginnend rückwärts zählen sowie zu jeweils drei Zahlen im Zahlenraum bis 20 den Vorgänger bzw. Nachfolger nennen.
- Beim *Subtest 2* (Ziffernkenntnis; ZGV-Ebene 1) werden dem Kind die Zahlen von eins bis 20 unsortiert in Ziffernform gezeigt und das Kind soll diese mit dem korrekten Zahlwort benennen.
- Der *Subtest 3* (Anzahlkonzept; ZGV-Ebene 2) soll das präzise Anzahlkonzept (s. o.) überprüfen. Das Kind soll hier zu einer vorgegebenen Zahl ein Kärtchen mit der entsprechenden Anzahl an abgebildeten Kindern auswählen bzw. umgekehrt zu einem Kärtchen mit einer bestimmten Anzahl an abgebildeten Kindern die entsprechende Zahl zeigen.
- Im *Subtest 4* (Anzahlseriation; ZGV-Ebene 2) werden dem Kind drei verschiedene Reihen mit abgebildeten Käfern gezeigt, »deren Punktzahl jeweils um eins ansteigt, wobei jeweils ein Käfer in der Reihe fehlt« (Krajewski 2018, 21). Aufgabe des Kindes ist es hier, jeweils den fehlenden Käfer mit der entsprechenden Punktzahl zu finden. Außerdem soll es den Käfer mit der seinem eigenen Alter entsprechenden Punktzahl finden und alle »jüngeren« bzw. »älteren« Käfer zeigen.
- Im *Subtest 5* (Zahlvergleich; ZGV-Ebene 2) sollen acht Zahlenpaare im Zahlenraum bis 20 hinsichtlich ihrer Mächtigkeit verglichen werden. Das Kind muss dann bei jeweils vier Paaren entscheiden, welche der beiden Zahlen »mehr bzw. weniger repräsentiert« (Groß 2023, 17).

Langform des MBK 0 (drei weitere Untertests – insgesamt acht)

- Beim *Subtest 6* (Rechengeschichten; ZGV-Ebene 3) werden dem Kind sechs Sachaufgaben vorgelesen, die es beantworten soll. Es finden sich eine Kombinationsaufgabe mit unbekannter Gesamtmenge, zwei Angleichungsaufgaben, eine Austauschaufgabe mit unbekannter Endmenge sowie zwei Vergleichsaufgaben mit unbekannter Differenzmenge bzw. unbekannter Vergleichsmenge.
- Für den *Subtest 7* (Anzahldifferenz; ZGV-Ebene 3) bekommt das Kind laminierte Papierstreifen mit in einer Reihe angeordneten Punkten vorge-

legt, wobei sich die Anzahl der Punkte auf den Streifen unterscheidet. Das Kind soll jeweils zwei solcher Streifen vergleichen und die Differenz der Punktezahl mit einer Zahl ausdrücken (bspw. »Hier sind zwei mehr«).
- Im *Subtest 8* (Mengenvergleich; ZGV-Ebene 2) werden dem Kind zwei gleich lange, aber aus unterschiedlich vielen Spielfiguren bestehende Reihen gezeigt und es soll entscheiden, in welcher Reihe mehr Figuren stehen. Außerdem soll das Kind zwei Invarianzaufgaben lösen.

Der MBK 0 ermöglicht es, differenzierte Aussagen zu den mathematischen Basiskompetenzen in Abhängigkeit vom Zahlenraum und der Präsentationsform zu erhalten. Gleichwohl zeigen Erfahrungen in der Praxis, dass der Test für Kinder und Jugendliche mit intellektueller Beeinträchtigung nicht durchgängig geeignet ist, da sie bspw. die Aufgabenstellung nicht verstehen, abgelenkt sind oder die Bilder schlecht erkennen.

Aus diesen Gründen arbeitet eine interdisziplinär zusammengesetzte Forschungsgruppe der Pädagogischen Hochschulen Heidelberg (Dr. Frauke Janz, Dr. Nadine Eßwein, Prof. Dr. Karin Terfloth) und Ludwigsburg (Prof. Dr. Kristin Krajewski) an einer adaptierten Version des MBK 0, in der die pädagogisch-psychologischen Besonderheiten der Schülerschaft berücksichtigt werden. Diese Adaption wird als Zusatzmodul zum MBK 0 voraussichtlich 2027 unter dem Namen MBK GE (Test Mathematischer Basiskompetenzen im sonderpädagogischen Schwerpunkt Geistige Entwicklung) erscheinen.

7.4.2 MBK GE – Adaptionen und Gütekriterien

Die vorgenommenen Änderungen im oben genannten MBK GE betreffen verschiedene Aspekte und wurden im Hinblick auf die Erhaltung der Validität (▶ Kap. 2.4.1) sorgfältig erstellt: Die Adaptionen dürfen demnach keinesfalls als zusätzliche (und damit unzulässige) Hilfen, sondern lediglich als Ausgleich von möglichen Benachteiligungen durch die Beeinträchtigung der Kinder bei der Bearbeitung der Aufgaben fungieren.

Beispiel-Items

So wurden beispielsweise bei jedem Untertest Beispiel-Items erstellt (wie wir dies auch aus anderen Verfahren kennen) und eingefügt, so dass sichergestellt werden kann, dass die Aufgabe im Kern verstanden worden ist. Zudem wurden an verschiedenen Stellen Visualisierungen zur Entlastung des Arbeitsgedächtnisses eingefügt (Wiedenhöfer 2021, 33 f.).

Sprache

Die sprachlichen Anweisungen wurden nach den Regeln der Leichten Sprache (Bundesministerium für Arbeit und Soziales 2022) vereinfacht, auf das Wesentliche reduziert und angepasst. So wurde bspw. die Frage im Untertest 4 zur Anzahlseriation auf Ebene 2 (s. o.), in der es um das Heraussuchen eines Käfers geht, der »gleich alt« wie das Kind ist, verändert: Da sich der vermeintliche Zusammenhang zwischen der Anzahl der Punkte und dem eigenen Alter in der Praxis für die Kinder als sehr verwirrend herausgestellt hat und die Schülerinnen und Schüler mit dieser Aussage offenbar teilweise einige Zeit mental beschäftigt waren, sodass weniger Kapazität für die Bearbeitung der (im eigentlichen Sinne mathematischen) Aufgabe zur Verfügung stand – »Wie alt ist der Käfer und was hat das mit seinen Punkten zu tun?!« –, wurde der Zusammenhang mit dem Alter herausgenommen. Nun wird zunächst die Anzahl der Punkte eines bestimmten Käfers bestimmt (Käfer mit vier Punkten) – »Wie viele Punkte hat dieser Käfer?« – und bei falscher Antwort korrigiert. Danach soll die Testperson zunächst zeigen, welche Käfer weniger Punkte und daraufhin, welche Käfer mehr Punkte haben.

Motivation

Außerdem wurden (mit Blick auf die oben bereits beschriebene oft wenig stark ausgebildete intrinsische Motivation bei Lernenden mit intellektueller Beeinträchtigung) Vorschläge

- für die Verbesserung der Motivation (bspw. Einsatz einer Handpuppe, positive Verstärkung durch verbales Feedback)
- sowie zur Reduzierung der Ablenkbarkeit durch eine entsprechende Gestaltung der Testumgebung gemacht (Groß 2023, 18).

Auch weitere Rahmenbedingungen wurden im MBK GE an die Schülerschaft angepasst. So ist im MBK GE eine Wiederholung der Aufgabenstellung erlaubt, und es kommt zudem eine Art Laufzettel zum Einsatz, auf dem die Kinder zur Strukturierung des Ablaufs die bereits erledigten Aufgaben markieren können – das hat sich als sehr motivierend herausgestellt. Der Zeitbedarf beim MBK GE beträgt ca. 25 bis 35 Minuten.

Materialien – visuelle Wahrnehmung

Die eingesetzten Materialien wurden im MBK GE für eine bessere visuelle Erfassung unter Beratung durch Prof. Dr. Markus Lang (Pädagogische Hochschule Heidelberg, Blinden- und Sehbehindertenpädagogik) ebenfalls angepasst: Die Bildkarten wurden vergrößert und die Darstellungen auf wesentliche Merkmale reduziert. Außerdem wurde für eine bessere Figur-Grund-Unterscheidung der Kontrast zwischen den Abbildungen und dem Hintergrund erhöht. Die Materialien wurden zudem angepasst und vergrößert, um sie auch für Kinder mit feinmotorischen Einschränkungen besser handhabbar zu machen.

Gütekriterien

Der MBK 0 ist als Test für das Vorschulalter normiert. Der MBK GE soll dagegen unabhängig vom Alter für alle Kinder und Jugendlichen mit intellektueller Beeinträchtigung eingesetzt werden können (analog zum GISC-EL, ▶ Kap. 6), da sich bei diesem Personenkreis die mathematischen Kompetenzen oftmals deutlich weniger linear entwickeln als bei Kindern ohne Beeinträchtigungen.

Es wird daher für den MBK GE, ebenfalls analog zum GISC-EL, eine kriteriale Auswertung mit einer differenzierten Ergebnisdarstellung für die Subtests 1 bis 6 auf dem Protokollbogen geben, die differenzierte Aussagen zu den Kompetenzen in Bezug auf die Ebene, den Zahlenraum und die Präsentationsform ermöglicht.

Fazit

Die vorgenommenen Adaptionen haben insbesondere den Abbau von Barrieren sowie eine bessere Ausnutzung der kognitiven Kapazitäten zum Ziel. Dies wird besonders durch eine Entlastung des Arbeitsgedächtnisses und den Abbau möglicher Ablenkungsquellen erreicht, sodass die mathematischen Basiskompetenzen von Schülerinnen und Schülern mit intellektueller Beeinträchtigung adäquater als mit dem Originaltest MBK 0 erfasst werden können.

Die Untersuchungen im Rahmen der Validierung für den MBK GE zeigen, dass allerdings auch für die Adaptionen gewisse lautsprachliche Kompetenzen erforderlich sind. Die Veränderungen, die (besonders in den ersten, sehr sprachlastigen Subtests) notwendig wären, um gravierende lautsprachliche Schwierigkeiten zu kompensieren (wie bspw., dass eine Zahl nicht benannt werden muss, sondern dass das Kind auf eine Zahl zeigt), würden den mathematischen Gehalt derart verändern, dass die Validität nicht mehr gegeben wäre (Groß 2023, 44 ff.) Gleichwohl kann man einzelne Untertests informell auch für diese Zielgruppe verwenden. Entsprechende Hinweise für diese und weitere Beeinträchtigungen, bspw. bei Kindern mit Sehschädigung, werden in das Handbuch aufgenommen werden (ebd., 48).

7.5 Ergebnisse der Diagnostik und Schlüsse für die Förderung

Kommen wir zurück zum Fallbeispiel und den Ergebnissen von Theo (▶ Kap. 7.1). Zusammenfassend zeigen die Auswertungen, dass Theo Aufgaben bewältigen kann, die von Vorschulkindern ohne intellektuelle Beeinträchtigung gelöst werden: Größenunterscheidung, Klassifikations- und Seriationsaufgaben. Schwierigkeiten hatte er im EMBI KiGa mit Aufgaben zur Raumlage, was vermutlich an seinen sprachlichen Kompetenzen hinsichtlich der Verwendung und dem Verständnis von Präpositionen liegen könnte.

Darüber hinaus zeigte sich, dass Theo die Zahlwortreihe bis sieben aufsagen kann und dass er Ziffern bis drei korrekt benennen kann. Bis neun gelingt es ihm mit etwas Unterstützung, sie in die richtige Reihenfolge zu bringen. Vorgänger und Nachfolger kennt er nicht zuverlässig. Er braucht daher eine gezielte Förderung in Bezug auf die Festigung der Zahlwortreihe, Vorgänger und Nachfolger ebenso wie die Kenntnis der noch fehlenden Ziffern. Hinsichtlich der Ebene 2 des ZGV-Modells (▶ Abb. 7.2) lässt sich zeigen, dass Theo ein Verständnis für Größenrelationen hat und feststellen kann, ob Mengen gleich groß oder unterschiedlich sind. Zum Teil gelingt ihm die Zuordnung von Zahlen zu einer Menge, dies variiert in Abhängigkeit zur Repräsentationsform: Bildlich präsentierte Mengen kann er bis zur Ziffer vier relativ sicher mit Zahlen verknüpfen. Wenn er etwas abzählt, vertauscht er regelmäßig die Ziffern vier und fünf. Obwohl er, wie angeführt, die Ziffern bis sieben relativ sicher aufsagen kann, kann er diese noch nicht sicher auf Mengen beziehen. Mengen bis drei kann er simultan erfassen, Würfelbilder bis zur Vier. Auf Ebene 2 ist daher eine Förderung notwendig, die sich auf die Mengen-Zahl-Verknüpfung im Zahlenraum bis sieben bezieht.

Auf der Ebene 3 des ZGV-Modells zeigt sich, dass Theo Ziffern im Zahlenraum bis fünf relativ sicher zerlegen und zusammensetzen kann, wenn die

Mengen visualisiert werden oder er mit konkretem Material arbeitet. Er verwendet seine Finger dazu bislang nicht.

Praxis
Förderprogramme (print und online)
Zur Förderung der mathematischen Basiskompetenzen gibt es verschiedene Programme, die man selbstverständlich ggf. entsprechend den diagnostischen Ergebnissen anpassen muss, die aber modellbasiert eine gute Basis dafür bieten. Sie werden in Ricken (2021) ausführlich und hinsichtlich ihrer Eignung für den Unterricht vergleichend dargestellt (allerdings nicht explizit für Schülerinnen und Schüler mit intellektueller Beeinträchtigung – hier sind weitere Differenzierungen vorzunehmen). Zu nennen sind hier beispielsweise:

- Diagnose- und Trainingsprogramm für rechenschwache Kinder KALKULIE (Gerlach et al. 2007) bzw. KALKULIE – T (Fritz et al. 2007)
- Mengen, Zahlen, Zählen (MZZ) von Krajewski, Nieding und Schneider (2007)
- Mathematik- und Rechenkonzepte im Vor- und Grundschulalter – Training (MARKO-T) von Gerlach, Fritz und Leutner (2013)
- Meister Cody – Talasia Training (https://www.meistercody.com/collections/forderung-und-training)

Auch Siegemund (2016) stellt neben dem MZZ und MARKO-T verschiedene Ansätze zur Förderung mathematischer Kompetenzen vor und bezieht hier ausdrücklich den Personenkreis von Kindern mit intellektueller Beeinträchtigung ein (Siegemund 2016, 210 ff.).

Auf der Grundlage der diagnostischen Ergebnisse der Testungen und basierend auf Aufgaben aus dem Trainingsprogramm »Mengen, Zahlen, Zählen« (MZZ), das sich am ZGV-Modell orientiert, sind nun folgende konkrete Fördervorschläge für Theo seitens des Klassenlehrers entwickelt worden:

ZGV-Modell *Ebene 1 (Basisfertigkeiten)*

- Förderung der Zahlwortreihe zur Festigung bis 10
  - mit Musik und Bewegung
  - Singen der Zahlwortreihe in einem Rhythmus
  - Treppenstufen markieren und benennen

- Suchspiel: Anzahl an bestimmten Gegenständen im Raum suchen und zusammentragen
• Förderung von Vorgänger und Nachfolger
  - orientiert am Programm MZZ, Aufbau einer Zahlenstraße, bei der Ziffern fehlen und genannt werden müssen
  - regelmäßige Abschlussrakete zum Stundenende, bspw. von 10 herunterzählen

ZGV-Modell *Ebene 2 (einfaches Zahlenverständnis)*

• Abzählen von Anzahlen üben, Anlehnung an das Zahlenhaus aus dem MZZ
• eine vorgegebene Anzahl an Perlen heraussuchen und bspw. auffädeln
• Simultanerfassung üben, mit zwei Würfeln würfeln und entscheiden, wer mehr gewürfelt hat (siehe auch Würfelkärtchen aus dem MZZ)
• Clown-Spiel (Ravensburger): den gewürfelten Zahlen werden je nach Höhe der Zahl schmalere oder breitere Körperteile eines Clowns zugeordnet, sodass mit der Breite der jeweiligen Körperteile direkt die Mächtigkeit der Zahl erlebt wird.
• Förderung der Unterscheidung der Mächtigkeit von Mengen (bspw. mit Pudding) oder Anzahlen (bspw. mit Smarties).

ZGV-Modell *Ebene 3 (tiefes Zahlenverständnis)*

• Förderung der Zerlegung und Zusammensetzung von Zahlen
• zunächst im Zahlenraum bis 7 mit Rechenschiffchen, Muggelsteinen (oder Ähnlichem) oder bildlichem Material

Diese Übungen werden ergänzt durch gelenkte sowie freie Arbeitsphasen (bspw. in Form des Wochenplans) mit PC-Programmen (bspw. Budenberg oder Lernwerkstatt) oder den zahlreichen Angeboten von Apps und digitalen Formaten zu den Mathematikbüchern (bspw. ANTON). Der Klassenlehrer entscheidet auf der Grundlage der Diagnostik außerdem, dass Theo in eine andere Differenzierungsgruppe wechselt. In dieser Gruppe, die den Fokus auf die mathematischen Basiskompetenzen im Zahlenraum bis zehn legt, kann Theo (auf der Grundlage der Erkenntnisse der Diagnostik) adäquater gefördert werden.

8 Emotionale Entwicklung

8.1 Fallbeispiel

Linus ist ein 12;4 Jahre alter Junge mit einer intellektuellen Beeinträchtigung unklarer Genese. Er hat großes Interesse an seinen Mitschülerinnen und Mitschülern, nimmt gerne Körperkontakt auf und freut sich, wenn er ihnen in der Pause auf seinem Tretroller hinterherfahren kann.

»Da lacht er so viel und kann so fröhlich sein«, erzählt sein Klassenlehrer, »aber sobald jemand mal mit dem Roller fahren will, wird er schnell richtig zornig. Er fängt an zu schreien und schubst dann wahllos alle umstehenden Kinder weg – und Kraft hat er nicht wenig!«. Auch wenn Situationen, die Linus sichtlich Spaß machen, enden, reagiert er meistens mit großem Unmut und Ärger. Der Klassenlehrer berichtet dazu:

> »Freitags gehen wir eigentlich immer schwimmen im benachbarten Hallenbad. Aber mittlerweile haben einige Kollegen und Kolleginnen große Bedenken, Linus mitzunehmen. Er liebt es, im Becken zu planschen. Aber sobald wir dann das Becken verlassen, ist er kaum zu beruhigen. Er brüllt dann aus Leibeskräften: ›Will nicht raus!‹, schlägt um sich, reißt an den Haaren der Kolleginnen und wirft sich auf den Boden. Bis wir dann irgendwann das Hallenbad verlassen haben, sind wir alle fix und fertig.«

8.2 Theoretische Grundlagen

8.2.1 Begrifflichkeiten

Emotionale Kompetenzen zählen neben den kognitiven und adaptiven Fähigkeiten zum Kernkompetenzspektrum des Menschen. Was allerdings genau unter einer Emotion zu verstehen ist, wird (je nach Autor oder Autorin) unterschiedlich nuanciert. Im Folgenden nutzen wir daher die Arbeitsdefinition von Holodynski, Hermann und Kromm (2013), die Emotionen als

- »zeitlich begrenzte Konfiguration von Körperreaktionen (bspw. Herzschlagänderung), Ausdrucksformen und subjektivem Gefühlszustand« (ebd., 196) verstehen,
- deren spezifische Ausprägungen von der (individuellen) Einschätzung (appraisal) der emotionsauslösenden Situation abhängen
- und darüber hinaus eine handlungsregulierende Funktion ausüben.

Generell kommt der individuellen, ganz persönlichen Einschätzung und Bewertung der emotionsauslösenden Situation eine wichtige Funktion für das damit verbundene Verhalten zu: Ein als versehentlich gedeutetes Anrempeln in der überfüllten Mensa wird mit hoher Wahrscheinlichkeit zu anderen Reaktionen führen als ein als absichtlich verstandenes Schubsen im Schulflur.

Als Grundlage zur Einteilung und Kategorisierung von Emotionen wird häufig das Konzept der Basis- bzw. Primäremotionen verwendet (Ekman 1982; Izard 1977; 2007), das eine spezifische Anzahl an (distinkten) Emotionen nennt, die als nicht weiter reduzierbar gelten, kulturunabhängig erkannt werden und die Grundlage für weiter ausdifferenzierte (Sekundär-)Emotionen darstellen. Häufig genannte Primäremotionen sind Freude, Trauer, Ärger und Angst; Ekel und Überraschung finden sich hingegen nicht in allen Systematiken (Hascher & Waber 2020, 820). In Abhängigkeit von der jeweils zugrunde liegenden Theorie lassen sich aus den genannten Primäremotionen unterschiedliche Sekundäremotionen ableiten, wie bspw. bei der Freude Zuneigung, Glückseligkeit oder Stolz (▶ Abb. 8.1).

Der Begriff der emotionalen Kompetenz ist dagegen weiter gefasst und vereint unterschiedliche Aspekte im Erleben von und im Umgang mit Emotionen (▶ Abb. 8.2). So wird emotionale Kompetenz häufig über die (a) Wahrnehmung und (b) Deutung von Emotionen bei sich selbst und anderen, sowie einer (c) adäquaten Reaktion auf bzw. Regulation von erlebten bzw. beobachteten Emotionen modelliert (bspw. Saarni 2002; Salovey, Hsee & Mayer 2001). Emotionale Kompetenz bemisst sich demnach darin,

> »eigene Emotionen zu erkennen und sprachlich auszudrücken, den Emotionsausdruck anderer Personen angemessen zu deuten, Ursachen und Zusammenhänge von Emotionen zu verstehen und Mitgefühl (affektive Empathie) zu entwickeln« (Sarimski 2024, 107),

sowie ferner darin, Emotionen bewusst regulieren zu können. Dieses regulative Moment nimmt insbesondere in sozialen Interaktionen eine bedeutsame Rolle im Rahmen der emotionalen Kompetenz ein und kann als Grundvoraussetzung für soziales Zusammenleben aufgefasst werden: »civi-

8 Emotionale Entwicklung

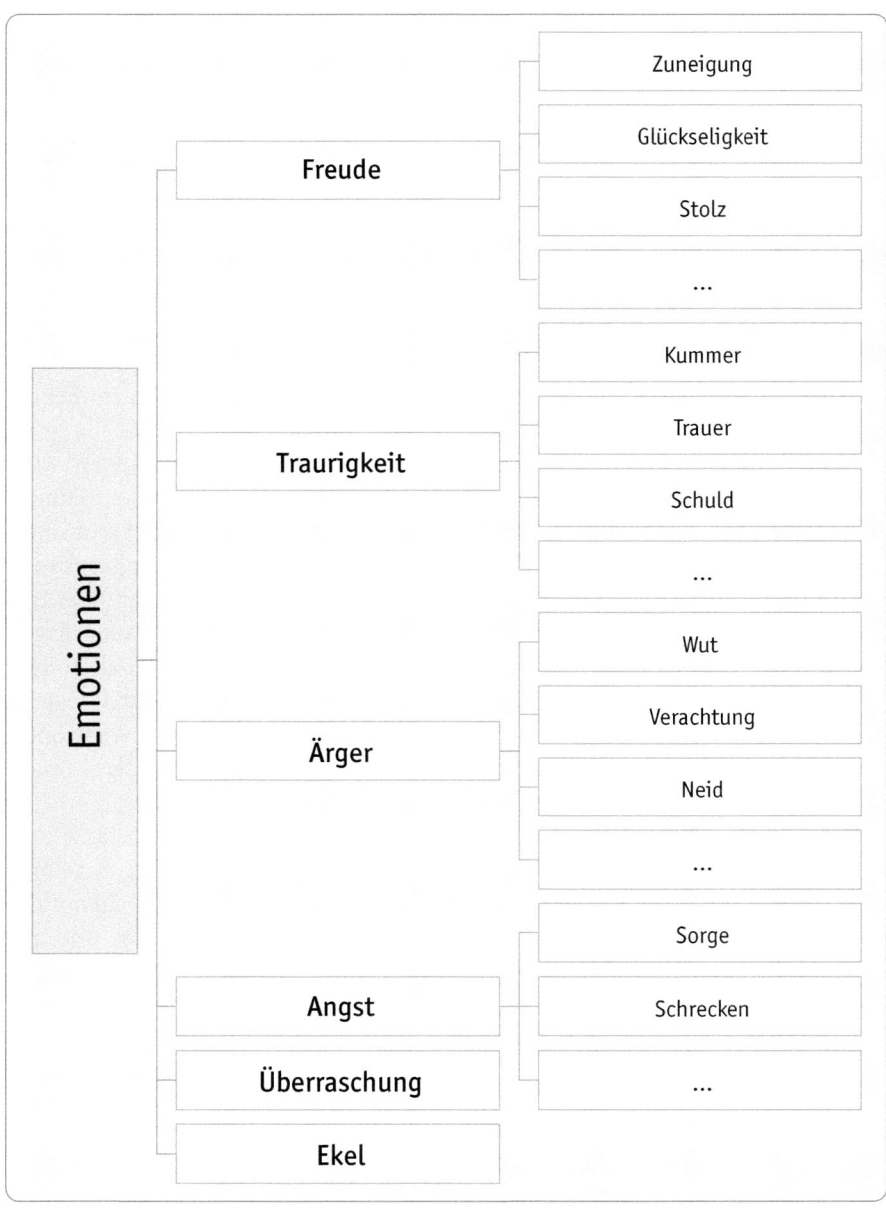

Abb. 8.1: Emotionen (nach Ekman 1982; Parkinson & Totterdell 1999; Saarni 2002; Salovey, Hsee & Mayer 2001; Shaver et al. 1987) (eigene Darstellung)

8.2 Theoretische Grundlagen

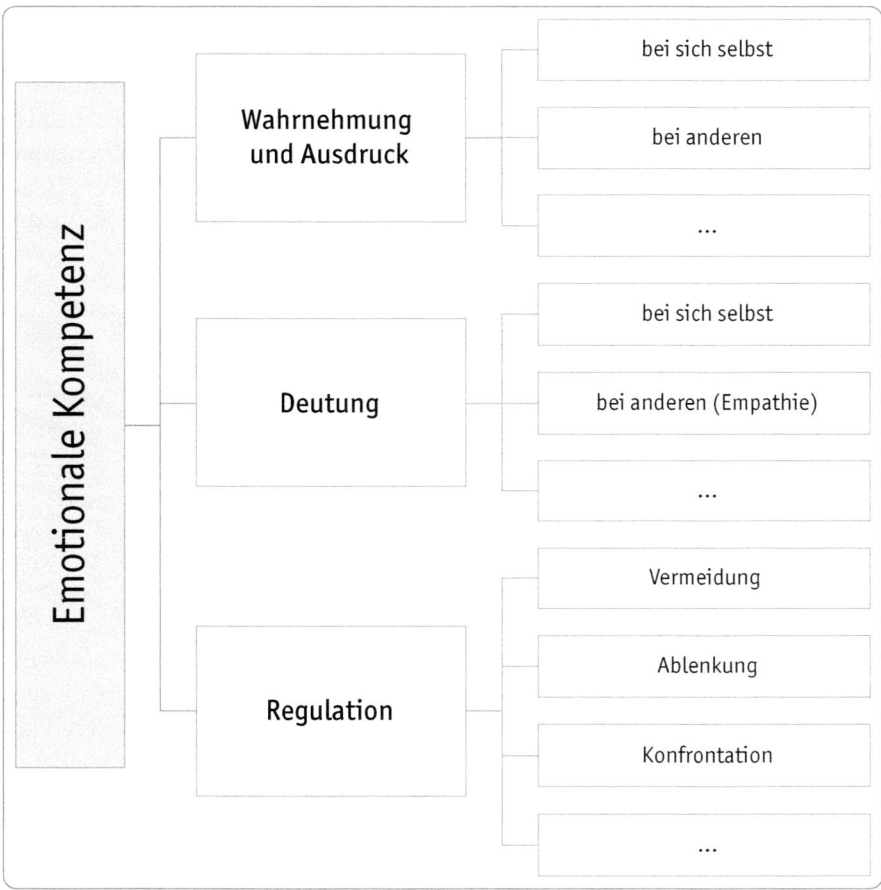

Abb. 8.2: Emotionale Kompetenz (nach Ekman 1982; Parkinson & Totterdell 1999; Saarni 2002; Salovey, Hsee & Mayer 2001; Shaver et al. 1987) (eigene Darstellung)

lization is defined by coordinated social interchanges that require us to regulate how emotions are experienced and expressed« (Gross & Thompson 2007, 3; zit. nach Klinkhammer, Voltmer & von Salisch 2022, 46). Zentral für die Emotionsregulation ist dabei die bewusste Wahrnehmung eigener Motive und deren Befriedigung in sozial koordinierter und möglichst sozial akzeptierter Art und Weise (Holodynski et al. 2013, 196). Strategien der Emotionsregulation können sich unter anderem auf die Vermeidung bestimmter Personen oder Situationen, auf die Ablenkung sowie auf die (gedankliche oder tatsächliche) Konfrontation und bewusste Auseinandersetzung mit bestimmten emotionsauslösenden Kontexten beziehen.

Eng verbunden mit den dargestellten emotionalen Kompetenzen sind soziale Fähigkeiten, die nach Sarimski (2024) neben prosozialen Fertigkeiten im Kontakt mit anderen Kindern und Erwachsenen (bspw. teilen, kooperieren, helfen) auch sozial-kognitive Kompetenzen (bspw. das Erkennen sozialer Hinweisreize oder die Einschätzung von Absichten anderer Menschen) umfassen. Im Alltag fällt eine saubere Trennung beider Konzepte meist schwer, da sie sich zudem in aller Regel auch stark gegenseitig beeinflussen, sodass häufig von sozial-emotionalen Kompetenzen gesprochen wird.

Weiterführende Literatur (Grundlagen)

Petermann, U. & Petermann, F. (2019): Selbstregulation als Schlüssel zum Erfolg. Förderung von sozial-emotionalen Kompetenzen im Jugendalter. In: Süss, D. & Negri, Chr. (Hrsg.): Angewandte Psychologie: Beiträge zu einer menschenwürdigen Gesellschaft. Berlin: Springer. 3–11.

8.2.2 Die Entwicklung emotionaler Kompetenzen

Bereits Säuglinge können verschiedene positive und negative Emotionen ausdrücken, wahrnehmen und auf sie reagieren, wobei ihnen in diesem Stadium noch keine spezifischere Differenzierung gelingt. So reagieren sie auf unterschiedliche unangenehme Reize mit eher globalen Äußerungen von negativen Emotionen (Distress) und noch nicht mit präzise unterscheidbaren Modulationen wie Angst oder Ärger (Sappok & Zepperitz 2019, 25).

Im Laufe der ersten Lebensjahre wird die Wahrnehmung von vorwiegend primären Emotionen (wie Freude, Trauer, Angst und Ärger) zunehmend exakter (▶ Abb. 8.1). Neben der allgemeinen kognitiven und sprachlichen Entwicklung und neuroanatomischen Reifungsprozessen des Gehirns (insbesondere im Bereich des limbischen Systems bzw. der Amygdala) spielen für die Entwicklung emotionaler Kompetenzen Erfahrungen mit der sozialen Umwelt eine große Rolle. So sind für die Entstehung von sekundären Emotionen »Selbstreflexion, die Kenntnis von sozial anerkannten Verhaltensnormen oder die Fähigkeit zum sozialen Vergleich« (Sarimski 2024, 108) notwendig.

Erst etwa ab dem dritten Lebensjahr können daher Emotionen wie Scham oder Stolz nach (Miss-)Erfolgen ausgedrückt werden (ebd.). Damit verbunden werden die emotionalen Antworten und Regulationsmöglichkeiten des Kindes allmählich komplexer, sodass es ihm etwa ab diesem Alter gelingt, emotionale Zustände anderer Menschen durch herausfordernde oder angepasste Verhaltensweisen bewusst zu beeinflussen (Sappok & Zepperitz 2019, 19).

> »Das zuverlässige Erkennen von differenzierten Gefühlen an der Mimik, der Aufbau eines Wortschatzes zur Benennung von Emotionen und die Fähigkeit, Ursachen von Emotionen bei anderen Kindern zu erkennen und soziale Zusammenhänge zu verstehen, entwickelt sich jedoch erst im Laufe der frühen Kindheit« (Sarimski 2024, 107).

Im Hinblick auf die Emotionsregulation bedürfen Kinder zunächst der Unterstützung durch Eltern oder nahe Bezugspersonen, die die emotionalen Zustände ihrer Kinder sensibel wahrnehmen, auf diese angemessen eingehen und Handlungs- bzw. Lösungsalternativen bereitstellen (Co-Regulation). Für eine gelingende Co-Regulation spielt die Fähigkeit zur sozialen Bezugnahme (social referencing) eine wichtige Rolle. Social referencing beschreibt den aktiven Suchprozess des Kindes, sich in besonders komplexen und Unsicherheit erzeugenden Situationen an den emotionalen Reaktionen anderer Personen zu orientieren (Klinkhammer et al. 2022, 48). Durch die reflexive Thematisierung von Emotionen und ihrer Zusammenhänge (»Oje, du ärgerst dich arg, weil der Turm jedes Mal umfällt.«) lernen Kinder allmählich, eigene Emotionen zu benennen, einzuordnen und auch bei ihrem Gegenüber (wieder-)zuerkennen. Das Erkennen und angemessene Interpretieren emotionaler Hinweisreize nimmt nach Sarimski (2024) eine kritische Rolle in sozialen Interaktionen ein: Nur wenn Emotionen korrekt gelesen werden, lassen sich adäquate Reaktionen abwägen und es kann entschieden werden, ob das Gegenüber etwa getröstet, ermutigt oder beruhigt werden sollte.

Ab dem Kindergarten- und Vorschulalter können Kinder sowohl die Entstehungszusammenhänge als auch die Konsequenzen von Emotionen zunehmend differenzierter verstehen und den eigenen emotionalen Zustand selbstständig regulieren (Sappok & Zepperitz 2019, 19). Dafür eignen sie sich sowohl kognitive als auch verhaltensbezogene Regulationsstrategien an (Sarimski 2024). Zu den kognitiven Strategien zählen beispielsweise Selbstinstruktionen (»Ich schaff' das!«) oder Umbewertungen (»Das ist doch gar nicht so schlimm.«). Verhaltensbezogene Strategien beziehen sich unter anderem auf die Suche nach sozialer Unterstützung, das Verlassen einer Situation oder die Ablenkung mit anderen Gegenständen. Nach Brandstätter et al. (2018, 222) umfasst die Emotionsregulation alle Prozesse, die die spontane Entfaltung von negativen wie auch positiven Emotionen beeinflussen.

Um den Emotionsregulationsprozess als solchen überhaupt anzustoßen, müssen jedoch einige wichtige Voraussetzungen erfüllt werden, so die Autorinnen weiter:

8 Emotionale Entwicklung

»Zum einen müssen wir eine Diskrepanz zwischen den erlebten oder antizipierten Emotionen und unseren Vorstellungen davon, was in der entsprechenden Situation eine angemessene emotionale Reaktion wäre (im Einklang mit sozialer Norm), wahrnehmen. Diese Diskrepanzwahrnehmung hängt im hohen Maße von unserem Emotionswissen ab« (ebd., 224).

Demnach können Menschen ihre Emotionen mit größerer Wahrscheinlichkeit regulieren, wenn sie über ein umfangreiches und differenziertes Emotionswissen verfügen, Emotionen sicher erkennen und unterscheiden können sowie deren soziale Effekte antizipieren können (ebd.). Ferner beeinflussen Umgebungsfaktoren und die sensorische Wahrnehmung der Umgebung die emotionale Reaktivität einer Person und die zur Verfügung stehenden Emotionsregulationsstrategien (Sappok & Zepperitz 2019, 22). Emotionale Kompetenzen hängen demnach stark sowohl mit den kognitiven und adaptiven Fähigkeiten des Kindes als auch mit der Sensitivität und Reaktivität des Umfelds zusammen (▸ Abb. 8.2).

Exkurs
Emotionale Entwicklungsphasen der »Skala der Emotionalen Entwicklung – Diagnostik 2« (SEED-2)
Zur Systematisierung der dargestellten Entwicklungsschritte nutzen wir das Phasenmodell von Sappok und Zepperitz (2019, 4), das auf den Arbeiten des niederländischen Kinder- und Jugendpsychiaters Anton Došen und dessen »Schema van Emotionele Ontwikkeling« (SEO) fußt (zur kritischen Einordnung dieses Phasenmodells siehe Irblich, Renner & Scholz 2025, 13 f.). Die ursprüngliche Systematik des SEO wurde von den Autorinnen um eine sechste Entwicklungsphase ergänzt und erweitert damit den dargestellten Altersbereich auf ein Referenzalter von 18 Jahren (vgl. hierzu außerdem Mohr & Schindler 2024). Die folgenden Ausführungen stellen die Annahmen von Sappok und Zepperitz (2019, 41ff.) zusammenfassend dar:

• Phase 1: *Adaption* (Referenzalter: erster bis sechster Lebensmonat; Reizverarbeitung und -integration): In dieser Entwicklungsphase dominieren körperliche und physiologische Grundbedürfnisse (bspw. Schlaf, Schmerzfreiheit, Essen und Trinken) sowie Affekte wie Erregung und Entspannung. Primäremotionen können noch nicht ausdifferenziert werden. Selbstregulative Momente sind minimal, externe Regulationen zum Ausgleich des Erregungsniveaus finden überwiegend auf körperlicher Ebene (Wiegen, Schaukeln, Tragen) statt. In Phase 1 steht

die Verarbeitung von Reizen durch die sensorische Wahrnehmung des eigenen Körpers und der unmittelbaren Umgebung im Vordergrund.
- Phase 2 – *Sozialisation* (Referenzalter: siebter bis 18. Lebensmonat; erste Bindungen, Körperschema, Objektpermanenz): Menschen lernen in dieser Phase, sich über ihre Bezugspersonen zu stabilisieren, Emotionen wahrzunehmen, zu teilen und Anspannung über vertraute Personen zu regulieren (Co-Regulation bzw. interpersonelle Affektregulation).
- Phase 3 – *erste Individuation* (Referenzalter: 19. bis 36. Lebensmonat; Ich-Du-Differenzierung, Bindungsbeziehungen): Primäremotionen werden zunehmend zuverlässiger erkannt und Ursachen für Emotionen können ergründet werden. Vorrangige emotionale Bedürfnisse beziehen sich in der Regel auf Autonomieerfahrungen und Selbstbestimmung. Es wird zunehmend zwischen Ich und Du differenziert, was auch zu starken Ambivalenzen führen kann.
- Phase 4 – *Identifikation* (Referenzalter: viertes bis siebtes Lebensjahr; Ich-Bildung, Theory of Mind, Lernen aus Erfahrung): Es bestehen gefestigte emotionale Bindungen zur Bezugsperson, gleichzeitig wächst das Interesse an Gleichaltrigen und damit ein Grundbedürfnis an sozialer Zugehörigkeit und Identifikation. Empathie und die Theory of Mind entwickeln sich weiter.
- Phase 5 – *Realitätsbewusstsein* (Referenzalter: achtes bis zwölftes Lebensjahr; Ich-Differenzierung, logisches Denken): Zunehmende Einsichten in komplexe Ursache-Wirkungs-Zusammenhänge, die Bildung eines moralischen Ichs und der aktive Umgang mit Gleichaltrigen (Anerkennung) stehen in dieser Phase im Vordergrund.
- Phase 6 – *zweite Individuation* (Referenzalter: 13. bis 18. Lebensjahr; Identitätsentwicklung, abstraktes Denken): Im Rahmen der zweiten Individuation werden die Suche nach der eigenen Identität sowie Erfahrungen der Unabhängigkeit und Selbstverwirklichung zunehmend wichtiger.

8.2.3 Emotionale Kompetenzen von Schülerinnen und Schülern im SGE

Generell sind die Zusammenhänge zwischen dem Emotionswissen und den sprachlichen sowie exekutiven Kompetenzen von Individuen differenziert untersucht (bspw. Denham et al. 2012; Grosse et al. 2021). Auch wenn der Bereich der emotionalen Kompetenzen bei Menschen mit einer intellektuellen Beeinträchtigung längst nicht so breit empirisch beleuchtet wird wie beispielsweise die Kompetenzen in Bezug auf die kognitive Entwicklung, existieren bislang einige Studien, die sich diesem Thema widmen. So untersuchte Sarimski (2020a) den Zusammenhang zwischen emotionalen Kompetenzen und vorliegenden kognitiven bzw. sprachlichen Entwicklungsbeeinträchtigungen bei N = 111 Kindern mit Entwicklungsbeeinträchtigungen im Alter von drei bis sechs Jahren sowie N = 107 Kindern ohne Entwicklungsbeeinträchtigung mit dem »Inventar zur Erfassung emotionaler Kompetenzen bei Drei- bis Sechsjährigen« (EMK 3–6) und den »Verhaltensskalen für das Kindergartenalter« (VSK). Es zeigte sich, dass Kinder mit kognitiven und/oder sprachlichen Entwicklungsbeeinträchtigungen signifikant niedrigere Werte in drei der vier emotionalen Kompetenzskalen des EMK 3–6 (Emotionen erkennen und benennen, Wissen um prosoziales Verhalten, Wissen um empathische Reaktionen) aufwiesen als Kinder ohne Beeinträchtigung.

Simon und Nader-Grosbois (2024, 8) vergleichen in ihrer Studie die empathischen Kompetenzen von N = 246 Kindern mit und ohne intellektuelle Beeinträchtigung und können signifikant niedrigere Werte sowohl in Bezug auf affektive (bspw. emotionales Mitfühlen) als auch auf kognitive Anteile (bspw. Erkennen und Verstehen von Emotionen) von Empathie nachweisen und stellen insbesondere die daraus resultierenden Aufgaben für das Umfeld in den Fokus. Demnach müssen Lehrkräfte adaptive Lernangebote zur Erkennung von und zum Umgang mit unterschiedlichen Emotionen konzipieren, die in situ mit den Kindern durchgespielt werden (ebd., 13).

8.3 Untersuchungsplanung und diagnostisches Raster

Im Folgenden findet sich das diagnostische Raster für Linus (▶ Kap. 8.1). Wie in den anderen Kapiteln auch, werden die Randbereiche der diagnostischen Überprüfung ausgeblendet (▶ Tab. 8.1).

Tab. 8.1: Untersuchungsplanung und diagnostisches Raster zur Erfassung der sozial-emotionalen Kompetenzen von Linus, 12;4 Jahre (eigene Darstellung)

Untersuchungsbereich	Differenzierung/Begründung	Methode/Verfahren
sozial-emotionale Kompetenzen	Auswirkung emotionaler Kompetenzen auf soziale Kompetenzen • Impulskontrolle • Ich-Bewusstsein • Sozialverhalten • Selbstbild • Regulation von Emotionen	SEN und Beobachtungen
soziale Kompetenzen	• Verhalten in sozialen Situationen sowie sozial kompetentes Verhalten • Selbstwahrnehmung • Selbstkontrolle • Sozialkontakt • Einfühlungsvermögen	LSL (Teilbereich Sozialverhalten) (mit Lehrkraft zusammen) sowie PAC als Beobachtungshilfe
emotionale Kompetenzen	• Verhalten in verschiedenen alltäglichen Situationen in der Schule (bspw. Unterricht, Pause, Essen) • v. a. Emotionsdifferenzierung, Umgang mit Peers, Affektregulation	SEED-2 und Beobachtungen

Neben der SEED-2, die im Folgenden näher dargestellt wird (▶ Kap. 8.4), findet sich im diagnostischen Raster auch die »Skala zur Einschätzung des Sozial-Emotionalen Entwicklungsniveaus« (SEN) (Hoekman et al. 2012). Die SEN deckt durch die kombinierte Erfassung von sozialen und emotionalen Fähigkeiten einen wichtigen Aspekt der kindlichen Entwicklung ab und eignet sich daher ergänzend für die Diagnostik emotionaler Kompetenzen. Die Skala wird in der Regel von Lehrkräften ausgefüllt und umfasst für die beiden Bereiche (soziale und emotionale Entwicklung) jeweils mehrere Dimensionen:

• Hinsichtlich der *sozialen Entwicklung* werden die Kompetenzen des Kindes mit Blick auf Kontaktaufnahme, soziale Selbstständigkeit, moralische Entwicklung, Impulskontrolle, Ich-Bewusstsein im sozialen Kontext, soziales Einschätzungsvermögen, Sozialverhalten, Umgang mit Vorschriften

und Autoritätspersonen und soziale Aspekte der sexuellen Entwicklung eingeschätzt.
- Im Bereich der *emotionalen Entwicklung* werden die Dimensionen Selbstbild, emotionale Selbstständigkeit, Realitätsbewusstsein, moralische Entwicklung, Ängste, Impulskontrolle und Regulation von Emotionen erfasst (Hoekman et al. 2012).

8.4 Vorstellung eines Verfahrens: SEED-2

Im vorliegenden Fallbeispiel steht die Erfassung der emotionalen Kompetenzen und somit des emotionalen Entwicklungsalters von Linus (▶ Kap. 8.1) im Mittelpunkt. Hierfür wird die »Skala der Emotionalen Entwicklung – Diagnostik 2« (SEED-2) verwendet. Diese Skala ist dezidert für die Erhebung des emotionalen Entwicklungsstandes von Menschen mit einer intellektuellen Beeinträchtigung mit einem Referenzalter von null bis 18 Jahren konzipiert und wird von nahen Bezugspersonen ausgefüllt. Grundlage ist das bereits dargestellte Entwicklungsmodell emotionaler Kompetenzen nach Došen und die Weiterentwicklung von Sappok et al. (2023) (▶ Kap. 8.2.2).

Die im Modell beschriebenen sechs Phasen werden in acht Entwicklungsdomänen gespiegelt und über jeweils fünf Items operationalisiert.

- Domäne 1 – *Umgang mit dem eigenen Körper:* In der ersten Domäne wird die Entwicklung motorischer und sensorischer Funktionen betrachtet, bspw. mit Blick auf die Körperpflege oder die Exploration der Umwelt (bspw. »nutzt sowohl den Mund als auch die Hände zur Erkundung der Umgebung«).
- Domäne 2 – *Umgang mit Bezugspersonen:* In dieser Domäne wird erfasst, wie und warum das Kind mit emotional bedeutsamen Bezugspersonen Kontakt aufnimmt bzw. Bindung sucht (bspw. »beruhigt sich bei körperlichem Kontakt mit Bezugspersonen, bspw. in den Arm nehmen, gemeinsam schaukeln« oder »sagt beharrlich *Nein*, um den eigenen Willen durchzusetzen«).
- Domäne 3 – *Umgang mit Umgebungsveränderung, Objektpermanenz:* Diese Domäne bildet ab, wie das Kind damit umgeht, wenn sich die Umgebung verändert und ob die Fähigkeit zur Objektpermanenz bereits erworben wurde (bspw. »sucht gezielt nach Dingen und Personen, die aus dem Wahrnehmungsbereich verschwunden sind«).

- Domäne 4 – *Emotionsdifferenzierung:* Hier wird erfasst, wie differenziert Emotionen gezeigt und wahrgenommen werden können (bspw. »ist in der Lage, eigene basale Gefühle zu benennen bspw. Ärger, Trauer, Freude, Angst« oder »zeigt Wut bei Begrenzung des eigenen Willens«).
- Domäne 5 – *Umgang mit Peers:* In dieser Domäne wird erhoben, inwiefern das Kind Kontakt zu Peers aufnimmt bzw. wie es sich diesen gegenüber verhält (bspw. »tut sich schwer, Materialien mit Peers zu teilen«). Mit Peers sind Personen gemeint, die über einen vergleichbaren kognitiven bzw. emotionalen Entwicklungsstand verfügen wie das Kind.
- Domäne 6 – *Umgang mit der materiellen Welt:* Innerhalb dieser Domäne wird skizziert, mit welchen Materialien und Aktivitäten sich die Person beschäftigt und auf welche Art dies geschieht (bspw. »greift nach Material, das sich im Wahrnehmungsbereich befindet«).
- Domäne 7 – *Kommunikation:* In der siebten Domäne wird erfasst, wie und mit welcher Absicht das Kind mit anderen Menschen kommuniziert (bspw. »stellt häufig Warum-Fragen«).
- Domäne 8 – *Affektregulation:* In der letzten Domäne wird die Fähigkeit thematisiert, intensiv erlebte Affekte (insbesondere Anspannung und Aggression) zu regulieren (bspw. »Bei Frustration entsteht Wut, die sich äußert in Aggressivität gegenüber der Bezugsperson, motorischer Unruhe, Kreischen, Schlagen oder Werfen von Gegenständen.«).

Für jede Domäne werden alle zutreffenden Items mit einem »Ja« beantwortet. Die Phase mit den meisten Ja-Antworten markiert innerhalb einer Domäne die dominante Entwicklungsphase. Alle Einzelergebnisse der acht Domänen werden anschließend der Größe nach aufsteigend sortiert; der vierte Wert entspricht dem Gesamtergebnis der emotionalen Entwicklung. An dieser Stelle sei auf die Dia-Inform Verfahrensinformation (013–01) zur SEED-2 hingewiesen, die einige Problembereiche des Verfahrens kritisch beleuchtet (Irblich, Renner & Scholz 2025). Vor diesem Hintergrund ist ein kritisch-reflektierter Einsatz der Skala zu empfehlen, deren Potenzial darin liegt, »sich im Team Gedanken über das Verhalten von Personen mit kognitiven Beeinträchtigungen zu machen und gemeinsam Erfahrungen und Erlebnisse zu diskutieren« (ebd., 19).

8.5 Ergebnisse der Diagnostik und Schlüsse für die Förderung

Die Durchführung der SEED-2 wurde für Linus von seinem Klassenlehrer vorgenommen. In den Domänen »Umgang mit dem eigenen Körper«, »Umgang mit Bezugspersonen« und »Kommunikation« ergeben sich mit den meisten Ja-Antworten im Bereich der vierten Phase (Referenzalter viertes bis siebtes Lebensjahr) die höchsten Werte. In den übrigen Domänen (»Umgang mit Umgebungsveränderung, Objektpermanenz«, »Emotionsdifferenzierung«, »Umgang mit Peers«, »Umgang mit der materiellen Welt« und »Affektregulation«) ergibt sich für Linus mit Phase 3 ein emotionales Referenzalter von 18 Monaten bis etwa drei Jahre, das auch in der Gesamtauswertung als Referenzalter der emotionalen Entwicklung bestimmt wird. Den Beobachtungen des Klassenlehrers entsprechend sticht vor allem die Domäne »Affektregulation« heraus, in der einige Items der Phase 2 (Referenzalter: siebter bis 18. Lebensmonat) ebenfalls mit Ja beantwortet wurden.

Hier stehen nun aus dem bei Sappok und Zepperitz (2019) genannten Werkzeugkasten folgende Interventionsmöglichkeiten zur Verfügung:

- Im Hinblick auf sein Referenzalter sollte im Bereich der Affektregulation auf die interpersonelle Regulation durch stabile, Linus vertraute Bezugspersonen geachtet werden, die sich stets in seinem Blickfeld befinden (ebd., 162).
- Zudem ist unbedingt darauf zu achten, den Tagesablauf und mit diesem verbundene Orts- oder Betreuungswechsel, anstehende oder endende Aktivitäten und veränderte Peerkonstellationen deutlich zu markieren. Dies kann sowohl sprachlich mit klarer Stimmmodulation als auch visuell unterstützt erfolgen.
- Für die Situation im Schwimmbad wäre bspw. die klare Ankündigung, dass die Zeit im Wasser bald endet, verbunden mit einem gut sichtbaren Time-Timer und der engen Begleitung einer Linus vertrauten Person, eine mögliche Anpassung.
- Um den Umgang mit Peers positiv zu unterstützen, bieten sich einfache Spiele an, bei denen Regeln nach einem klaren Muster eingeübt werden können (»Jetzt ist Linus dran, danach darf Lara, dann ist wieder Linus an der Reihe« etc., siehe ebd., 156).

8.5 Ergebnisse der Diagnostik und Schlüsse für die Förderung

- Kombiniert werden können diese einfachen Spiele mit Rollenspielen, die Alltagssituationen aufnehmen und in denen anhand klar strukturierter sozialer Skripte gehandelt werden kann (abwechselnde Rollen im Einkaufsladen, beim Bestellen im Restaurant etc.).

Generell stehen zur schulischen Förderung emotionaler Kompetenzen unterschiedliche Verfahren und Programme zur Verfügung, die vor allem an Basisstrukturen emotionaler Kompetenzen (Wahrnehmung von Emotionen bei sich selbst und anderen, Ursachen und Entstehungszusammenhänge von Emotionen) ansetzen und Strategien zum Umgang mit Emotionen erarbeiten. Beispiele hierfür sind:

- *EMK-Förderprogramm* (Emotionale Kompetenzen im Vorschulalter fördern; Petermann & Gust 2016)
- *Lubo aus dem All* (Programm zur Förderung sozial-emotionaler Kompetenzen; Hillenbrand et al. 2022a; 2022b)
- *Verhaltenstraining für Schulanfänger* (bzw. in der Grundschule; Petermann et al. 2016; 2025)
- *FesK-Handreichung* (Förderung von emotionalen und sozialen Kompetenzen; Kannewischer & Wagner 2011)

Eine theoretische Rahmung möglicher Förderangebote kann das Pyramidenmodell des sozial-emotionalen Lernens (SEL) von Denham und Brown (2010) liefern, das auf Arbeiten von Rose-Krasnor (1997) gründet. In diesem Modell werden drei Ebenen voneinander unterschieden, die für den Erwerb sozial-emotionaler Kompetenzen von Bedeutung sind: (1) die theoretische Ebene, (2) die Index-Ebene und (3) die Skills-Ebene.

1. Auf der *theoretischen Ebene* wird emotionale Kompetenz als transaktionaler Prozess verortet, der sich dynamisch im konkreten Zusammenwirken der Person und ihrer sozialen Umwelt gestaltet und verändert (Klinkhammer, Voltmer & von Salisch 2022, 117). Insofern gibt es keine emotional kompetenten Menschen per se, sondern emotionale Kompetenz bemisst sich immer in Abhängigkeit von dem spezifischen Verhalten einer Person in einem spezifischen Kontext. Für den Erwerb emotionaler Kompetenzen ergibt sich daraus, dass soziale Situationen möglichst klar und transparent strukturiert sein sollten, um es Heranwachsenden zu erleichtern, adäquate Reaktionen auf situationsspezifische Anforderungen zu finden.
2. Auf der *Index-Ebene* spiegelt sich emotionale Kompetenz in der Fähigkeit, eine Balance zwischen dem Erreichen subjektiv sinnvoller Ziele und der

gleichzeitigen Aufrechterhaltung positiver Beziehungen zu anderen zu erreichen (ebd., 119).
3. Als ausgesprochen wertvoll für den schulischen Kontext zeigt sich die *Skills-Ebene*. Auf dieser Ebene werden konkrete und beobachtbare Fähigkeiten verortet, aus denen heraus sich emotional kompetentes Verhalten konstituieren kann (ebd.). Diese Fähigkeiten lassen sich wie folgt systematisieren:
    * *Selbst-Bewusstheit:* Erkennen eigener Interessen und Emotionen, deren Auslöser und Folgen (auf das Selbst bezogenes Emotionswissen)
    * *Selbst-Management:* Fähigkeiten zur adaptiven Regulation der eigenen Emotionen, Kognitionen und Verhaltensweisen (Umgang mit Stress, Überwinden von Hindernissen, angemessenes Ausdrücken der eigenen Emotionen); Emotionsregulation als zentraler Bestandteil des Selbst-Managements
    * *soziale Bewusstheit:* Erkennen der Emotionen anderer Menschen (Perspektivübernahme, Empathie, Theory of Mind; auf andere bezogenes Emotionswissen)
    * *verantwortungsvolle Entscheidungen treffen:* Abwägen eigener und fremder Emotionen unter Hinzunahme sozialer Regeln und Normen
    * *Beziehungsfähigkeiten:* Fähigkeiten zur positiven Gestaltung interpersonaler Beziehungen (bspw. kooperieren, zuhören, teilen, helfen, Kompromisse eingehen)

Der Erwerb sozial-emotionaler Kompetenzen beinhaltet nach dem Pyramidenmodell einen Auf- und Ausbau der Fähigkeiten auf der Skills-Ebene bei gleichzeitiger Beachtung der eigenen Ziele und Motive und derer der sozialen Umwelt (Index-Ebene) und der Anpassung an den jeweiligen Kontext (theoretische Ebene).

Im Fall des zwölfjährigen Linus, dessen emotionales Entwicklungsalter im Bereich von 18 Monaten bis drei Jahren verortet werden kann, sollten (abgestimmt auf seine kognitiven Kompetenzen) demnach Angebote zur Erweiterung seiner Kompetenzen auf der Skills-Ebene konzipiert werden, um am Aufbau eines grundlegenden Emotionsverstehens zu arbeiten. Anknüpfungspunkte sind neben der Wahrnehmung und Versprachlichung eigener Emotionen das Emotionslesen bei anderen, bspw. über Fotos, Videos und reale Situationen im schulischen Kontext. Wichtig hierbei ist, dass Emotionen anfangs sehr klar und eindeutig dargestellt und benannt werden sollten (Emotionscoaching, hierfür eignen sich insbesondere Primäremotionen) (▶ Abb. 8.1), bevor auf eine weitere Differenzierung eingegangen wird.

8.5 Ergebnisse der Diagnostik und Schlüsse für die Förderung

Daran anschließend sollten in Anlehnung an die soziale Bewusstheit Zusammenhänge und Ursachen im Austausch mit Linus ergründet werden (»Was denkst du, warum Emma gerade geweint hat?«). Strategien der Emotionsregulation bilden einen wichtigen Fokus der Förderung. Orientiert an der Systematik von Sarimski (2024) sollten dabei sowohl kognitive als auch verhaltensbezogene Strategien angeboten und angebahnt werden (▶ Kap. 8.2.2). Insbesondere in Bezug auf Kinder und Jugendliche, deren Entwicklungsstand einem sehr jungen emotionalen Entwicklungsalter entspricht, ist zu empfehlen, Strategien handlungsnah und bspw. unter Nutzung von Visualisierungen anzubieten (Stopp-, Hilfe- oder Pause-Karten, Emojis, Gefühlsbarometer usw.; vgl. zum Gefühlsbarometer ▶ Abb. 8.3).

Abb. 8.3: Visualisierung durch Gefühlsbarometer (aus Sennekamp & Tiggemann 2019, 21; Download-Optionen des Materials unter https://www.westermann.de → Suchbegriff: Lernen konkret; hier: Jahrgang 2019, Heft 4).

Weiterführende Literatur (Grundlagen und Praxis)

Jöhnck, J. (2019): Pädagogische Grundlagen der sozial-emotionalen Entwicklung. In: Lernen konkret 4 (38) 4–13.
Sappok, T. & Schäfer, H. (2019): Gefühle – Alter – Bildung. Die Bedeutung der emotionalen Entwicklung für die schulische Förderung – eine Einführung. In: Schäfer, H. (Hrsg.): Handbuch Förderschwerpunkt geistige Entwicklung. Grundlagen – Spezifika – Fachorientierung – Lernfelder. Weinheim: Beltz. 99–116.
Sappok, T. & Zepperitz, S. (2019): Das Alter der Gefühle. Über die Bedeutung der emotionalen Entwicklung bei geistiger Behinderung. Bern: Hogrefe.
Sarimski, K. (2019): Psychosoziale Entwicklung von Kindern und Jugendlichen mit Behinderung. Prävention, Intervention und Inklusion. Göttingen: Hogrefe (hier: 9–40, 105–125 und 141–213).
Schäfer, H. (Hrsg.) (2019): Ich – Du – Wir. Emotionale und soziale Entwicklung im Förderschwerpunkt geistige Entwicklung. Themenheft Lernen konkret 4 (38).

Zepperitz, S. (Hrsg.) (2022): Was braucht der Mensch? Entwicklungsgerechtes Arbeiten in Pädagogik und Therapie bei Menschen mit intellektuellen Beeinträchtigungen. Bern: Hogrefe.

9 Verhaltensauffälligkeiten

9.1 Fallbeispiel

Jan ist ein 11;4-jähriger Junge mit Trisomie 21, der im vierten Schulbesuchsjahr die Primarstufe einer Schule mit dem Förderschwerpunkt Geistige Entwicklung (Förderschule) besucht und über Gebärden kommuniziert. Die Sonderpädagogin ist neu in der Klasse und beobachtet zunächst viel. Dabei fällt ihr besonders das Verhalten von Jan auf: Eigentlich ist er recht kooperativ und auch eifrig bei der Sache, wenn er bspw. den Essenszettel in die Küche bringen soll oder die Blumen gießt. Wenn er aber Arbeitsblätter am Tisch bearbeiten soll, »rastet er regelmäßig aus«, beginnt die Zettel zu zerreißen, setzt sich auf den Boden und macht gar nichts mehr oder er tritt den Türstopper durch den Raum und rast in der Klasse herum. Der Klassenlehrer erläutert der Sonderpädagogin, dass sie jetzt seit einiger Zeit eine Strafe für diese Verhaltensweisen eingeführt haben: Wenn Jan sich wieder so verhält, muss er zur Strafe zum Rektor und darf erst wieder zurückkommen, wenn er sich beruhigt hat. »Hm, aber er macht das ja trotzdem immer wieder?!«, fragt sich die Sonderpädagogin.

9.2 Theoretische Grundlagen

Das Fallbeispiel zeigt eine klassische Unterrichtssituation (unerwünschtes, externalisierendes Verhalten) und auch eine häufige Form der Reaktion darauf (den formalen Ausschluss aus dem Unterricht). Verhaltensauffälligkeiten treten bei allen Kindern und Jugendlichen auf, etwa 10 % zeigen auffälliges Verhalten – bei Schülerinnen und Schülern mit intellektueller Beeinträchtigung, so zeigen Studien übereinstimmend, sind es ca. 30 bis 40 %, in einigen Studien sogar über 50 % (Klauß, Hockenberger & Janz 2016; Zusammenstellung verschiedener Studien in Sarimski 2024, 305 ff.).

In Bezug auf psychische Störungen spricht Schanze (2021, 26) ebenfalls von einer Prävalenz von 30 bis 40 %. Dabei finden sich bei schwerer intellektueller Beeinträchtigung häufiger selbstverletzende Verhaltensweisen und Stereotypien (die bei Kindern und Jugendlichen ohne Beeinträchtigung sehr selten sind), während das Spektrum der Auffälligkeiten bei leichter intellektueller Beeinträchtigung mehr den Verhaltensweisen von nicht beeinträchtigten Kindern und Jugendlichen ähnelt (Sarimski 2024, 305 f.; Mohr, Neuhauser & Schäfer 2025).

Die unterschiedlichen Prävalenzen deuten auf Schwierigkeiten in Bezug auf eine klare Definition und Abgrenzung hin. Mohr (2018) definiert vier Merkmale herausfordernder Verhaltensweisen, die alle gegeben sein müssen und die hier wörtlich zitiert werden:

- »Sie lösen bei Beteiligten oder Beobachtern in der Regel starke Irritationen aus: Betroffenheit, Ratlosigkeit, Ablehnung, Angst oder ähnliche Gefühle *(Merkmal 1)*.
- Sie geschehen ›gerichtet‹, nicht bloß versehentlich *(Merkmal 2)*.
- Sie werden von Beteiligten oder Beobachtern in ihrer Art, Frequenz, Dauer oder Intensität als diskrepant gegenüber den üblichen kulturellen Erwartungen wahrgenommen, in Bezug auf den jeweiligen Handlungskontext und das Lebensalter des Akteurs *(Merkmal 3)*.
- Sie bedrohen oder schädigen die körperliche oder seelische Unversehrtheit beteiligter Personen, oder zeigen eine Bedrohung oder Schädigung der eigenen Unversehrtheit an, oder erschweren bzw. verhindern die Nutzung öffentlicher und sozialer Einrichtungen und Dienstleistungen *(Merkmal 4)*«
(Mohr 2018, 24).

Besonders das vierte Merkmal, das die Teilhabe an Aktivitäten und Bildungsinhalten berührt, ist nach Mohr (2018) als pädagogischer Auftrag zu verstehen, sich pädagogisch mit dem Verhalten und seiner Funktion, den guten Gründen und auch der Not, die für das betroffene Kind dahintersteht, zu befassen. Der Schlüssel für eine Intervention ist also eine Diagnostik, die es Lehrkräften ermöglicht, den Grund für das Verhalten zu finden. Dafür ist es zunächst notwendig, sich mit der Entstehung von Verhaltensauffälligkeiten auseinanderzusetzen und zu verstehen, warum Kinder mit intellektueller Beeinträchtigung ein so viel höheres Risiko aufweisen, Verhaltensauffälligkeiten zu entwickeln (vgl. u. a. Schäfer & Mohr 2018 sowie aktuell Schanze & Sappok 2024).

Grundlage für das Verständnis des erhöhten Risikos ist das Vulnerabilitätskonzept von Schanze (2021, 27 ff.). Das Modell, das ursprünglich aus dem medizinischen Kontext stammt, beschreibt, wie es zu einer sogenannten prämorbiden Vulnerabilität kommt, also zu einer Verletzlichkeit vor Ausbruch einer Störung oder Krankheit – im hier verwendeten Kontext demnach vor dem Auftreten einer Verhaltensauffälligkeit. Für diese Verletzlichkeit oder auch Anfälligkeit wirken vor dem Hintergrund des jeweiligen soziokulturellen Kontextes biologisch-genetische und psychosoziale Faktoren zusammen (▶ Abb. 9.1).

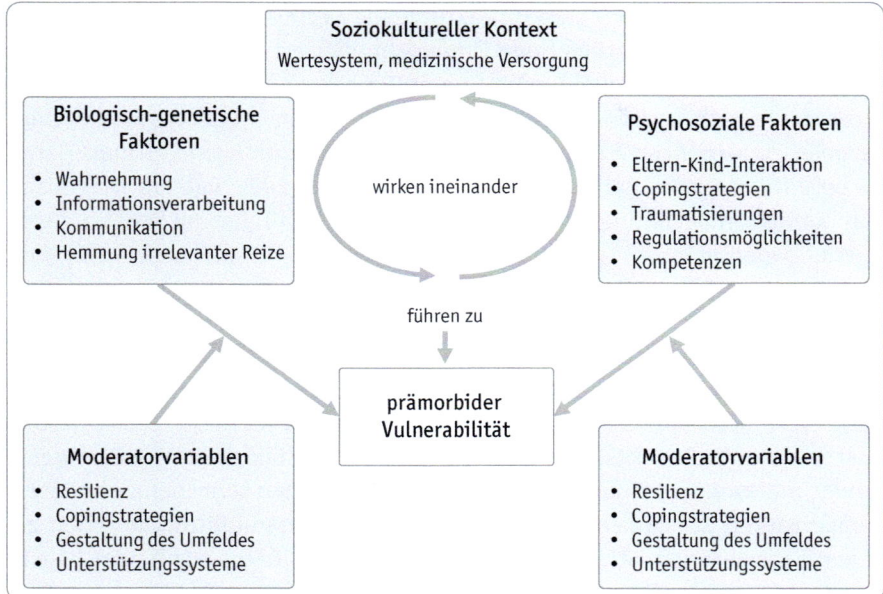

Abb. 9.1: Vulnerabilitätskonzept (nach Schanze 2021, 27) (eigene Darstellung)

Am Beispiel eines sehr frühgeborenen Kindes in der 27. Schwangerschaftswoche kann das Modell verdeutlicht werden:

- Je nachdem, in welcher Umgebung und in welcher Klinik es auf die Welt kommt, wird es mehr oder weniger gute medizinische Versorgung erfahren (ein Aspekt des soziokulturellen Kontextes).
- Es hat aufgrund seiner sehr frühen Geburt mehr oder weniger starke prä-, peri- oder postnatale Schädigungen, die sich bspw. auf seine Wahrnehmung, seine Irritabilität sowie sein Arbeitsgedächtnis auswirken können (biologisch-genetische Faktoren).
- Zudem wächst es je nach Familie in einem unterschiedlich unterstützenden Milieu auf, es erlernt in der Familie vielleicht Copingstrategien (also Bewältigungsstrategien) oder es erfährt auf der anderen Seite ggf. Traumatisierungen (psychosoziale Faktoren).

All diese Erfahrungen wirken ineinander und bedingen eine mehr oder weniger erhöhte prämorbide Vulnerabilität. Diese ist nun nicht festgeschrieben, sondern kann von sogenannten Moderatorvariablen, wie bspw. einer Stärkung der Resilienz durch eine unterstützende Bezugsperson oder durch die Gestaltung eines unterstützenden Umfelds moderiert, also positiv verändert werden. Kinder mit intellektueller Beeinträchtigung haben bereits aufgrund ihrer biologisch-genetischen Voraussetzungen ein höheres Risiko, vulnerabler zu sein. Aber auch die Belastungen der Familien sind oftmals höher als bei Kindern ohne Behinderungen (u. a. Sarimski 2021; vgl. zur Diagnostik von familiären Belastungen bspw. bei komplexer Behinderung Schäfer 2024).

Was bedeutet nun diese erhöhte Vulnerabilität für die Ausbildung von Verhaltensauffälligkeiten? Im Grunde bedeutet es, dass Kinder mit hoher Vulnerabilität Stress nicht so gut kompensieren können, als wenn ihre Vulnerabilität niedriger wäre. Zubin und Spring (1977) haben bereits 1977 den Zusammenhang von Vulnerabilität und Stress in Bezug auf die Entstehung von Schizophrenien beschrieben. Ihr Vulnerabilitäts-Stress-Modell lässt sich auf die Entstehung von Verhaltensauffälligkeiten übertragen: Kinder mit einer sehr niedrigen Vulnerabilität können sehr viel mehr Stress kompensieren als Kinder mit einer sehr hohen Vulnerabilität, die schon bei einem ganz geringen Stress, wie einem veränderten Tagesablauf oder (wie in unserem Beispiel) einem zu bearbeitenden Arbeitsblatt, keine Möglichkeiten mehr haben, diesen Stress zu kompensieren (Schäfer & Mohr 2018). Sie dekompensieren dann und reagieren mit Verhaltensauffälligkeiten auf den Stressor. Das Schreien oder das Kopfschlagen eines Kindes (im Sinne selbstverletzenden Verhaltens) stellen demnach Möglichkeiten für das Kind dar, mit seinem Stress umzugehen.

Die Modelle von Schanze (2021), Schanze und Sappok (2024) sowie Zubin und Spring (1977) erläutern, wieso Kinder mit intellektueller Beeinträchtigung eine höhere Tendenz haben, mit Verhaltensauffälligkeiten zu reagieren, um aktuell auftretenden Stress zu kompensieren. Dass sie das aber wiederholt tun und sich das Verhalten im weiteren Verlauf ggf. sogar immer weiter verstärkt, ist mit diesen Modellen noch nicht hinreichend erklärt.

Wenn die Kinder als Folge auf ihr Verhalten erfahren und lernen, dass ihre Auffälligkeiten vielleicht sogar (neben dem Stressabbau) weitere (für sie subjektiv) positive Effekte haben, liegt es sehr nahe, dass sie dieses Verhalten wiederholen, es »lohnt sich«. Wenn also ein Kind mit einer erhöhten Vulnerabilität in einer überfordernden Situation beginnt, sich mit den Fingern in die Augen zu bohren, um seinen Stress zu kompensieren, können verschiedene Faktoren zusätzlich (positiv oder negativ) verstärkend wirken, sodass das Verhalten auch weiterhin gezeigt wird und sich ggf. noch deutlicher oder häufiger zeigt. Als Grundlage zum Verständnis der nachfolgend konkreter dargestellten Zusammenhänge sei auf den Exkurs »Positive und negative Verstärkung« verwiesen, in dem Verstärkung und Bestrafung einander gegenübergestellt werden.

Exkurs
Positive und negative Verstärkung
Menschen (auch Tiere übrigens) wiederholen und bauen diejenigen Verhaltensweisen aus, die sich als sinnvoll, lohnend, erfolgreich herausgestellt haben. Und sie unterlassen (unterdrücken) Verhaltensimpulse, wenn sie sich nicht lohnen oder wenn sie unangenehme Konsequenzen nach sich ziehen. Wenn Verhalten durch Erzieherinnen und Erzieher gefördert werden soll, wird man dieses also loben, begeistert sein und Aufmerksamkeit schenken. Oder man wird das Verhalten belohnen, indem das Kind irgendetwas Unbeliebtes in der Folge nicht machen muss. Wenn man möchte, dass ein unerwünschtes Verhalten aufhört, wird man vermutlich schimpfen, das Verhalten sanktionieren oder eine unangenehme Konsequenz folgen lassen. Wir sprechen in diesem Zusammenhang von Verstärkung und Bestrafung.

Verstärkung bezeichnet alle Maßnahmen, die dafür sorgen, dass ein Verhalten nachfolgend häufiger gezeigt wird: Entweder dadurch, dass als Folge auf das Verhalten etwas Positives geschieht (Lob, Aufmerksamkeit) oder dadurch, dass etwas als negativ Empfundenes wegfällt oder erlassen wird (nicht aufräumen müssen, nicht ins Bett müssen).

Wenn dagegen etwas Unangenehmes auf eine Handlung folgt (Schimpfen, Strafarbeit) oder etwas Schönes verweigert wird (keinen Nachtisch bekommen, nicht mitspielen dürfen), ist dies als *Bestrafung* zu bezeichnen und führt dazu, dass das Verhalten vermutlich seltener gezeigt wird. In manchen Quellen liest man anstelle von »direkter bzw. indirekter Bestrafung« auch von »positiver bzw. negativer Bestrafung« – die Erfahrungen in Aus- und Weiterbildung sowie im Feld zeigen, dass dies häufig zu Irritationen führen kann: »Wie kann eine Bestrafung positiv sein?!«. Darum präferieren wir hier die Begriffe »direkte bzw. indirekte Bestrafung«.

Tab. 9.1: positive und negative Verstärkung (eigene Darstellung)

	... folgt auf eine Handlung	... fällt nach einer Handlung weg
ein *positiver* Reiz, »etwas Schönes« ...	= positive Verstärkung, bspw. Lob, ein schöner Effekt, Aufmerksamkeit	= indirekte Bestrafung, bspw. Ausschluss aus der Klasse, kein Nachtisch
ein *negativer* Reiz, »etwas Blödes« ...	= direkte Bestrafung, bspw. Schimpfen oder Strafarbeit	= negative Verstärkung, bspw. muss nicht aufräumen, muss nicht ins Bett, muss eine Aufgabe nicht machen

Auch Petermann und Nitkowski (2015, 152 ff.) beschreiben in Bezug auf die Entstehung von selbstverletzendem Verhalten zwei mögliche Wege, wie das erstmalige Auftreten des Verhaltens aufrechterhalten und verstärkt wird. Direkte Auslöser für das erstmalige Auftreten können neben Schmerzen auch Über- und Unterforderung oder ein Mangel an Aufmerksamkeit sein. Sie beschreiben nun zwei Wege der Aufrechterhaltung des Verhaltens: (1) sogenanntes *stereotypes selbstverletzendes Verhalten* und (2) sogenanntes *instrumentell eingesetztes Verhalten*:

- Beim *stereotypen selbstverletzenden Verhalten* wirkt die endogene Verstärkung – es muss niemand anderes im Raum sein, das Kind verstärkt sein Verhalten selbst: Es bemerkt, dass sich beispielsweise durch das Bohren im Auge sensorische Reize wie Lichtblitze ergeben (positive Verstärkung). Außerdem bemerkt es vielleicht, dass Schmerzen, die es hatte, durch das Bohren im Auge überlagert werden und sich abschwächen (negative Verstärkung). Das Augenbohren »lohnt« sich dann ggf. sogar in zweifacher Hinsicht.
- Beim *instrumentell eingesetzten Verhalten* bemerkt das Kind, dass das Bohren ins Auge eine Reaktion der Umwelt hervorruft: dass es Aufmerksamkeit bekommt, dass sich jemand kümmert (positive Verstärkung) oder auch, dass ihm eine unangenehme Aufgabe erlassen wird (negative Verstärkung). Das klingt wie eine bewusste Entscheidung des Kindes, ist aber trotzdem in den meisten Fällen nicht gezielt eingesetzt.

Diese Erkenntnis, dass man als Eltern oder Lehrkraft an der Entstehung (ebenso wie dem Aufrechterhalten) von Verhaltensauffälligkeiten selbst aktiv beteiligt sein könnte, ist schmerzlich, aber sehr relevant für einen professionellen Umgang damit. Der erste Impuls ist vermutlich zu sagen: »Ich verstärke das Verhalten des Kindes doch nicht! Im Gegenteil, ich bestrafe das sogar, damit es nicht wieder vorkommt!«. Wie im obigen Fallbeispiel: Das Kind »fliegt aus der Klasse raus« und muss zur Strafe zum Rektor, es wird zur Strafe ausgeschlossen.

Bestrafung führt in der Regel tatsächlich dazu, dass Verhalten unterdrückt wird und in der Folge seltener auftritt (Brodersen, Grabowski & Castello 2022, 727). Wenn man zu schnell im Auto unterwegs ist und geblitzt wird, ist man danach (zunächst jedenfalls) in der Regel vorschriftsmäßiger unterwegs. Es wird also mit Bestrafung der Versuch gestartet, das Verhalten so zu sanktionieren, dass es nicht wieder auftritt. Damit sind aber im pädagogischen Kontext (mindestens) drei Probleme verknüpft:

1. Wenn man davon ausgeht, dass das Kind in einer Not, in einer stressigen Situation ist, sein Verhalten dem Abbau von Stress dient und ggf. ein Ruf nach Unterstützung ist, dann ist das Kind bei Bestrafung dieses Verhaltens mit seiner Not allein gelassen.
2. Zweitens unterdrückt Bestrafung das Verhalten nur und führt ohne weitere Unterstützung sicherlich nicht zum Aufbau von sozial eher akzeptiertem Verhalten – das Kind hat offenbar kein Repertoire, keine Strategie dafür. In der Regel reagiert es nicht bewusst auf den Stressor und plant sein Verhalten nicht bewusst, sondern es hat keine sinnvollere Strategie in der stressigen Situation und dekompensiert.
3. Das dritte (und im Kontext von Verhaltensauffälligkeiten) relevanteste Problem an Bestrafung entsteht aber, wenn eine als Bestrafung gemeinte Reaktion der Bezugspersonen für das Kind gar keine Bestrafung ist, sondern eine Verstärkung darstellt (siehe hierzu den Exkurs »Positive und negative Verstärkung«).

Zusammenfassend lassen sich folgende Aspekte festhalten:

- Kinder mit intellektueller Beeinträchtigung haben ein deutlich höheres Risiko für die Entwicklung von Verhaltensauffälligkeiten als Kinder ohne Beeinträchtigungen.
- Ihr Verhalten ist subjektiv sinnvoll in der Situation, es gibt (oder es gab einmal) einen guten Grund, so zu reagieren.
- Das Verhalten wird internal oder external verstärkt und ist immer im sozialen Zusammenhang zu sehen.
- Es gilt, das Verhalten zu verstehen – nur dann kann eine Intervention passgenau ansetzen (vgl. im Kontext Intervention auch Mohr, Neuhauser & Schäfer 2025).

9.3 Untersuchungsplanung und diagnostisches Raster

Die Diagnostik von Verhaltensauffälligkeiten unterscheidet sich insofern von anderen Themenbereichen, als hier besonders Beobachtungen im Sinne der *Funktionalen Verhaltensanalyse* (s. u.) im Fokus stehen (müssen).

Die theoretische Grundlegung zur Entstehung und Aufrechterhaltung von Verhaltensauffälligkeiten legt nahe, zunächst auf die auslösenden Situationen zu schauen, die für das Kind stressig sind und dazu führen, dass es keine Möglichkeiten einer Kompensation mehr hat (das reicht aber vor dem dargestellten Hintergrund möglicher Verstärkungen des Verhaltens nicht aus). Im Fallbeispiel des Schülers Jan, der bei Anforderungen den Türstopper tritt und schreit und dann zum Rektor muss, würde man folgende Überlegungen für eine umfassende Diagnostik anstellen und daraus das diagnostische Raster entwickeln (Janz, Hockenberger & Klauß 2016):

Das Fallbeispiel deutet darauf hin, dass es sich um einen Fall von Überforderung handeln könnte. Es scheint daher sinnvoll zu sein, Jans kognitive Kompetenzen genauer zu betrachten und einen geeigneten Intelligenztest auszuwählen (zur Testauswahl ▶ Kap. 4). Im Fall von Jan, der nicht über Lautsprache verfügt, wäre bspw. der SON-R 6–40 sinnvoll. Jan passt in das Altersspektrum, der Test beginnt mit sechs Jahren und insofern ist davon auszugehen, dass er mit seinen elf Jahren Aufgaben lösen kann. Der SON-R 6–40 ist allerdings nicht gut dafür geeignet, ein umfassendes (kognitives) Entwicklungsprofil zu erhalten – Gedächtnisleistungen werden bspw. nicht geprüft und auch sonst ist das Spektrum mit vier Untertests relativ eingeschränkt (Renner 2013). Zudem stellt das emotionale Entwicklungsalter einen wichtigen Aspekt zur Beurteilung und Rahmung von Verhaltensauffälligkeiten dar. Im vorliegenden Fallbeispiel sollte daher die SEED-2 (▶ Kap. 8) durchgeführt werden. Auch die sogenannten adaptiven Kompetenzen sollte man erfassen, hier bieten sich die Vineland Scales 3 an (▶ Kap. 5).

Der Fokus liegt bei Jan nun allerdings auf der funktionalen Verhaltensanalyse, in der die Funktion des Verhaltens analysiert wird: Warum macht er das, was ist die Funktion seines Verhaltens? Dafür muss zuerst das Verhalten konkret definiert werden: Das Team einigt sich, welches Verhalten als besonders störend wahrgenommen wird. Neben einer Teamsitzung, in der man sich austauscht, ist es sinnvoll einen standardisierten Fragebogen einzubeziehen wie den »Verhaltensfragebogen bei Entwicklungsstörungen« (VFE-L) (Einfeld et al. 2024), um sich zunächst auch im Team über die Ausprägung und

Belastung durch das Verhalten bewusst zu werden und darüber auszutauschen, welches Verhalten für eine genauere Betrachtung in den Blick genommen werden soll.

Der VFE ist ein Verhaltensfragebogen, der in verschiedenen Versionen vorliegt, für Eltern, für Lehrkräfte und für Erwachsene. Er ist die deutsche Bearbeitung der australischen »Developmental Behaviour Checklist« (DBC) und besteht in der Lehrkraftversion aus 94 Items. Das Verfahren ist für Menschen mit intellektueller Beeinträchtigung ab vier Jahren normiert (für die Lehrkraftversion werden australische Normen herangezogen) und liefert Werte für fünf verschiedene Bereiche:

- disruptives bzw. antisoziales Verhalten
- Selbstabsorbierung (insbesondere Rückzug sowie autistische Verhaltensweisen)
- Kommunikationsstörung
- Angst
- soziale Beziehung

Daraus ergibt sich ein sogenannter Gesamtverhaltensproblemwert, bei dem mittels eines Cut-off-Werts zwischen *Fällen* und *Nicht-Fällen* differenziert werden kann. Aber auch, wenn der Gesamtverhaltensproblemwert den Cut-off-Wert nicht erreicht hat, können einzelne Bereiche für das Umfeld oder das Kind selbst so belastend sein, dass es sinnvoll ist, eine genauere Betrachtung des Verhaltens vorzunehmen.

Ein weiterer relevanter Untersuchungsbereich betrifft die sogenannten exekutiven Funktionen (▶ Kap. 4). Exekutive Funktionen können mit dem »Verhaltensinventar zur Beurteilung exekutiver Funktionen« (BRIEF) erfasst werden (Drechsler & Steinhausen 2013). Für Kindergartenkinder liegt die Version BRIEF-P von Daseking und Petermann (2013) vor. Im Kontext von Verhaltensauffälligkeiten ist besonders der Verhaltensregulationsindex (VRI) relevant, der folgende Skalen beinhaltet: Hemmen, Umstellen und emotionale Kontrolle (Drechsler & Steinhausen 2013, 22). Diese Skala umfasst damit die Kompetenz, »eigenes Verhalten und emotionale Reaktionen angemessen steuern und regulieren zu können« (ebd., 27).

Die sozial-emotionale Entwicklung des Kindes kann für das Verständnis von Verhaltensauffälligkeiten ebenfalls aufschlussreich sein. Hier bieten sich die SEN oder die SEED-2 (▶ Kap. 8) an.

Der Hauptteil in der Diagnostik im Kontext von Verhaltensauffälligkeiten bezieht sich auf die Analyse der Funktion des Verhaltens im praktischen Alltag, die »Funktionale Verhaltensanalyse«. Das Team entscheidet sich in diesem Fall dafür, ausführliche und strukturierte Beobachtungen anzustellen: Auch bedeutet es, dass sich das Team dafür entscheidet, es ggf. auszuhalten, dass die eigenen Reaktionen und Entscheidungen der Lehrkräfte und Betreuenden (letztlich des ganzen Systems) an der Entstehung und Aufrechterhaltung des Verhaltens beteiligt sein können (was sehr wahrscheinlich ist) und dass das eigene Verhalten in der Folge hinterfragt und ggf. geändert werden muss.

Quellen und Hinweise Internet (FAST-D und MOAS-D)
Seit 2019 gibt es von Schanze und Hemmer-Schanze (2019) ein online zugängliches, sehr übersichtliches Verfahren, den »Funktionale-Analyse-Screening-Test« (FAST-D). Dieser wird eingesetzt, um die Faktoren zu identifizieren, die ein Problemverhalten beeinflussen können. Er ist nach Aussage des Autors und der Autorin unbedingt in eine umfassende Funktionale Verhaltensanalyse (s. u.) einzubinden. Der Test wird von mehreren Personen ausgefüllt und dient dann als Basis für nachfolgende direkte Beobachtungen. (https://www.fobiport.de → hier: Materialien – Checklisten, Test, Dokumentationsbögen – FAST-D).

Auch der MOAS-D kann verwendet werden, um Aussagen über Zusammenhänge und Schwere speziell von aggressiven und selbstverletzenden Verhaltensweisen zu erfassen, als Grundlage für eine Funktionale Verhaltensanalyse. Hier kann der Schweregrad anhand von Gewichtungen eingesetzt werden. Es gibt keinen Cut-off-Wert oder Normwerte, sondern es handelt sich um ein Instrument zur individuellen Einschätzung und kann bspw. zur Evaluation von Interventionen eingesetzt werden. Auch dieser Bogen ist ein Teil der funktionalen Verhaltensanalyse, die in ▶ Kap. 9.4 konkreter dargestellt werden soll. (https://www.fobiport.de → Materialien – Checklisten, Test, Dokumentationsbögen – MOAS-D)

Das Diagnostische Raster (▶ Tab. 9.2) im vorliegenden Fallbeispiel von Jan (der bei Anforderungen am Tisch beginnt zu wüten und als Strafe zum Rektor muss) sähe also in Bezug auf den Schwerpunkt Verhalten wie folgt aus. Dabei sind wie in den anderen Kapiteln die inhaltlichen Randbereiche wie Kognition oder sprachliche Kompetenzen und weitere Spalten aus Platzgründen ausgeblendet. Die Verfahren SEN und SEED-2 wurden bereits im Kapitel zur Diagnostik der emotionalen Entwicklung thematisiert (▶ Kap. 8).

Tab. 9.2: Untersuchungsplanung und diagnostisches Raster zum Themenbereich Verhalten von Jan, 11;4 Jahre (eigene Darstellung)

Untersuchungsbereich	Differenzierung/Begründung	Methode/Verfahren
exekutive Funktionen	• Arbeitsgedächtnis • Flexibilität • Inhibition • Regulation von Affekten	BRIEF-E und BRIEF-L
sozial-emotionale Entwicklung	sozial-emotionales Entwicklungsniveau	SEN oder SEED-2 Vineland-3
Verhaltensauffälligkeiten	• disruptiv/antisozial • Selbstabsorbierung • Kommunikationsstörung • Angst • soziale Beziehungsstörung	VFE-L
Funktionale Verhaltensanalyse – Vorbereitung	vorbereitende Befragungen	• MOAS-D • FAST-D • Befragung der Eltern und Lehrkräfte
Funktionale Verhaltensanalyse – Durchführung	Häufigkeiten zählen	informelle Erhebung
	ABC-Protokoll über einen Zeitraum	selbst erstelltes Protokoll
	Hypothese(n) über Funktion	selbst erstellter Bogen
	Überlegungen zu Veränderungen	selbst erstellter Bogen

9.4 Vorstellung eines Verfahrens: Funktionale Verhaltensanalyse

Wie oben dargestellt entstehen Verhaltensauffälligkeiten in einem komplexen Zusammenwirken von verschiedenen Faktoren. Sehr relevant sind dabei die (ungewollten) Verstärkungen durch die Reaktionen der Bezugspersonen, die dazu führen, dass das Kind das Verhalten als lohnend empfindet. Diese gilt es aufzuspüren und zu verändern.

Das Vorgehen soll nachfolgend zunächst allgemein bzw. an unterschiedlichen Beispielen dargestellt werden, bevor es dann auf das Fallbeispiel von Jan übertragen wird. Auf diese Weise werden unterschiedliche Situationen thematisiert, um den Transfer auf die eigenen Situationen in der Klasse zu erleichtern. Wie die Bezeichnung »Funktionale Verhaltensanalyse« andeutet, soll mit diesem Verfahren die Funktion, die das Verhalten für das Kind hat, herausgefunden, also analysiert werden (Sarimski 2009; Janz & Klauß 2016; Borg-Laufs 2020).

Das Kernstück der Funktionalen Verhaltensanalyse sind Beobachtungen und gemeinsame Überlegungen dazu, welche Zusammenhänge möglicherweise vorhanden sind, die aber bislang übersehen wurden. Zunächst wird nachfolgend überblicksartig das Vorgehen skizziert, bevor auf die einzelnen Schritte konkreter eingegangen wird:

1. Einigung im Team auf das Verhalten, das im Fokus steht
2. Befragungen von Bezugspersonen und Lehrkräften zum Auftreten und zu den bisherigen Interventionsversuchen
3. Zählen der Häufigkeiten anhand eines Tagesprotokolls über einige Tage
4. Notieren konkreter Beobachtungen im ABC-Protokoll (Auslöser, Verhalten, Folgen) über einen Zeitraum hinweg
5. Bündeln der Beobachtungen zu typischen auslösenden Situationen und üblichen Reaktionen der Bezugspersonen, Aufspüren von ungewollten Verstärkungen
6. Aufstellen von Hypothesen zu den guten Gründen und zur Funktion
7. Anstellen von Überlegungen zu notwendigen alternativen Kompetenzen, die das Kind braucht, um diese Funktion, dieses Ziel anders als durch das bisherige Verhalten zu erreichen
8. Anstellen von Überlegungen zu notwendigen Veränderungen der Auslöser
9. Anstellen von Überlegungen zu notwendigen Veränderungen der Folgen (Verstärkungen vermeiden und trotzdem die Funktion im Blick behalten)

(1)   Einigung im Team auf das Verhalten, das im Fokus steht

Zunächst ist es relevant, dass geklärt wird, ob alle Teammitglieder über das gleiche Verhalten des Kindes sprechen, das sie als besonders störend oder auffällig empfinden. Dazu können die standardisierten Fragebögen VFE-L oder MOAS-D dienen. Das Team einigt sich dann auf ein Verhalten, das im Zentrum der anstehenden Funktionalen Verhaltensanalyse stehen soll. Im nachfolgend durchgespielten Beispiel geht es um die Schülerin Anne, die sich immer wieder ins Gesicht schlägt. Anne kommuniziert nicht lautsprachlich.

9.4 Vorstellung eines Verfahrens: Funktionale Verhaltensanalyse

(2) Befragungen von Bezugspersonen und Lehrkräften zum Auftreten und zu bisherigen Interventionsversuchen durchführen

Bevor es in die konkreten Beobachtungen geht, werden zusätzlich Informationen im Team zusammengetragen. Seit wann tritt das Verhalten auf? Wie äußert es sich? Welche Meinungen gibt es zu seinen Ursachen? Was sagen die Eltern? Das kann informell geschehen, hilfreich können aber auch Bögen sein wie der FAST-D (Schanze & Hemmer-Schanze 2019), der den Lehrkräften bereits erste Hinweise auf vermutete Zusammenhänge aufzeigt.

Wichtig ist dabei, dass man an dieser Stelle nicht verharrt und meint, man habe die Lösung schon gefunden. Das Geschehen ist sehr komplex und manche Erkenntnisse dazu, was in welcher Form verstärkend wirkt, bzw. welche Auslöser eine Rolle spielen, erschließen sich erst in der genauen Betrachtung (siehe Infokasten »Praxis – Ungewollte Verstärkung«).

Praxis
Ungewollte Verstärkung
Wenn ein Kind nach einem Wutausbruch zur Strafe mit körperlichem Einsatz der Lehrperson aus dem Raum getragen wird, ist die Hypothese, dass es sich möglicherweise den damit verbundenen Körperkontakt wünscht, nicht auf den ersten Blick erkennbar – ist doch das »Aus-dem-Raum-Zerren« nicht unbedingt schön. Wenn das Kind allerdings sonst gar keinen Körperkontakt hat, könnte das bspw. eine Funktion sein, die man auf den ersten Blick nicht erkennt, sondern erst, wenn man alle Aspekte der Folgen des Verhaltens sehr differenziert in den Blick nimmt. In diesem Fall wäre die Berührung eine positive Verstärkung. Gleichzeitig kann man darin eine negative Verstärkung sehen, weil es aus dem Raum entfernt wird, was vielleicht (je nachdem, was dort aktuell stattfindet) in dem Moment eine Entlastung darstellt.

Ein anderes Beispiel: Ein Kind wird für sein Verhalten streng verbal gemaßregelt. Die Lehrkraft ist verärgert und spricht es überzogen laut an. Für das Kind kann dieses laute Schimpfen dennoch eine positive Verstärkung darstellen, weil es in dem Moment die ungeteilte Aufmerksamkeit der Lehrperson hat.

(3) Zählen der Häufigkeiten anhand eines Tagesprotokolls über einige Tage

Die Auftretenshäufigkeit des Verhaltens wird daher zunächst über einen gewissen Zeitraum mit einer einfachen Strichliste erfasst (▶ Tab. 9.3). Das ist wenig aufwändig und liefert sowohl eine Baseline über die Häufigkeit vor einer Intervention als auch bereits wichtige Hinweise zu möglichen Zusammenhängen.

Tab. 9.3: Einfache Strichliste zum Auftreten des Verhaltens – Beispiel (eigene Darstellung)

Name des Kindes: Anne zu beobachtendes Verhalten: schlägt sich an den Kopf			
Zeit	Montag	Dienstag	Mittwoch
08.00 bis 08.30 Uhr		IIII	
08.30 bis 09.00 Uhr			
09.00 bis 09.30 Uhr	III	IIII	IIII II
09.30 bis 10.00 Uhr	II	I	
10.00 bis 10.30 Uhr		III	III

Schaut man sich diese Tabelle an, fällt zunächst auf, dass es Zeiten gibt, an denen das Verhalten gar nicht auftritt. Das ist eine wichtige Erkenntnis, weil Verhaltensauffälligkeiten für die betroffenen Lehrkräfte so belastend sind, dass sie manchmal schon das Gefühl haben, »das Kind stört permanent und ist auffällig«. Hier sieht man, dass das nicht stimmt und dass es durchaus längere Phasen gibt, in denen das Verhalten nicht auftritt.

Als nächstes fällt auf, dass das Verhalten besonders oft zwischen 09:00 Uhr und 09:30 Uhr auftritt. Das ist in dieser Klasse die Übergangszeit zwischen dem ersten Block (u. a. Aufräumen) und Frühstück – eine eher unstrukturierte Situation. Außerdem fällt auf, dass das Verhalten Dienstagmorgens oft auftritt. Man überlegt also, was an diesem Tag los war, welche Lehrperson anwesend war, ob etwas vorgefallen ist, welches Fach unterrichtet wurde etc.

Auch an dieser Stelle ist es wiederum wichtig, hier nicht zu verharren und zu denken, nun habe man die Auslöser gefunden. Es sind lediglich erste Hinweise und man kann noch keinerlei Aussagen zu möglichen Verstärkungsmechanismen treffen. Damit sich das Verhalten für das Kind aber »lohnt«, sind es genau diese Verstärkungen, die man nun aufspüren möchte.

(4) Notieren konkreter Beobachtungen im ABC-Protokoll (Auslöser, Verhalten, Folgen) über einen Zeitraum hinweg

Auf die einfache Zählung der Häufigkeit folgt nun das ABC-Protokoll (▶ Tab. 9.4), in dem möglichst detailliert notiert wird, welche Situation vorlag, als das Verhalten auftrat, und welche Reaktion der Bezugsperson folgte. Hierbei steht (nach Bienstein 2016, 258)

- A für *Antecedence* (Vorhergehendes, Auslöser),
- B für *Behavior* (das zu beobachtende Verhalten des Kindes) und
- C für *Consequences* (die hieraus hervorgehenden Konsequenzen).

Tab. 9.4: ABC-Protokoll mit typischen Situationen und Folgen (eigene Darstellung)

Was geht voraus? (Auslöser)	Was macht das Kind? *(Verhalten)*	Was folgt danach? (Konsequenzen)
Zwei Lehrkräfte sprechen miteinander.	Anne schlägt sich mit der Faust gegen die Schläfe.	Die Lehrkräfte unterbrechen das Gespräch, halten Annes Hände fest und reden beruhigend mit ihr.
Der Lehrer fordert Anne auf, etwas wegzuräumen.	Anne schlägt sich vor den Mund.	Der Lehrer räumt die Sachen schnell selbst weg.
Der Lehrer fordert Anne wiederholt auf, ihren Rucksack ins Regal zu legen.	Anne schlägt sich vor den Mund.	Der Lehrer schimpft mit ihr. Der Rucksack bleibt liegen.
Das Essen verspätet sich, alle sitzen am Tisch und unterhalten sich.	Anne schlägt sich.	Die Lehrerin setzt sich neben sie und redet leise mit ihr.

(5) Bündeln der Beobachtungen zu typischen auslösenden Situationen und üblichen Reaktionen der Bezugspersonen, Aufspüren von ungewollten Verstärkungen

Die im ABC-Protokoll festgehaltenen Beobachtungen werden nun in typische Situationen gebündelt, um mögliche Verstärkungen aufzuspüren. An dieser Stelle wird das Raster der Funktionalen Verhaltensanalyse (▶ Abb. 9.2) verwendet, um die gebündelten Informationen übersichtlich darzustellen (Janz & Klauß 2016, 27).

Wenn man sich diese gesammelten Aspekte zur Schülerin Anne anschaut, erkennt man verschiedene Situationen, in denen das selbstverletzende

Verhalten auftritt: Zum einen sind es solche, in denen Anne etwas wegräumen soll, zum anderen sind es Situationen, in denen sich andere Personen unterhalten. Diese Beobachtungen werden (links) und zeitgleich mit den dazugehörigen und ebenfalls gebündelten Folgen (rechts) in das Raster eingetragen.

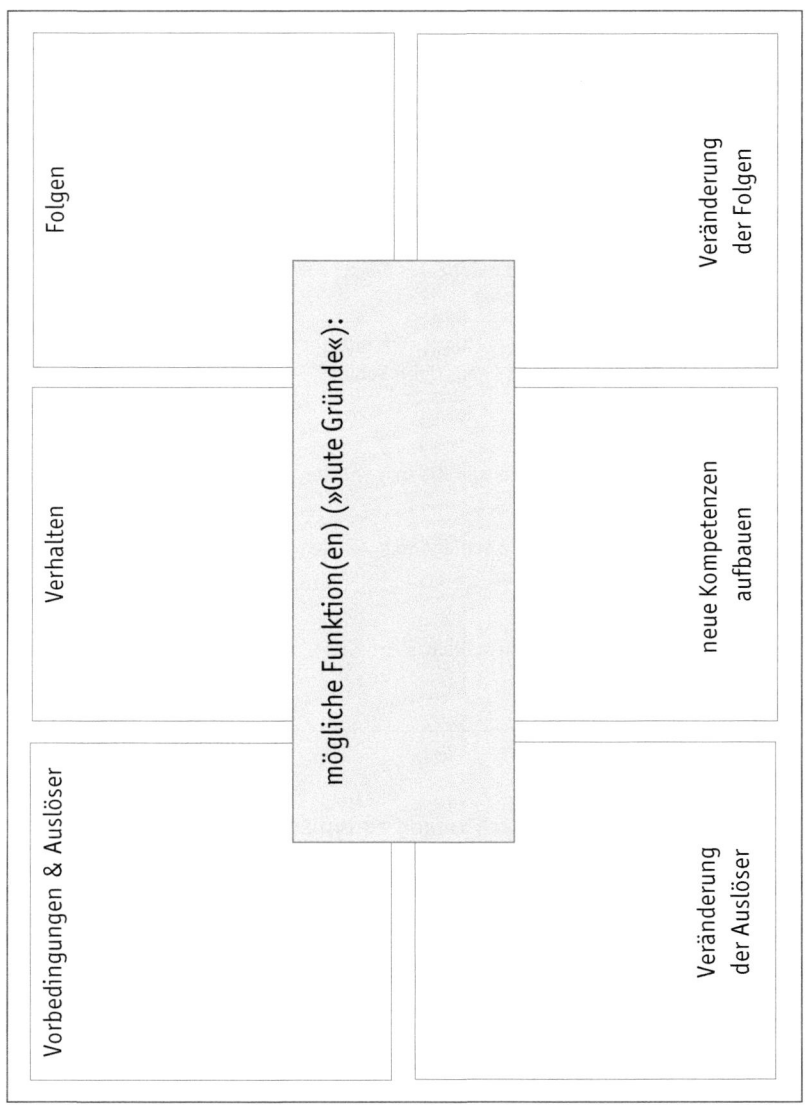

Abb. 9.2: Raster zur Funktionalen Verhaltensanalyse (Janz & Klauß 2016, 27)

Eine oberflächliche Betrachtung der Konsequenzen bzw. Folgen zeigt (auch ohne Funktionale Verhaltensanalyse) zunächst zwei ganz offensichtliche Verstärkungen:

- *positive Verstärkung:* Zuwendung durch die Lehrperson (als Folge der Selbstverletzung)
- *negative Verstärkung:* Das Aufräumen wird umgangen (als Folge der Selbstverletzung)

Damit sind allerdings nicht alle möglichen Verstärkungen aufgespürt! Eine differenzierte Betrachtung unter Einbeziehung aller Möglichkeiten zeigt noch einige versteckte mögliche Verstärkungen auf:

- *positive Verstärkung:* Das Schimpfen als Folge der Selbstverletzung ist, da es auch eine Form der Aufmerksamkeit ist, durchaus eine mögliche positive Verstärkung (vgl. hierzu Infokasten »Praxis – Ungewollte Verstärkung«).
- *negative Verstärkung:* Die Unterhaltung stoppt, dadurch fällt möglicherweise etwas für das Kind Negatives weg – vielleicht sprachen die Lehrpersonen gerade über einen möglichen Personalwechsel oder über ein für Anne unangenehmes Thema. Vielleicht war es ihr zu laut am Tisch, als alle sprachen (hier sind verschiedene Verstärkungsmechanismen denkbar).

(6)   Aufstellen von Hypothesen zu den guten Gründen und zur Funktion

Im nächsten Schritt werden nun mögliche Funktionen (»gute Gründe«) des Verhaltens formuliert. Im Fall von Anne sind vier Funktionen denkbar:

- dem Aufräumen entgehen
- Aufmerksamkeit erhalten
- berührt werden
- Gespräche stoppen

Diese möglichen Funktionen werden in der Mitte des Rasters eingetragen (▶ Abb. 9.2). Für die weiteren Überlegungen ist es sinnvoll, sich zunächst vornehmlich auf eine oder zwei Funktionen zu fokussieren, weil es sonst schnell unübersichtlich wird. Analog können auch weitere Funktionen später bearbeitet werden. Im vorliegenden Fall werden die beiden folgenden Funktionen näher betrachtet: (1) *Aufmerksamkeit erhalten* und (2) *dem Aufräumen entgehen*.

(7) Anstellen von Überlegungen zu notwendigen alternativen Kompetenzen, die das Kind braucht, um diese Funktion, dieses Ziel anders als durch das bisherige Verhalten zu erreichen

Wenn Anne diese beiden Funktionen (1) *Aufmerksamkeit erhalten* und (2) *dem Aufräumen entgehen* aktuell durch ihr selbstverletzendes Verhalten erreicht – welche alternativen Kompetenzen braucht sie, um ihre Bedürfnisse nach Aufmerksamkeit und nach Umgehen des Aufräumens anders zu äußern als durch Selbstverletzung?

Anne spricht nicht und scheint ihre Bedürfnisse aktuell teilweise über das selbstverletzende Verhalten zu äußern. Es liegt daher nahe, ihre kommunikativen Kompetenzen durch Unterstützte Kommunikation (UK) zu unterstützen und ihr beispielsweise eine Hilfe-Karte zu geben, die sie bei Bedarf ziehen kann, wenn sie bspw. Unterstützung beim Aufräumen benötigt, oder eine Auszeit-Karte, wenn es ihr zu viel ist, oder eine Komm-her-Karte, wenn sie Aufmerksamkeit benötigt (zur UK außerdem ▶ Kap. 10).

(8) Anstellen von Überlegungen zu notwendigen Veränderungen der Auslöser

Eine der herausgearbeiteten auslösenden Situationen ist das Aufräumen, es liegt also nahe, sich die Aufräumsituation genauer anzuschauen (Auswahl): Ist es zu viel, ist es zu unstrukturiert? Hat jedes Kind feste Aufgaben? Kann es überhaupt aufräumen, weiß also, wo welche Dinge hingehören? Kommt die Aufforderung unangekündigt? Kann das Kind selbst bestimmen? Bekommt es Hilfe?

Zunächst gilt es, die Aufräumsituation zu analysieren und dann gezielt zu verändern, beispielsweise durch folgende Ideen:

- Ankündigen durch akustisches Signal (Ritualisierung)
- Aufräumlied zur Motivation
- kleine Portionen verteilen, die klar weggeräumt werden können
- Klassenstrukturen (Ordnungen herstellen, wo was einzuräumen ist)
- Loben, nachdem etwas weggeräumt wurde

Zunächst kann es auch hilfreich sein, gemeinsam (unterstützend) aufzuräumen, um das Aufräumen zu erlernen (nicht selten ist dies Kindern nicht bekannt, es wird ihnen auch nicht zugetraut). Damit wäre dann auch gleich die Funktion der Aufmerksamkeit erfasst, weil in der gemeinsamen Situation ja Aufmerksamkeit geschenkt wird.

9.4 Vorstellung eines Verfahrens: Funktionale Verhaltensanalyse

(9) Anstellen von Überlegungen zu notwendigen Veränderungen der Folgen (Verstärkungen vermeiden und trotzdem die Funktion im Blick behalten)

Es ist nun nicht zu erwarten, dass ein Kind ein über Jahre gut funktionierendes System einfach so aufgibt und nie mehr auf das (wenn auch dysfunktionale, so doch bewährte) Verhalten zurückgreift – besonders, wenn es durch Reaktionen in der Umwelt verstärkt wurde. Wichtig ist daher, sich vorab zu überlegen, wie man als Lehrperson zukünftig reagieren wird, wenn das Verhalten erneut auftritt, um es nicht weiterhin zu verstärken. Eine häufige Lösung in der Praxis ist: »Dann führen wir ein klärendes Gespräch mit der Schülerin oder dem Schüler.« Dabei wird offenbar nicht bedacht, dass dies, wenn es die direkte Folge auf das unerwünschte Verhalten ist, wiederum Aufmerksamkeit bedeutet. Denn so lernt das Kind implizit folgenden Ablauf: »Ich muss mich erst auffällig verhalten und danach führt die Lehrkraft dann ein intensives Zwiegespräch mit mir.«

Nun ist es aber natürlich keine Lösung, die Aufmerksamkeit komplett zu streichen, denn das Kind hat ja offenbar das berechtigte Bedürfnis danach. Wichtig ist nur, dass man diese Aufmerksamkeit fortan nicht mehr in Situationen gibt, in denen auffälliges Verhalten voranging ist, sondern in anderen Situationen. Diese Zusammenhänge aufzuspüren ist schwierig und erfordert eine professionelle Haltung: Man ist als Lehrkraft mit einem auffälligen Kind oft froh, wenn endlich einmal Ruhe ist. Die Beziehung ist häufig schon so belastet, dass man keinen Impuls verspürt, sich näher mit dem Kind zu befassen. Dennoch ist das die einzige Möglichkeit, den Teufelskreis zu durchbrechen. Ein gutes Vorgehen ist in diesem Fall die sogenannte Banking Time (Neuhauser & Mohr 2023; Vogel 2019). Hier wird bewusst Zeit mit dem Kind verbracht, in der eine Art Beziehungskapital angespart werden kann. Dies findet für einen gewissen Zeitraum verlässlich mehrmals in der Woche statt – und das Kind bestimmt, was gemeinsam gemacht wird (siehe Exkurs »Banking Time«).

Exkurs
Banking Time

Das Konzept *Banking Time* (Neuhauser & Mohr 2023; Vogel 2019) hat seine Wurzeln in der Familientherapie und wurde für den sonderpädagogischen Kontext durch Prof. Robert Pianta (University of Virginia) angepasst (Williford & Pianta 2020). Es ist für Situationen geeignet, in denen die Beziehungen bereits sehr belastet sind oder belastet zu werden drohen

(Neuhauser & Mohr 2023; ausführlich hierzu außerdem Mohr & Neuhauser i. V.).

Das Konzept sieht vor, dass die Lehrperson mehrmals pro Woche (als Empfehlung: dreimal) eine feste Zeit von fünf bis 15 Minuten für einen ausgewählten Schüler oder eine Schülerin reserviert und mit ihm oder ihr Zeit verbringt. Während dieser Zeit, der Banking Time wird Beziehungskapital angespart (daher der Name). Dieses Kapital, bestehend aus positiven Erfahrungen gemeinsamen Tuns, stellt eine entscheidende Ressource dar, um Konflikte im Klassenzimmer zu entschärfen und konstruktiver zu lösen.

Die Gestaltung dieser Zeit liegt ganz beim Kind, die Lehrperson lehrt nicht, sondern macht nur mit. Das Kind bestimmt, womit es sich beschäftigt: sei es ein Spiel, eine kreative Beschäftigung oder eine andere Tätigkeit. Die Lehrperson verhält sich aufmerksam, begleitend, kommentierend, aber neutral: Sie verzichtet auf Wertungen und eigene Vorschläge, auf Lob oder Tadel. So weit es geht, liegt die Steuerung der Interaktion beim Kind. Die Lehrperson und die Schülerin oder der Schüler erleben den Umgang miteinander durch diese Zeit auf eine neue, unbelastete Weise.

Die Zeiträume sind explizit so kurz gewählt, damit wenig Verhaltensauffälligkeiten auftreten und positive Erfahrungen möglich werden. Durch den professionellen Umgang der Lehrperson erhält das Kind verschiedene Beziehungsbotschaften: »Bei mir bist du sicher!«, »Ich interessiere mich für dich!«, »Ich bin verlässlich!«, »Ich bin da, auch wenn es schwierig ist!«.

Wichtig ist darum, dass die Termine immer stattfinden, dass sie nie zur Strafe ausfallen oder aus Unachtsamkeit vergessen werden. Auch sollen sie nicht als Belohnung stattfinden, sondern ganz regulär zum Alltag gehören. Unter folgendem Link finden sich weitere Hinweise sowie zwei Videos zum Thema: https://www.hfh.ch → Suchbegriff: Banking Time Beziehungskapital ansparen.

Weiterführende Literatur (Banking Time)

Mohr, L. & Neuhauser, A. (i. V.): Banking Time. Beziehungen stärken, herausforderndes Verhalten mindern. Ein Manual für Lehrkräfte aller Schulformen. Stuttgart: Kohlhammer.

Neuhauser, A. & Mohr, L. (2023): Banking Time. Wirksamkeit einer beziehungsorientierten Intervention bei auffälligem Verhalten. In: Schweizerische Zeitschrift für Heilpädagogik 4 (29) 40–49 (https://doi.org/10.57161/z2023-04-07)

Vogel, D. (2019): Banking-Time – ein beziehungsorientierter Umgang mit auffälligem Verhalten. In: Schweizerische Zeitschrift für Heilpädagogik 3 (25) 33–40.

Weitere konkrete Ideen für Veränderungen der Folgen wären:

- in Situationen Aufmerksamkeit schenken, in denen das Kind sich nicht verletzt
- nicht für das Kind zu Ende aufräumen
- Verstärkung von kleinen Schritten, sodass es Erfolge sieht

9.5 Ergebnisse der Diagnostik und Schlüsse für die Förderung

Um zu demonstrieren, wie das Vorgehen auch auf andere Situationen übertragen werden kann, wird das Fallbeispiel von Jan (▶ Kap. 9.1) noch einmal aufgegriffen:

Die Sonderpädagogin führt gemeinsam mit dem Klassenlehrer eine Funktionale Verhaltensanalyse durch. Die erste Häufigkeitszählung (▶ Tab. 9.3) ergibt, dass Jan nicht immer auffälliges Verhalten zeigt, sondern dass sich dies beim Klassenlehrer im Mathematikunterricht häuft, in dem viel mit Arbeitsblättern gearbeitet wird.

Als Konsequenz (dies zeigt die genauere Analyse) kommt Jan dann regelmäßig zur Strafe zum Rektor. Außerdem zeigt das ABC-Protokoll (▶ Tab. 9.4), dass er dabei immer von einer Assistenz (FSJ) dort hingebracht wird, die er sehr gerne mag, und dass der Klassenlehrer anschließend ein klärendes Gespräch mit ihm führt. Die Arbeitsblätter müssen beim Rektor nicht weiterbearbeitet werden, stattdessen hat dieser Blätter zum Heften und Lochen vorbereitet, mit denen Jan sich dort beschäftigen kann, bis er sich wieder beruhigt.

Das Team hat aus diesen Beobachtungen folgende mögliche Funktionen für das Verhalten herausgearbeitet. Jan möchte (1) den Mathematikblättern entgehen und (2) Aufmerksamkeit erhalten, bspw. durch den Rektor, die Assistenz (FSJler) oder den Klassenlehrer. Die Interventionen sehen nun folgendermaßen aus:

1. Die *auslösenden Mathematik-Arbeitsblätter* werden kritisch analysiert und verändert:
   * Passen sie zu Jans Kompetenzen? Es wird eine Mathe-Diagnostik mit dem MBK 0 eingeleitet (▶ Kap. 7).
   * Gibt es die Möglichkeit, mehr handlungsorientierte Aufgaben zu stellen?
   * Wie sind die Arbeitsblätter strukturiert (Menge, Darstellung)?
   * Falls doch Arbeitsblätter eingesetzt werden, beginnen sie immer mit einer sehr einfachen Aufgabe, entsprechen ansonsten dem Leistungsniveau und sind nicht zu voll?
   * Wären ggf. digitale Zugänge (bspw. Budenberg, Lernwerkstatt, ANTON) denkbar bzw. zielführend?
2. Die *Verstärkungen* werden abgestellt und gleichzeitig die Bedürfnisse von Jan berücksichtigt:
   * Jan kommt nicht mehr als Strafe für seine Verweigerung und Aggression zum Rektor, sondern es wird ausgemacht, dass er eine Zeitlang regelmäßig Zeit dort verbringen darf, und dort heftet und locht.
   * Die Aufgaben werden (wenn sich nach Überprüfung der Mathematikkompetenzen herausstellt, dass sie zu seinen Fähigkeiten passend waren) nicht mehr als Folge auf das aggressive Verhalten erlassen, sondern Jan soll die Möglichkeit bekommen, sich durch eine Hilfe-Karte Unterstützung bei der Bearbeitung zu erbitten. Diese Unterstützung sollte (zumindest zunächst) vorzugsweise durch die Assistenz erfolgen, die er sehr gerne mag.
   * Wenn die Arbeitsblätter nicht passend waren, werden sie angepasst (inhaltlich, methodisch).
   * Auf die engagierte Bearbeitung von Arbeitsblättern wird explizit mit Lob und Aufmerksamkeit reagiert.

Nach einiger Zeit zeigte sich, dass das aggressive Verhalten tatsächlich abnahm, zum einen, weil die auslösenden Bedingungen sich verändert hatten und Jan nicht mehr so häufig in Überforderungssituationen geriet, und zum anderen dadurch, dass die Bedürfnisse, die hinter dem Verhalten steckten, anders erfüllt werden konnten, als durch aggressives Verhalten.

Es ist klar, dass man nicht jedes Verhalten auf diese Weise lösen kann: Manche Funktionen des Verhaltens lassen sich nicht aufspüren, manche Zusammenhänge sind einfach zu komplex (verwiesen sei an dieser Stelle auf die interdisziplinäre Kooperation auch mit der Kinder- und Jugendpsychiatrie) (Hapfelmeier 2021). Aber die Erfahrung zeigt, dass es sich immer lohnt, eine Funktionale Verhaltensanalyse durchzuführen, wenn man mit dem

Verhalten eines Kindes nicht mehr weiterkommt. Allein die Beschäftigung mit den Gründen, die ein Verhalten haben kann, mit der dahinterstehenden Not für das Kind, trägt zu einem anderen Klima in der Klasse bei und kann bereits Veränderungen unterstützen.

> **Weiterführende Literatur** (Grundlagen)
>
> ISB – Staatsinstitut für Schulqualität und Bildungsforschung (Hrsg.) (2017): Wenn Schüler mit geistiger Behinderung verhaltensauffällig sind. Konzepte und Praxisimpulse. München: Ernst Reinhardt.
> Sappok, T. (Hrsg.) (2023): Psychische Gesundheit bei Störungen der Intelligenzentwicklung. Ein Lehrbuch für die Praxis. Stuttgart: Kohlhammer.
> Schäfer, H. & Mohr, L. (Hrsg.) (2018): Psychische Störungen im Förderschwerpunkt geistige Entwicklung. Grundlagen und Handlungsoptionen in Schule und Unterricht. Weinheim: Beltz.
> Schanze, Ch. & Sappok, T. (Hrsg.) (2024): Störungen der Intelligenzentwicklung. Grundlagen der psychiatrischen Versorgung, Diagnostik und Therapie. Aktualisiert nach ICD-11. Stuttgart: Schattauer.

10 Sprache und Kommunikation

10.1 Fallbeispiel

Mariella ist ein 8;7-jähriges Mädchen mit Trisomie 21. Die Familiensprache ist Deutsch. Mariella spricht in der Schule nur wenig und ist aufgrund ihrer Mundmotorik nur schwer verständlich – sie scheint aber mehr zu verstehen. »Wie viel sie aber wirklich spricht oder versteht, weiß ich gar nicht!«, meint die Sonderpädagogin. »Das Problem ist ja irgendwie auch, dass solche Sprachentwicklungstests eher für jüngere Kinder sind, sie ist ja nun schon acht Jahre alt.«

10.2 Theoretische Grundlagen

Im Fallbeispiel wird erneut ein grundlegendes Problem in der Diagnostik bei Kindern und Jugendlichen mit intellektueller Beeinträchtigung angesprochen (▶ Kap. 2.5): Oftmals sind ihre Kompetenzen nicht dem Lebensalter entsprechend, sondern entsprechen eher den Kompetenzen von Kindern jüngeren Alters ohne Behinderung. Im Bereich der Sprache kann dabei häufig weder von ihrem Lebensalter noch von ihrem kognitiven Entwicklungsalter auf ihre sprachlichen Kompetenzen geschlossen werden, die Entwicklung verläuft in diesem Bereich äußerst individuell (vgl. Aktas 2017, 221 ff.).

Es ist daher relevant, sich zunächst mit der typischen Entwicklung der sprachlichen und kommunikativen Kompetenzen vertraut zu machen, um davon ausgehend zu entscheiden, welches diagnostische Vorgehen sinnvoll sein könnte. Aus Platzgründen beschränken wir uns nachfolgend auf den Erstspracherwerb. Für die Besonderheiten beim gleichzeitigen Erwerb zweier Erstsprachen ebenso wie für den Erwerb von Deutsch als Zweitsprache sei auf nachstehende Literatur verwiesen.

Weiterführende Literatur (Sprache und DaZ)

Tracy, R. (2008): Wie Kinder Sprachen lernen: Und wie wir sie dabei unterstützen können. Tübingen: Francke.
Tracy, R. & Schulz, P. (2012): Ein neuer Sprachtest für Kinder mit DaZ: Linguistische Sprachstandsdiagnostik Deutsch als Zweitsprache (LiSe-DaZ). In: Frühe Bildung 1 (2) 111–113. (https://doi.org/10.1026/2191-9186/a000039)

Der Erwerb der Sprache ist eine zentrale Aufgabe der (frühen) Kindheit, die wesentlichen Meilensteine des Spracherwerbs sind bei unbeeinträchtigter Entwicklung mit Schuleintritt erreicht (Sachse, Bockmann & Buschmann 2020, 38). Die erworbenen Fähigkeiten differenzieren sich auch danach noch weiter aus, allerdings in verlangsamtem Tempo, was individuell sehr unterschiedlich sein kann. Dabei geht das Sprachverständnis, also die Wahrnehmung und Rezeption von Sprache einer aktiven Sprachproduktion stets voraus.

Kinder kommunizieren bereits von Anfang an mit ihren Bezugspersonen, sie vokalisieren, schauen auf Gegenstände und Personen und verfolgen diese mit dem Blick, sie präferieren Gesichter vor Gegenständen und reagieren auf die Stimme und Sprache ihrer Eltern, sie halten und beenden den Blickkontakt und sie reagieren mit Körperspannung und Mimik. Sie sind also in Bezug auf die Kommunikation sogenannte kompetente Säuglinge (Dornes 2018). Bevor Kinder allerdings tatsächlich erste Worte sprechen, durchlaufen sie nach Kane (1992) und Sarimski (2020b, 409) fünf Phasen der vorsprachlichen Entwicklung:

1. reaktive, reflexhafte Verhaltensweisen
2. zielgerichtete, gegenstandsbezogene Verhaltensweisen
3. intentionale, partnerbezogene Verhaltensweisen
4. konventionelle Gesten
5. symbolische Verhaltensweisen

Auf welcher Stufe (besser bezeichnet als Phase) der vorsprachlichen Kommunikation sich ein Kind befindet, lässt sich diagnostisch in Alltagssituationen feststellen: Kinder kommunizieren dann,

- wenn sie etwas haben wollen (*fordern*),
- wenn sie etwas nicht haben oder nicht erleben wollen (*protestieren*)

- oder wenn sie etwas kommentieren wollen, was ihnen aufgefallen ist *(kommentieren)*

(Rotter, Kane & Gallé 1992, 3 f.).

Je nach Entwicklungsstand beziehen sie dabei ihre Bezugsperson mehr oder weniger stark ein: Während ein Kind in Phase 2 beispielsweise ein interessantes Spielzeug intensiv anschauen würde, ohne die Bezugsperson einzubeziehen, würde ein Kind in der dritten, der partnerbezogenen Phase bereits den triangulären Blick einsetzen. Es würde dabei erst das interessante Spielzeug anschauen, dann die Bezugsperson und wieder zum Spielzeug zurück pendeln, sodass deutlich wird, dass sie in die Kommunikation einbezogen ist (weiterführend auch Damag & Haag 2019). In der Phase der konventionellen Gesten würde ein Kind dazu bspw. die »Bitte-bitte-Geste« machen (wenn es sie schon erlernt hat) und in der fünften Phase würde es erste Worte sprechen. Damit wäre der Grundstein für die Lautsprache gelegt. Dabei können sich für Kinder mit intellektueller Beeinträchtigung in allen Phasen Schwierigkeiten und ein daraus resultierender Unterstützungsbedarf ergeben.

Exkurs
Intensive Interaction
Manche Menschen mit intellektueller Beeinträchtigung befinden sich in einer sehr frühen Phase der vorsprachlichen Kommunikationsentwicklung und erwecken den Anschein, ganz in ihrer eigenen Welt zu sein und kaum Interesse an Interaktion zu haben. »Um Kontakt mit ihnen aufzubauen, müssen die Eltern lernen, auch Verhaltensweisen des Kindes aufzugreifen, die zunächst ungewöhnlich, unkonventionell und uneindeutig erscheinen mögen« (Sarimski 2024, 287). Gleiches gilt für die Lehrpersonen.

Das Konzept »Intensive Interaction« (Hewett 2018; Nind & Hewett 2001; Kellett & Nind 2003; Mourière & Smith 2021) stammt ursprünglich aus Großbritannien und wurde in der Praxis entwickelt. Es fußt auf der Idee, Aspekte aus der frühen Eltern-Kind-Interaktion zu nutzen, um so einen Kontakt zu Kindern und Jugendlichen mit intellektueller Beeinträchtigung herstellen zu können und einen Zugang zu ihnen zu bekommen. Die Prinzipien hat Sarimski (2024, 288) übersichtlich zusammengefasst:

- Beide (also Kind und Bezugsperson) sollen Vergnügen an der Interaktion haben.

- Die Bezugsperson passt ihre Verhaltensweisen so an, dass sie »bedeutungsvoll« für das Kind werden.
- Pausen, Wiederholungen und gemischte Rhythmen werden eingebaut.
- Jedem Verhalten des Kindes wird eine Bedeutung zugeschrieben; es wird unterstellt, dass das Kind damit etwas ausdrücken will.
- Die Antworten und Reaktionen auf Verhaltensweisen sollen prompt und angemessen (kontingent) erfolgen.

Ein zentrales Element ist (wie in der frühen Eltern-Kind-Interaktion auch) das Spiegeln und die damit verbundene Vorhersagbarkeit des Verhaltens, die ein hohes Maß an Sicherheit vermittelt. Indem Gegenstände berücksichtigt werden, die dem Kind vertraut sind, fühlt es sich ebenfalls sicher. Es werden (und das ist eine Situation, die das Kind im Alltag vermutlich sehr selten erlebt) bspw. auch Stereotypien imitiert oder gespiegelt. Wenn sich ein Kind in einer so frühen Phase der vorsprachlichen Kommunikationsentwicklung befindet, sind diese frühen Dialogelemente, in denen es sich selbstwirksam fühlen kann und erlebt, dass seine Äußerungen aufgegriffen werden, für den Einstieg in eine Interaktion elementar. Es zeigt sich in Einzelfallstudien, dass Kinder (und auch Erwachsene) durch dieses Sich-Einlassen der Bezugsperson auf die eigenen Äußerungen sowie Laute und Stereotypien, vermehrt Blickkontakt aufnehmen und halten können und ihrerseits in der Folge weitere Interaktionsangebote machen bzw. auch Angebote der Bezugsperson annehmen (Nind & Hewett 2001; Hewett 2018).

Beim Spracherwerb greifen verschiedene kognitive Kompetenzen ineinander (Aktas 2017, 222; Sarimski 2020b, 401 ff.). Ausgehend von Wahrnehmung und Aufmerksamkeitssteuerung in Bezug auf sprachlichen Input spielen neben Imitationsfähigkeiten und gemeinsamer Fokussierung (joint attention) auch kognitive Kompetenzen wie mentale Repräsentationen, Kategorienbildung, Symbolverständnis, phonologisches Arbeitsgedächtnis und Abruf aus dem Langzeitgedächtnis eine bedeutsame Rolle.

Sarimski (2020b) konkretisiert, dass bei Kindern mit intellektueller Beeinträchtigung von einer generell verlangsamten Informationsverarbeitung auszugehen ist, was sich auch auf die Geschwindigkeit des Spracherwerbs auswirkt. Kinder mit intellektueller Beeinträchtigung haben insbesondere häufig Probleme, irrelevante Reize zu hemmen, ihre Wahrnehmung auf das sprechende Gegenüber zu fokussieren und relevante Wortgrenzen zu unterscheiden. Auch gelingt ihnen die gemeinsame Fokussierung auf Dinge oder

Aktionen mit ihren Bezugspersonen schwerer, sodass sie die dazu sprachlich begleiteten Bedeutungen oftmals nicht adäquat mit diesen Dingen und Aktionen verknüpfen können (zur Kognition ▶ Kap. 2).

> **Lautsprache – Begriffsklärungen**
> Bei der Lautsprache lassen sich unterschiedliche miteinander in Bezug stehende Bereiche unterscheiden. Da diese Fachbegriffe sich auch in den gängigen Testverfahren finden lassen, werden sie hier kurz definiert (Sachse, Bockmann & Buschmann 2020, 38; Bußmann 2008, 534 ff.):
>
> - Als *Phonologie* wird die Lautlehre bezeichnet, es geht also um die Verwendung von Lauten und deren Rolle bzw. Stellenwert im (auch schriftlichen) Spracherwerb.
> - *Morphologie* ist die Wortbau- und Wortformenlehre, betrifft also bspw. die Konjugation der Verben oder die Deklination von Substantiven, die nötig ist, um Wörter in komplexeren Satzgefügen miteinander in Beziehung zu setzen.
> - Unter *Syntax* wird die Satzformenlehre also bspw. der korrekte Satzbau verstanden.
> - *Semantik* stellt die Lehre von den sprachlichen Bedeutungen dar, wobei man zwischen Satzsemantik und Wortsemantik (Wortschatz, Lexikon) unterscheidet.
> - *Pragmatik* ist die Lehre vom sprachlichen Handeln und meint die situationsadäquate Verwendung von Sprache.

Generell kann bei Kindern mit intellektueller Beeinträchtigung von einem verzögerten Spracherwerb ausgegangen werden, gleichwohl gibt es eine große Bandbreite der Entwicklungsverläufe und zudem auch syndromspezifische Besonderheiten in Bezug auf die spezifische Sprachentwicklung. So zeigen Kinder mit Trisomie 21 häufig weniger Kompetenzen im morphosyntaktischen Bereich und sind dagegen kompetenter in Bezug auf kommunikative und pragmatische Fähigkeiten (Ypsilanti & Grouios 2008; zit. nach Aktas 2017, 222).

Auch Sarimski (2020b, 403 ff.) beschreibt diese syndromspezifischen Entwicklungsverläufe und führt aus, dass sich Kinder mit Trisomie 21 bereits im Alter von zwei bis drei Jahren bezüglich ihrer sprachlichen Kompetenzen signifikant von Kindern mit einer intellektuellen Beeinträchtigung anderer Ätiologie unterscheiden: Ihre motorischen und sprachlichen Kompetenzen sind signifikant verzögert. »Das Gelingen der Aufmerksamkeitsabstimmung zwischen dem Kind und seinen Eltern korreliert signifikant mit dem Entwicklungsfortschritt des rezeptiven und produktiven Wortschatzes im weiteren Entwicklungsverlauf« (ebd., 404). Zudem haben sie offenbar eine größere Einschränkung in ihrem phonologischen Arbeitsgedächtnis, während der visuell-räumliche Notizblock häufig weniger eingeschränkt ist (ebd., 404). Eine generelle Stärke im visuell-räumlichen Arbeitsgedächtnis scheint sich nach der Metaanalyse von Kehl und Scholz (2021, 123) jedoch nicht zu bestätigen. Kinder mit Fragilem-X-Syndrom haben ebenfalls Probleme in der phonologischen Schleife des Arbeitsgedächtnisses, bei ihnen scheint aber auch das visuell-räumliche Arbeitsgedächtnis stärker beeinträchtigt zu sein, was sich letztlich auch auf die Handlungsplanung auswirkt.

Auf der Grundlage ihrer eigenen Forschung und dieser Ergebnisse kommt Aktas (2017) zu dem Schluss, dass ein spezifisches Modell der Sprachentwicklung für Kinder mit intellektueller Beeinträchtigung sinnvoll ist. Grundlage dafür bildet das Representational-Redescription-Modell (RR-Modell) der Sprachentwicklung nach Karmiloff-Smith, das durch Aktas erweitert wurde (Karmiloff-Smith 1996; zit. nach Aktas 2017, 224 ff.). Das RR-Modell geht zunächst davon aus, dass beim Spracherwerb sowohl quantitative als auch qualitative Veränderungen durchlaufen werden: In manchen Phasen findet demnach lediglich ein quantitativer Zuwachs statt (bspw. werden mehr Wörter aktiv gesprochen als vorher), in manchen Phasen treten qualitative Veränderungen auf, also quasi Quantensprünge, wie das Symbolverständnis, das zuvor noch nicht vorhanden war (Aktas 2017, 224).

Das für den hier adressierten Personenkreis spezifische Modell von Aktas (2017) gliedert sich in vier Phasen (die Monatsangaben beziehen sich auf Kinder ohne Beeinträchtigungen). Zur Erinnerung und Verknüpfung: Die soeben beschriebenen Phasen der vorsprachlichen Entwicklung von Kane (1992) lassen sich in die ersten beiden Phasen dieses Modells einordnen.

- Phase 1 – *vorsymbolisches Handeln* (bis zehn Monate): In dieser Phase reagiert der Säugling auf Kommunikationsangebote zunächst mit motorischen Reaktionen oder Vokalisationen (ohne dass diese als intentional bezeichnet würden). Später wird in dieser Phase auch das Verhalten des Interaktionspartners oder der Interaktionspartnerin durch Gesten oder Blicke beeinflusst, die Kommunikation wird intentional.
- Phase 2 – *implizites Symbolwissen* (zehn bis zwölf Monate): Hier werden symbolische Kommunikationsmittel wie Gesten, Lautmalereien oder Protowörter verwendet. Hier ist ein erster Quantensprung erfolgt, das Kind verwendet Gesten wie Zeigegesten, sagt beispielsweise »Lulli« zu seinem Schnuller oder winkt, wenn jemand aus der Tür geht. Die Voraussetzung

für diese Stufe ist das Symbolverständnis, also die Fähigkeit zu wissen, dass etwas für etwas anderes stehen kann.
- Phase 3 – *implizites Sprachwissen* (zweites bis fünftes Lebensjahr): Mit ca. einem Jahr werden zunächst diese Gesten und Vokalisationen allmählich durch Wörter ersetzt, es kommt dann zum sogenannten Wortschatzspurt mit sehr raschem Ausbau des Wortschatzes. Erste Wortkombinationen werden gebildet, in der kinderärztlichen U-Untersuchung im Alter von zwei Jahren wird beispielsweise gefragt, ob das Kind Zweiwortsätze bilden kann (das wäre demnach mit zwei Jahren eine Art kritische, zu erreichende Kompetenz). Die Kinder beginnen dann Regeln abzuleiten und diese bei Formulierungen selbst anzuwenden, wobei teilweise fehlerhafte Formen entstehen: »ich gehe – wir gehen«, »ich sitze – wir sitzen«, »ich bin – wir binnen«. Der Satzbau wird in den folgenden Jahren zunehmend korrekter, bis im Alter von ca. fünf Jahren ein weitgehend fehlerfreier Sprachgebrauch vorhanden ist.
- Phase 4 – *explizites Sprachwissen* (fünftes bis sechstes Lebensjahr): In dieser Phase lernt das Kind, sich quasi auf der Metaebene über Sprachregularitäten zu unterhalten, wodurch es sogenanntes explizites Sprachwissen erlangt. Es kann also bspw. Fehler in Sätzen erkennen und sich selbst (auch andere) verbessern (Aktas 2004, 49 ff.).

Der Übergang vom impliziten Symbolwissen zum impliziten Sprachwissen (also von Phase 2 zu Phase 3) stellt für viele Kinder mit einer intellektuellen Beeinträchtigung eine erhebliche Hürde dar. Nach Aktas (2017) braucht ein Kind dafür zum einen kommunikative Kompetenzen, also Interesse an Kommunikation, das Verständnis, dass man mit einem Wort eine Bedeutung ausdrücken kann, und auch die Erkenntnis, dass sich dies lohnt (zudem auch ein anregendes, Kommunikation zutrauendes Umfeld). Zum anderen muss es in der Lage sein, (sprachmotorisch) die Laute so zu bilden, dass sie verstanden werden können. In beiden Teilbereichen kann es zu (erheblichen) Problemen kommen, was den Spracherwerb beeinträchtigt.

Generell kann auch hier wieder (ähnlich wie bei vielen Entwicklungsbereichen) davon ausgegangen werden, dass die Entwicklung des Spracherwerbs zwar verlangsamt ist, sie aber prinzipiell analog zum Spracherwerb von Kindern ohne Einschränkungen verläuft (Aktas 2017, 227). Es gilt also (um auf das obige Fallbeispiel von Mariella zurückzukommen) die Kompetenzen von Kindern wie Mariella in Bezug auf diese verschiedenen Bereiche möglichst genau zu erfassen, um sie ggf. gezielt fördern zu können. Aktas hat dafür ein Vorgehen entwickelt, in dem zwei Sprachtests, der SETK-2 (Grimm 2016) für zweijährige Kinder und der SETK 3-5 (Grimm 2015) für drei- bis fünfjährige Kinder miteinander kombiniert werden, zum SETK-gB (Aktas 2017; ▶ Kap. 10.4).

Weiterführende Literatur (Sprache und Kommunikation)

Damag, A. & Haag, K. (2019): Kommunikation II: Sprachförderung. In: Schäfer, H. (Hrsg.): Handbuch Förderschwerpunkt geistige Entwicklung. Grundlagen – Spezifika – Fachorientierung – Lernfelder. Weinheim: Beltz. 413–422.
Engelhardt, M. & Krämer, T. (2021): »Was willst du mir mitteilen?« Komplexe Behinderung und Kommunikation. In: Lernen konkret 3 (40) 10–13.
Knebel, U. von (2021): Sprachdiagnostik und Sprachförderung. In: Schäfer, H. & Rittmeyer, Ch. (Hrsg.): Handbuch Inklusive Diagnostik. Kompetenzen feststellen – Entwicklungsbedarfe identifizieren – Förderplanung umsetzen. Weinheim: Beltz. 424–437.
Sachse, S., Bockmann, A.-K. & Buschmann, A. (Hrsg.) (2020): Sprachentwicklung – Entwicklung, Diagnostik und Förderung im Kleinkind - und Vorschulalter. Heidelberg: Springer. (https://doi.org/10.1007/978-3-662-60498-4)

10.3 Untersuchungsplanung und diagnostisches Raster

Wie dargestellt, lässt sich also weder vom Lebensalter eines Kindes mit intellektueller Beeinträchtigung noch vom mentalen Entwicklungsalter (das in diesem Fall mit einem sprachfreien Verfahren erfasst worden sein sollte) auf die sprachlichen Kompetenzen und damit auf die Testauswahl schließen. Ein achtjähriges Kind ohne intellektuelle Beeinträchtigung wird in der Regel relativ unbeeinträchtigt sprechen, seine Kompetenzen im Einzelnen könnten sicherlich mit dem SET 5-10 (Petermann 2018) adäquat erhoben werden. Würde der SET 5-10 allerdings bei einem Kind wie Mariella eingesetzt, würde sie vermutlich kaum ein Item lösen können. Damit wären also keinerlei qualitativ sinnvolle Aussagen zu ihren Kompetenzen möglich, sondern man könnte nur sagen (wie die Lehrerin im oben genannten Beispiel es ja implizit ebenfalls tut): »Sie kann nicht viel sprechen und wie viel sie versteht, kann ich leider auch nicht genau sagen.«

Es gilt also bei der Erstellung der Untersuchungsplanung und des diagnostischen Rasters zunächst einzugrenzen, ob bei dem zu untersuchenden

Kind überhaupt schon die Erfassung von Kompetenzen auf Satzebene möglich ist oder ob es aktuell erst Kompetenzen auf der Wortebene erworben hat.

Aktas (2017) hat genau für diese Fragen einen Leitfaden für die Diagnostik der sprachlichen Kompetenzen entwickelt, der sich als äußerst hilfreich erweist. Dabei wird zunächst durch den Untertest »Produktion Wörter« aus dem Sprachtest SETK-2 festgestellt, ob das Kind in der Lage ist, von den präsentierten 30 Wörtern mehr als 20 zu sprechen. Anschließend erfolgt, wenn im SETK-2 weniger als 20 Wörter gesprochen werden, die Befragung der Eltern mit dem ELFRA 2 (ein Fragebogen zur Erfassung von Risikokindern; Grimm, et al. 2019; Testverzeichnis in ▶ Kap. 14), sodass das Kind einer der drei Gruppen zugeordnet werden kann:

- Gruppe I: Überwiegend vorsprachlich kommunizierende Kinder: Sie sagen im SETK-2-Untertest »Produktion Wörter« nur sehr wenige Wörter und die Eltern geben im ELFRA 2 weniger als 50 Wörter an.
- Gruppe II: Beginnend sprachlich kommunizierende Kinder: Sie erreichen im SETK-2-Untertest zwar weniger als 20 Wörter, aber sprechen nach Elternauskunft mehr als 50 Wörter.
- Gruppe III: verbalsprachlich kommunizierende Kinder: Sie erreichen im SETK-2-Untertest mehr als 20 Wörter.

Die vier Verfahren (ELFRA-1, ELFRA-2, SETK-2 und SETK 3–5) decken nach Aktas (2017) zusammen die wichtigsten Aspekte der Sprachentwicklung ab. Sie schlägt vor, die Verfahren so zu kombinieren, dass sowohl Kompetenzen jüngerer Kinder als auch Kompetenzen älterer Kinder abgedeckt werden können und nennt diese Kombination ELFRA-gB und SETK-gB (Aktas 2017, 230–231). Dabei ist zu betonen, dass es sich nicht um ein gänzlich neues Verfahren handelt (so also auch nicht zu kaufen ist), sondern, dass (je nach Gruppe, der ein Kind zugeordnet wurde) nur wenige Veränderungen an der Reihenfolge der Untertests und einige Streichungen vorgenommen werden (Aktas 2012, 63). Auch die Auswertungsbögen und Normen der eigentlichen Verfahren werden verwendet (ausführlich hierzu ▶ Kap. 10.4).

Für Mariella könnte auf dieser Grundlage das folgende diagnostische Raster aufgestellt werden (▶ Tab. 10.1). Dabei sei nochmals betont, dass die Testauswahl hier ein Vorschlag ist, der zu diesem speziellen Kind gut passen würde. Es gibt sehr viele Verfahren, die man alternativ oder ergänzend (je nach Kenntnisstand und den eigenen Vorlieben der Testleitung) verwenden kann. Wichtig ist uns, das Verständnis dafür zu wecken, dass man mehr Informationen erhält, wenn man ein standardisiertes Vorgehen und standardisierte Verfahren wählt, als wenn man versucht, die sprachlichen und kommunikativen Kompetenzen irgendwie aus dem Verhalten im Alltag bei freien Beobachtungen zu erschließen. Nachfolgend wird analog zur bisherigen Vorgehensweise ein Verfahren dargestellt – in diesem Fall sind es zwei Verfahren (SETK-2 und SETK 3-5), die durch das Vorgehen von Aktas (2017) zum SETK-gB miteinander verknüpft werden.

Wie in allen Kapiteln wird darauf verwiesen, dass in diesem Beispiel für ein diagnostisches Raster für Mariella im Unterbereich Sprache (▶ Tab. 10.1) die Randbereiche wie Kognition, Arbeitsverhalten oder Ähnliches ausgeblendet sind, da der Fokus an dieser Stelle ausschließlich auf der Erfassung der sprachlichen Kompetenzen liegen soll.

Tab. 10.1: Untersuchungsplanung und diagnostisches Raster zur Erfassung der sprachlichen Kompetenzen von Mariella, 8;7 Jahre (eigene Darstellung)

Untersuchungsbereich	Differenzierung/Begründung	Methode/Verfahren
Sprachverständnis	• Sprachverständnis (Wortebene, Satzebene) • Morphologie und Syntax • Kategorisierungsfähigkeit • Symbolisierungsfähigkeit	• PPVT-4 • TASP MOD • Tipp-mal-App
Sprachproduktion	• Vorläufer • Sprachproduktion (produktiver Wortschatz) • Morphologie und Syntax • Lexikon und Semantik	Vorgehen nach Aktas: • SETK-2: Untertest Produktion 1: Wörter • ELFRA-Skala: Produktiver Wortschatz Je nach Ergebnis: Vorgehen nach Aktas mit dem SETK-gB, das heißt ausgewählte Teile aus: • SETK-2 • und SETK 3-5
Kommunikation und Interaktion	• Pragmatik • Kommunikationsverhalten • nonverbale Kommunikation und Interaktion	strukturierte Verhaltensbeobachtung • BKF-R Version 1.5. (zu Pragmatik) • Beobachtungen im Unterricht und in Einzelsituationen • Diagnosebögen von Boenisch und Sachse • Kommunikationsmatrix

Im diagnostischen Raster sind verschiedene Testverfahren genannt, die den unterschiedlichen Bereichen zugeordnet werden. Wenngleich der Fokus später auf dem SETK-gB (Aktas 2017) liegen soll, werden die anderen Vorschläge hier ebenfalls kurz vorgestellt.

10.3.1 Peabody Picture Vocabulary Test (PPVT-4)

Für den Bereich des Sprachverständnisses wird hier der »Peabody Picture Vocabulary Test« (PPVT-4) von Dunn und Dunn (dt. Bearbeitung Lenhard et al. 2015) vorgeschlagen. Mit diesem Test kann der passive Wortschatz von Kindern zwischen drei und 16 Jahren erfasst werden. Die Aufgaben sind immer gleichartig, dem Kind oder Jugendlichen werden jeweils vier Bilder präsentiert und es soll das Bild zu einem vorgegebenen Begriff heraussuchen. Es handelt sich um Substantive, Adjektive und Verben und die anderen Bilder sind sogenannte Distraktoren, also Ablenker, die aber nicht phonetisch ähnlich sind (Irblich 2018, 296; siehe den Kasten »Quellen und Hinweise Internet« in ▶ Kap. 10.3.4).

10.3.2 Diagnostiktest TASP (sowie TASP.MOD)

Der »Diagnostiktest TASP« zur Abklärung des Symbol- und Sprachverständnisses in der Unterstützten Kommunikation von Bruno (2015) in der deutschen Übersetzung von Maren Hansen ist ein Verfahren zur Analyse des Symbolverständnisses und des Sprachverständnisses, was besonders in der Unterstützten Kommunikation von großer Bedeutung ist. Da ein Vergleich mit altersgleichen Kindern nicht relevant ist, da Kinder ohne Beeinträchtigung im Laufe der ersten ein bis zwei Lebensjahre Symbolverständnis erwerben, ist der Test nicht normiert. Vor Einführung dieses aus der Praxis heraus entwickelten Verfahrens gab es keine standardisierte Möglichkeit, das Symbolverständnis zu erfassen.

Für Kinder und Jugendliche mit intellektueller Beeinträchtigung wurde in Deutschland 2013 zusätzlich zum TASP der TASP.MOD (MOD steht hier für modifiziert) veröffentlicht. Beim TASP.MOD liegen modifizierte Anweisungen zur Durchführung vor, unter anderem

- die Vereinfachung der verbalen Anweisungen in Satzlänge und Wortschatz,

- die gegebene Möglichkeit der dreifachen Wiederholung der verbalen Anweisung,
- die Option, festgelegte Wörter der verbalen Anweisungen sprachbegleitend zu gebärden, sowie
- der Einsatz von konkreten Beispielen bei der Erklärung der Untertests (Stegkemper & Scholz 2022, 3 ff.).

Hinsichtlich testtheoretischer Aspekte wurden die Gütekriterien Reliabilität, Validität und Praktikabilität belegt. Im oben genannten Raster findet der TASP.MOD Verwendung (weiterführend Bernasconi 2023; siehe den Kasten »Quellen und Hinweise Internet« in ▶ Kap. 10.3.4).

10.3.3 Die App »Tipp mal«

Als weiteres Verfahren findet sich im Raster die App »Tipp mal« (Leber & Vollert 2020). Diese zeichnet sich durch einen hohen Aufforderungscharakter aus und wird von Stegkemper und Scholz (2022, 14) mit Blick auf einzelne Untertests als »sinnvolle Ergänzung« zum TASP genannt. »Tipp mal« wurde 2016 von Irene Leber und Anja Vollert entwickelt und von Annette Kitzinger mit ihren METACOM-Symbolen illustriert. Benno Lauter programmierte das Verfahren für das iPad. Weiterführende Hinweise hierzu finden sich im Betrag von Leber (2024) im Lernen-konkret-Themenheft »Unterstützte Kommunikation« (siehe den Kasten »Quellen und Hinweise Internet« in ▶ Kap. 10.3.4).

10.3.4 Beobachtungsbogen zu kommunikativen Fähigkeiten – Revision (BKF-R, Version 1.5)

Für den Bereich der Kommunikation und Interaktion wird der »Beobachtungsbogen zu kommunikativen Fähigkeiten – Revision« (BKF-R, Version 1.5) genannt, ein strukturiertes Beobachtungsinstrument, das im Bereich der Unterstützten Kommunikation eingesetzt wird. Das Ziel ist, mehrere Personen zu befragen, sodass »Gemeinsamkeiten und Unterschiede in der Einschätzung verschiedener Bezugspersonen als Grundlage für eine möglichst optimale Kommunikationsförderung nutzbar« gemacht werden können (Scholz, Wagner & Stegkemper 2022; Schäfer 2024) (siehe den Kasten »Quellen und Hinweise Internet« in ▶ Kap. 10.3.4).

10 Sprache und Kommunikation

Quellen und Hinweise Internet
Im Sinne einer Übersicht finden sich nachstehend die Online-Informationen sowie Bezugsquellen der in den Kapiteln 10.3.1 bis 10.3.4 genannten Verfahren (Autorinnen und Autoren usw. siehe Testverzeichnis in ▶ Kap. 14).

- *Peabody Picture Vocabulary Test (PPVT-4):* https://www.testzentrale.de → Suchbegriff: PPVT-4 sowie auf der »Webseite Sonderpädagogische Diagnostik« (WSD) unter https://www.wsd-bw.de → Suchbegriff: PPVT-4 (▶ Kap. 10.3.1)
- *Diagnostiktest TASP:* https://www.rehavista.de → Suchbegriff: TASP; außerdem auf der Projektseite der PH Ludwigsburg Dia-Inform unter https://www.phbl-opus.phlb.de → Suchbegriff: TASP (▶ Kap. 10.3.2)
- *Tipp mal:* Der Vertrieb der App erfolgt unter https://www.tippmal.com, ein Video zur Anwendung sowie die Materialien zu »Blick mal« finden sich unter https://www.uk-couch.de → Projekte - Blickmal (▶ Kap. 10.3.3).
- *Beobachtungsbogen zu kommunikativen Fähigkeiten - Revision (BKF-R, Version 1.5):* Der BKF-R dient als strukturiertes diagnostisches (mehrperspektivisch angelegtes) Beobachtungsverfahren zur Einschätzung kommunikativer bzw. kommunikationsrelevanter Kompetenzen von Personen mit komplexen Kommunikationsbeeinträchtigungen. »Ziel ist es, Gemeinsamkeiten und Unterschiede in der Einschätzung verschiedener Bezugspersonen als Grundlage für eine möglichst optimale Kommunikationsförderung nutzbar zu machen« (Homepage https://www.bkf-r.de; ▶ Kap. 10.3.4).

10.4 Vorstellung eines Verfahrens: SETK-gB

Aktas (2017) schlägt in ihrem Vorgehen bei Kindern mit intellektueller Beeinträchtigung wie dargestellt vor, dass zunächst durch den Untertest »Produktion Wörter« in Kombination mit der Elterneinschätzung bestimmt wird, zu welcher Gruppe ein Kind gehört. Anschließend werden die beiden Sprachentwicklungstests SETK-2 und SETK 3–5 zum SETK-gB miteinander kombiniert, sodass auch Kompetenzen beispielsweise zur morphologischen

Regelbildung, die eigentlich erst im SETK 3–5 erfasst werden, bereits mit abgebildet werden können.

Im Beispiel von Mariella hat der SETK-2-Untertest »Produktion Wörter« ergeben, dass sie 23 von 30 Wörtern benennen kann. Die Eltern haben im ELFRA 2 angegeben, dass sie 55 Wörter spricht. Damit wäre sie in die Gruppe der verbalsprachlich kommunizierenden Kinder einzuordnen. Dementsprechend ist es sinnvoll, das Sprachverständnis für komplexere Strukturen sowie ihre Sprachproduktion genauer zu analysieren. Außerdem sind der Aufbau des Wortschatzes sowie das grammatische Regelwissen zentrale Entwicklungsaufgaben (Aktas 2012, 71).

Im SETK-2 werden sowohl das *Sprachverständnis* (auf Wort- und Satzebene) als auch die *Sprachproduktion* (auf Wort- und Satzebene) untersucht. Die Untertests (UT) werden nachfolgend kurz beschrieben:

- UT *Verstehen Wörter:* Dem Kind werden Bildkarten mit jeweils vier Antwortmöglichkeiten vorgelegt. Die Testleitung nennt einen Begriff und das Kind soll darauf zeigen.
- UT *Verstehen Sätze:* Dem Kind werden erneut Bildkarten vorgelegt, auf denen Tätigkeiten zu sehen sind. Es wird ein Satz vorgelesen, bspw. »Der Hund läuft«, und das Kind soll auf das Bild zeigen, auf dem der Hund läuft.
- UT *Produktion Wörter:* Neben einigen Realgegenständen werden dem Kind Bildkarten gezeigt und es muss diese benennen.
- UT *Produktion Sätze:* Dem Kind werden Bildkarten gezeigt, auf denen etwas geschieht, und es soll einen Satz daraus bilden. Bspw. zeigt das Bild ein schlafendes Baby und der Zielsatz wäre: »Das Baby schläft.« Wenn das Kind diesen Satz nicht direkt formuliert, fragt die Testleitung gezielt nach den Satzgliedern: »Was macht denn das Baby?« oder »Wer schläft denn da?«.

Für die Kinder, die verbalsprachlich kommunizieren können, spielen demnach die rezeptiven Fähigkeiten nicht mehr nur auf der Wortebene, sondern nun auf der Satzebene eine Rolle. Die Betrachtung der Sprachproduktion wird qualitativ vorgenommen: Welche Wortarten werden verwendet? Werden schon grammatische Funktionswörter produziert? Im SETK-2 werden noch keine Aussagen zu morphologischer Regelbildung oder zum phonologischen Arbeitsgedächtnis gemacht – Aktas (2017) schlägt daher vor, diese Bereiche mit den entsprechenden Untertests aus dem SETK 3–5 zusätzlich zu erfassen.

Untertests aus dem SETK 3–5:

- UT *Satzgedächtnis:* Dem Kind werden sechs sinnvolle und sechs sinnlose, zunehmend komplexere Sätze vorgelesen, die es wiederholen muss: bspw. »Die graue Maus wird von der Katze gejagt« oder »Die lustige Pflanze wird von der rauchenden Tür stinkend angemalt.«
- UT *Phonologisches Arbeitsgedächtnis für Nichtwörter:* Fantasiemännchen erhalten Namen, die vom Kind wiederholt werden sollen, sie sollen diese mit ihrem Namen rufen, bspw. »Maluk«. Bei älteren Schülerinnen und Schülern kann man die Männchen auch weglassen, falls ihnen das zu albern erscheint.
- UT *Morphologische Regelbildung:* Den Kindern werden acht unbekannte Begriffe vorgelesen wie »Ribane«, »Tulo« und »Plarte«, und die Schülerinnen und Schüler sollen den Plural bilden.

Die Auswertung des SETK-gB erfolgt zum einen normorientiert, zum anderen qualitativ – dabei immer theoriegeleitet.

Zunächst werden die Rohwerte ermittelt. Dabei sollte man im Falle von Mariella die Artikulationsprobleme angemessen einbeziehen, auch schwer verständliche Äußerungen sollen, wenn möglich, gewertet werden. Es gilt dann zu entscheiden, ob eine Äußerung noch als lautliche Annäherung an das Zielwort zu bewerten ist, wobei es es einen gewissen Ermessensspielraum gibt. Aktas schlägt bspw. vor zu überlegen, ob man beim alleinigen Hören des Wortes das richtige Bild heraussuchen würde: bspw. »Hutse« für »Rutsche« (Aktas 2012, 72).

Bei der Bildung der Rohwertsummen ist anschließend darauf zu achten, dass für jede Skala getrennt summiert werden muss, da die Normen nicht für die kombinierten Tests vorliegen, sondern getrennt verwendet werden müssen.

Bei der Betrachtung der Normwerte zeigt sich hier erneut (wie in Kapitel 2 ausführlicher dargestellt) das Problem, dass die Schülerinnen und Schüler in der Regel älter sind als die Vergleichsstichprobe (▶ Kap. 2). Man kann also nicht wie sonst in der Tabelle für das entsprechende Lebensalter schauen und einen T-Wert ablesen (weil es für das Alter von Mariella bspw. gar keine Tabellen gibt). Sie ist schon acht Jahre alt und der Test ist eigentlich nur für maximal fünfjährige Kinder normiert.

Man kann diese Tabellen aber auch im Sinne einer alternativen Auswertung »rückwärts lesen« also schauen, bei welchem Alter die ermittelte Rohwertsumme ein durchschnittliches Ergebnis ergeben hätte, in welchem Alter dieser Rohwert also zu T-Werten zwischen 40 und 60 führt, und zwar möglichst nah am Mittelwert von 50. Damit wird für jeden Untertest ein *Entwicklungsalter* ermittelt. So kann festgestellt werden, in welchem Kompetenzbereich Mariella besonders weit entwickelt ist, wo also ihre Leistung bereits einem höheren Alter entspricht und wo sie noch nicht so hohe Kompetenzen hat und sie daher einem jüngeren Entwicklungsalter entspricht.

Aktas (2017) schlägt in diesem Zusammenhang vor, die Ergebnisse nach den verschiedenen Altersstufen in einer Tabelle aufzuschreiben bzw. zu markieren, sodass übersichtlich abgebildet wird, welchem Entwicklungsalter das Kind in welchem Untersuchungsbereich entspricht (vgl. hierzu konkret Mariellas Ergebnisse ► Abb. 10.1).

10.5 Ergebnisse der Diagnostik und Schlüsse für die Förderung

Bei Mariella zeigten sich folgende Ergebnisse, die Bedeutung der Schattierungen findet sich in der unteren Spalte der Abbildung (► Abb. 10.1).

Auf diese Weise lässt sich einschätzen, welchem Alter Mariella in Bezug auf die verschiedenen Bereiche der Sprachentwicklung ungefähr entspricht. Die Lehrkraft aus dem Fallbeispiel (► Kap. 10.1) konnte hier vor der Diagnostik keine derart konkreten Angaben machen, diese Erkenntnisse wären also für sie hilfreich für die weitere Förderung. Die Ergebnisse zeigen,

- dass Mariella in Bezug auf das *Verstehen von Sätzen* einem 3;0- bis 3;5-jährigen Kind entspricht.
- Die *Produktion von Wörtern und Sätzen* entspricht eher einem 2;6- bis 2;11-jährigen Kind.
- Die weiteren Bereiche, die sich auf die *morphologische Regelbildung* und *Gedächtniskompetenzen* beziehen, werden erst im Alter ab drei Jahren erfasst. Hier erweisen sich Mariellas Ergebnisse als unterdurchschnittlich im Vergleich zu drei- bis vierjährigen Kindern (sie hat aber durchaus schon einige Kompetenzen erworben).

Es gilt nun, auf diesen Ergebnissen aufbauend eine entwicklungsorientierte Sprach- und Kommunikationsförderung anzubahnen (Doil 2012, 87).

10 Sprache und Kommunikation

Mariella 8;2 Jahre

		2;0–2;5	2;6–2;11	3;0–3;5	3;6–3;11	4;0–4;5	4;6–4;11	5;0–5;11
Verstehen	Wörter							
	Sätze							
Produktion	Wörter							
	Sätze							
Gedächtnis	MR							
	PGN							
	SG							
Legende		weiß	hellgrau		mittelgrau		dunkelgrau	
		wird im jeweiligen Alter nicht geprüft	durchschnittlich für das jeweilige Alter (T 40–60)		unterdurchschnittlich für das jeweilige Alter T < 40)		stark unterdurchschnittlich für das jeweilige Alter T < 30)	

Abb. 10.1: Ergebnisse von Mariella 8;2 Jahre, in SETK-2 und SETK 3–5 (eigene Darstellung)

Grundsätzlich kann davon ausgegangen werden, dass die typische Sprachentwicklung von Kindern eine gute Basis für die Entscheidung einer passenden Förderung ist. So kann bspw. festgestellt werden, an welchem Punkt das Kind steht, was die folgenden Schritte sein könnten, welche aktuellen Entwicklungsaufgaben (in der üblichen Entwicklung) bei diesem Sprachstand als nächstes anstehen und wie man ein Kind im Hinblick auf diese »Zone der nächsten Entwicklung« fördern könnte (Wygotski 1978).

Doil (2012, 88) betont, dass es bei der Förderung relevant sein wird, Prioritäten zu setzen. So stellt sich die Frage, ob es notwendig und sinnvoll ist, an der korrekten Aussprache zu arbeiten (ggf. ist hier der interdisziplinäre Austausch mit der Logopädie angezeigt) oder ob es nicht aktuell sinnvoller erscheint, den Wortschatz eines Kindes zu erweitern und es in seinen Alltagskompetenzen zu unterstützen, sodass es sich in relevanten Situationen ausdrücken, beispielsweise Bedürfnisse äußern oder mit anderen Kindern spielen kann. Diese Bereiche lassen sich (neben einer unter Umständen notwendigen Förderung durch eine Sprachtherapeutin oder einen Sprachtherapeuten und/oder einen Logopäden oder eine Logopädin) auch durch die Lehrpersonen unterstützen, bspw. in Einzelsituationen, aber natürlich auch in abgewandelter Form im Klassensetting.

In Bezug auf Kinder mit intellektueller Beeinträchtigung, also auch für Mariella, bietet sich in der Einzelsituation aus unserer Sicht besonders eine kindzentrierte Förderung an, weil damit zugleich ermöglicht wird, dass das Kind Selbstwirksamkeits- und Selbstbestimmungserfahrungen machen kann. Das Kind bestimmt hier in einer Einzelsituation, womit es sich beschäftigen möchte und wird dabei entsprechend seinem Förderbedarf von der Lehrperson unterstützt. Dabei kann die Lehrperson allerdings insofern Einfluss nehmen, als die bereitgestellten Materialien, Bücher und Bildkarten sorgfältig (eben auf der Grundlage der versierten Diagnostik) auf den Entwicklungsstand vorbereitet werden.

Praxis
Genetische Syndrome und pädagogische Interaktionen
Bestimmte Syndrome können mit unterschiedlichen sprachlichen Besonderheiten einhergehen (vgl. Sarimski 2014; Sansour 2019). Für drei bekannte Syndrome, das Fragile-X-Syndrom, Trisomie 21 und die Autismus-Spektrum-Störung (ASS), liegen explizite Fördervorschläge sowohl bei Aktas (2012, 137 ff.) als auch bei Sarimski (2020b, 400 ff.) vor, auf die an dieser Stelle aus Platzgründen verwiesen werden soll.

So wird die Lehrperson bspw. die Handlungen des Kindes oder ihre eigenen Handlungen kommentieren und sprachlich begleiten, dabei die Wörter häufig wiederholen. (Lehrperson:) »Schau mal, wir legen die Puppe mal hier rein, die Puppe will schlafen, sie ist müde. Guck, die Puppe macht die Augen zu – siehst du die Augen von der kleinen Puppe? Die schläft schon«. (Kind:) »Die laft?«. (Lehrperson:) »Ja, genau, die schläft jetzt!«.

Wenn das Kind eigene Äußerungen macht, können diese imitiert und weitergeführt werden. Wenn es beispielsweise einen Zweiwortsatz bildet: »Mama arbeita«, könnte die Lehrperson die Äußerung zunächst als ganzen Satz wiederholen und dabei korrigieren und zu einem korrekten Satz formen, »Genau, die Mama arbeitet!« – anschließend könnte sie den Satz erweitern: »Die Mama muss viel arbeiten – sie geht arbeiten – die Mama arbeitet, sie muss Geld verdienen.«

Weiterhin könnten Fragen dazu gestellt werden: »Geht deine Mama auch arbeiten?« Auf diese Weise werden unterschiedliche Satzmuster präsentiert und das Kind wird in seiner Sprachflexibilität gefördert. Zudem sollte immer der begleitende Einsatz von Formen der Unterstützten Kommunikation in die Planung der Förderung miteinbezogen werden. Weiterführende Hinweise finden sich unter anderem bei Sachse und Bernasconi (2024) sowie Willke und Ling (2025).

11 Diagnostik bei komplexer Behinderung

11.1 Fallbeispiel

Michel ist ein 12;1-jähriger Junge, der an einer Schule mit dem Förderschwerpunkt Geistige Entwicklung (Förderschule) unterrichtet wird. Aufgrund seiner extremen Frühgeburt in der sechsundzwanzigsten Schwangerschaftswoche mit anschließender Hirnblutung ist er komplex beeinträchtigt. Er verfügt über keine Lautsprache und sitzt im Rollstuhl. Seine Arme und Hände kann er bewegen, aus Zeitgründen wird ihm immer von der betreuenden Kraft das Essen gereicht. Die Sonderpädagogin möchte es im Kontext Förderplanung angehen, dass seine Eigenständigkeit in der Situation des Essens und Trinkens gefördert wird: »Ich werde mir das mal anschauen, über welche Kompetenzen er hier überhaupt verfügt und wie wir die Situation gestalten können, damit er möglichst selbstständig essen kann« – so ihre Überlegungen.

11.2 Theoretische Grundlagen

11.2.1 Grundlagen

Kinder und Jugendliche mit komplexer Beeinträchtigung sind eine zahlenmäßig relativ kleine Gruppe innerhalb des in diesem Buch behandelten Personenkreises. Sie stellen Lehrpersonen und auch die Eltern gleichwohl vor große Herausforderungen, weil sie einen hohen Unterstützungsbedarf (verbunden auch mit Pflege sowie medizinischen Aspekten) aufweisen und in der Regel nicht sehr eindeutig kommunizieren können, was ihre (vitalen) Bedürfnisse, Wünsche und Vorlieben sind (Schäfer 2024). Diagnostik steht an dieser Stelle vor einer schwierigen Aufgabe, möglicherweise handelt es sich sogar um »diagnostische (Un-)Möglichkeiten« (Fröhlich et al. 2021).

Diese Menschen sind also in besonderer Weise auf fundierte und sehr kleinschrittig differenzierte diagnostische Kompetenzen ihrer Bezugspersonen und ihres unmittelbaren Umfeldes angewiesen. Wichtiges Ziel ist eine größtmögliche Teilhabe im schulischen sowie außerschulischen Alltag (Lamers & Molnár 2018). Bei diesem Personenkreis kann es nicht um normierte Testverfahren gehen, diese wären nicht standardisiert durchführbar. Vielmehr ist es angezeigt, genau zu beobachten und daraus adäquate Schlüsse für die weitere Förderung zu ziehen. Beobachtungen sind jedoch anfällig für Fehler und Verzerrungen, weshalb man sie möglichst standardisiert vornehmen sollte.

Mit Blick auf diesen besonderen (zudem sehr vulnerablen) Personenkreis sei auf den Aspekt der pädagogischen Haltung im Prozess einer in erster Linie qualitativen Diagnostik hingewiesen (vgl. auch Bigger & Strasser 2005).

»Ein solcher Zugang, jenseits der Durchführung standardisierter Verfahren, setzt eine pädagogische, anerkennende Haltung voraus, die den Blick richtet auf die individuellen Stärken (Kompetenzen) und spezifischen Entwicklungschancen (Potenziale) des Kindes ohne dabei bspw. motorische, sensorische und kognitive Einschränkungen und hinderliche (Personen- und Umfeld bezogene) Kontextfaktoren aus dem Blick zu lassen« (Schäfer 2024, 85).

Weiterführende Literatur (Grundlagen)

Bernasconi, T. & Böing, U. (2015): Pädagogik bei schwerer und mehrfacher Behinderung. Stuttgart: Kohlhammer (hier: 119–138 sowie 183–198).

Fröhlich, A., Schäfer, H., Zentel, P. & Manser, R. (2021): Schwerste Beeinträchtigung – diagnostische (Un-)Möglichkeiten. In: Schäfer, H. & Rittmeyer, Ch. (Hrsg.): Handbuch Inklusive Diagnostik. Kompetenzen feststellen – Entwicklungsbedarfe identifizieren – Förderplanung umsetzen. Weinheim: Beltz. 517–539.

Lamers, W., Musenberg, O. & Sansour, T. (2021): Qualitätsoffensive. Teilhabe von erwachsenen Menschen mit schwerer Behinderung (hier: 136–151).

Mohr, L., Zündel, M. & Fröhlich, A. (Hrsg.) (2019): Basale Stimulation. Das Handbuch. Bern: Hogrefe.

Schäfer, H. (2024): Diagnostik, Beratung und Bildungsplanung bei komplexer Behinderung. In: Schäfer, H., Loscher, Th. & Mohr, L. (Hrsg.): Unterricht bei komplexer Behinderung. Sonderpädagogischer Schwerpunkt Geistige Entwicklung. Stuttgart. Kohlhammer. 85–106.

Speck, O. (2008): System Heilpädagogik. Eine ökologisch reflexive Grundlegung. München. Ernst Reinhardt (hier: 362–385).

Quellen und Hinweise Internet (Netzwerk komplexe Behinderung e. V.) Auf der Online-Plattform des Vereins Netzwerk komplexe Behinderung e. V. (Ne KoB e. V.) finden sich zu den Themenschwerpunkten Alltag, Arbeit und Kultur vielfältige Informationen, Interviews, Praxisbeispiele sowie eine umfangreiche Sammlung von Materialien (Literatur, Filme, Webseiten) für die pädagogische Arbeit mit Menschen mit komplexer Behinderung. Exemplarisch und um einen Eindruck von der großen Vielfalt zu vermitteln, sind hier (neben vielen anderen) einige der Themen aufgeführt: Essen und Trinken, Orientierung im Sozialraum, Umgang mit Tod und Sterben, Taubblindheit, Verhaltensauffälligkeiten, Kommunikation, Arbeiten mit Holz, Spiel und Freizeit.

Ausführliche Informationen zum Verein Netzwerk komplexe Behinderung e. V. sowie zum Ausgangsforschungsprojekt »Qualitätsoffensive Förderbereich – Quo F« (Prof. Dr. Wolfgang Lamers, Prof. Dr. Oliver Musenberg, Prof. Dr. Teresa Sansour) finden sich unter https://www.qualitaetsoffensive-teilhabe.de.

11.2.2 Entwicklungen

Seitdem Andreas Fröhlich 1979 durch den Schulversuch in Landstuhl (RLP) erstmals Kinder und Jugendliche mit komplexer Beeinträchtigung in den Fokus der Pädagogik (gleichwohl auch schulrechtlicher Überlegungen) rückte, sind in der Folge auch im deutschsprachigen Raum verschiedene Beobachtungsbögen (erstmals 1983) entstanden, die eine strukturierte Beobachtung und Einordnung der Kompetenzen von Kindern mit einer komplexen Beeinträchtigung möglich machten. Zu nennen sind hier (Auszug):

- »Leitfaden Förderdiagnostik« (Fröhlich & Haupt 2004 [1983])
- »Diagnostik bei schwerer geistiger Behinderung« (Franger & Pfeffer 1983)
- »Pädagogische Analyse und Curriculum der sozialen und persönlichen Entwicklung« (Günzburg 1977) als deutsche Adaption des »Progress Assessment Chart (PAC) of Social and Personal Development«
- »Paderborner Entwicklungsraster für Schwerst-Mehrfachbehinderte (mit Sehschädigung) PERM« (Faber & Rosen 1997)
- »Beobachtungsbogen für mehrfachbehinderte Kinder« (Nielsen 2002)

Der Beobachtungsbogen von Fröhlich und Haupt (2004 [1983]) wurde 2022 umfänglich überarbeitet und unter Mitarbeit von Andreas Fröhlich neu herausgegeben (Schäfer, Zentel & Manser 2022). Er wird in einem späteren Kapitel konkreter vorgestellt (▶ Kap. 11.4), weil er es erlaubt, ein breites Spektrum der Kompetenzen dieses Personenkreises systematisch zu erfassen.

11.2.3 Strukturierte Beobachtungsbögen und freie Beobachtung

Beobachtungsbögen helfen auf der einen Seite, strukturiert und systematisch die verschiedenen Kompetenzbereiche zu betrachten, dabei nichts zu vergessen und zu wichtigen Erkenntnissen zu kommen. Dies kann als Ausgangspunkt für Förderung und Unterstützung dienen. Auf der anderen Seite beschleichen sowohl die Bezugs- als auch die Lehrpersonen insbesondere bei diesem Personenkreis manchmal Zweifel, ob man den Kindern und Jugendlichen mit diesen doch isoliert anmutenden Kompetenzrastern wirklich gerecht werden kann, ist der Transfer von diesen Kompetenzen in den Unterricht und in den Alltag doch nicht unbedingt unmittelbar ersichtlich. Auch ist ein pädagogischer Blick allein eventuell gar nicht ausreichend, weshalb Engelhardt, Sarimski und Zentel (2022, 437) wie auch Schäfer, Zentel und Manser (2023) deutlich auf die Notwendigkeit einer transdisziplinären Betrachtung hinweisen, bei der medizinisch-therapeutische, psychologische und fachrichtungsspezifische Sichtweisen einbezogen werden.

Will man diesen Bedenken begegnen, bietet es sich neben diesen strukturierten Beobachtungsbögen an, im pädagogischen Handeln auch freie Beobachtungen des Kindes in seinem Alltag, in seinen normalen Bezügen vorzunehmen. Mit sogenannten *Bildungsgeschichten* und der *wahrnehmenden Beobachtung* können auf diese Weise die Bildungsprozesse der Kinder und Jugendlichen in den Blick genommen werden (Wieczorek & Kuntsche 2022, 388 ff.). Dabei betonen die Autorinnen, dass besonders das Ineinandergreifen von wahrnehmender Beobachtung und der stets parallel stattfindenden Reflexion elementar ist, um immer wieder zu hinterfragen, ob man das Kind und seine Bedürfnisse wirklich verstanden hat. Die hohe Subjektivität dieses Vorgehens wird bewusst einbezogen und sowohl individuell als auch im Team kollegial reflektiert in der Erwartung, dass sich durch die Mehrzahl an Perspektiven tiefergehende Informationen zur Wahrnehmung und zum Lernen dieser Kinder und Jugendlichen aufzeigen lassen, die dann für die Förderung und Unterstützung hilfreich sein können.

11.3 Untersuchungsplanung und diagnostisches Raster

Gehen wir zurück zum Fallbeispiel (▶ Kap. 11.1): Je nach Fragestellung, die für das jeweilige Kind oder den Jugendlichen relevant ist, sehen die Untersuchungsplanung und damit das diagnostische Raster sehr unterschiedlich aus. Bei Michel aus dem Fallbeispiel stellt sich bspw. die Frage, wie es gelingen kann, dass er zukünftig selbstständiger essen kann. Natürlich ist auch in diesem Kontext vor der Erstellung eines diagnostischen Rasters eine theoretische Beschäftigung mit Fragen zu Teilhabe, Selbstständigkeit und Selbstbestimmung notwendig (Netzwerk komplexe Behinderung e. V., Schwerpunkte Teilhabe bzw. Selbstbestimmung und Personorientierung 2024; Schuppener 2016). Die konkreten Untersuchungsbereiche für das diagnostische Raster sind dabei im Klassenteam zu überlegen, weil sie höchst individuell sind und, bspw. orientiert an den oben genannten Verfahren, erst noch zusammengestellt werden müssen. Auf den Seiten des Netzwerks KoB e. V. finden sich Anregungen zu unterschiedlichsten Themenbereichen, die für diesen Schritt einbezogen werden können (siehe »Quellen und Hinweise Internet« in ▶ Kap. 11.2.1).

Nachfolgend wird ein diagnostisches Raster (▶ Tab. 11.1) dargestellt, dessen Grundlage eine Prüfungsleistung an der Pädagogischen Hochschule Heidelberg war, das sich mit eben dieser Fragestellung zum selbstständigen Essen befasste (Zarth 2019). Im Raster wird deutlich, dass der größte Teil der Diagnostik bei dieser speziellen Fragestellung über einen differenzierten, eigens für dieses Kind und diesen Kontext erstellten Beobachtungsbogen erfolgen muss, da es hierfür keine standardisierten Verfahren gibt. Verschiedene Variationen

- von *Nahrung* im Hinblick auf die Konsistenz (fest, breiig, flüssig)
- und des *Geschmacks* (süß, sauer, salzig, bitter)
- sowie die *Temperatur* (warm bzw. kalt)

werden systematisch in Bezug auf die Kompetenzen des Kindes variiert und eingeschätzt. So gelingt es, geeignete Nahrung auszuwählen und die Hilfsmittel und Bedingungen so anzupassen, dass größtmögliche Selbstständigkeit und Selbstbestimmung für das Kind ermöglicht werden können. Als übergeordneter Bogen wird zusätzlich die »Förderdiagnostik mit Kindern und Jugendlichen mit schwerster Beeinträchtigung« (Schäfer, Zentel & Manser

2022) eingesetzt, um ein umfassendes Bild der generellen Kompetenzen des Kindes zu erhalten. Dieser Beobachtungsbogen wird im folgenden Kapitel konkreter vorgestellt (▶ Kap. 11.4).

Tab. 11.1: Untersuchungsplanung und diagnostisches Raster zum Thema Selbstständiges Essen von Michel, 12;1 Jahre (nach Zarth 2019) (eigene Darstellung)

Untersuchungsbereich	Differenzierung/Begründung	Methode/Verfahren
Verhalten während der Nahrungsaufnahme (bei Variation der Nahrung): • Konsistenz (flüssig, breiig, fest) • Geschmack (süß, sauer, salzig, bitter) • Temperatur (kalt, warm)	• Konzentration • Kooperation • Interesse an Nahrungsaufnahme • Frustrationstoleranz • Impulsivität • Verhaltensauffälligkeiten • Stereotypien	• Video beim Mittagessen in der Schule • Video bei Mahlzeiten zu Hause • »Förderdiagnostik mit Kindern und Jugendlichen mit schwerster Beeinträchtigung« (Schäfer, Zentel & Manser 2022)
Grobmotorik (Arm, Hand) (bei Variation der Nahrung): • Nahrungskonsistenz (flüssig, breiig, fest) • Geschmacksrichtungen (süß, sauer, salzig, bitter) • Temperatur (kalt, warm)	• Armstreckung • Armbeugung • Hand-Mund-Koordination	• Video • selbst erstellter Beobachtungsbogen
Feinmotorik mit und ohne Besteck (Arm, Hand) (bei Variation der Nahrung): • Nahrungskonsistenz (flüssig, breiig, fest) • Geschmacksrichtungen (süß, sauer, salzig, bitter) • Temperatur (kalt, warm)	• Besteck greifen • Nahrung aufladen • Einführen in den Mund • Treffsicherheit • Verlustmenge • Nahrung mit der Hand greifen und zum Mund führen	• Video • selbst erstellter Beobachtungsbogen
Mundmotorik (bei Variation der Nahrung): • Nahrungskonsistenz (flüssig, breiig, fest)	• Mundöffnung • Mundschluss • Speichelfluss • Nahrungszerkleinerung • kontrollierte Zungenbewegung • Schluckakt	• Video • selbst erstellter Beobachtungsbogen

Tab. 11.1: Untersuchungsplanung und diagnostisches Raster zum Thema Selbstständiges Essen von Michel, 12;1 Jahre (nach Zarth 2019) (eigene Darstellung) – Fortsetzung

Untersuchungsbereich	Differenzierung/Begründung	Methode/Verfahren
◆ Geschmacksrichtungen (süß, sauer, salzig, bitter) ◆ Temperatur (kalt, warm)		
Hilfsmittel (bei Variation der Nahrung): ◆ Nahrungskonsistenz (flüssig, breiig, fest) ◆ Geschmacksrichtungen (süß, sauer, salzig, bitter) ◆ Temperatur (kalt, warm)	◆ Art des Geschirrs (bspw. erhöhter Tellerrand) ◆ Art des Bestecks (bspw. Löffel mit dickem Griff) ◆ Schutz der Kleidung (bspw. Schürze)	◆ selbst erstellter Beobachtungsbogen ◆ Interview mit der Klassenlehrerin
Kommunikation	◆ Sprache ◆ Mimik ◆ Gestik ◆ Körpersprache ◆ Gebärden ◆ Unterstützte Kommunikation (bspw. elektronische Hilfsmittel)	◆ Video ◆ selbst erstellter Beobachtungsbogen ◆ Interview mit der häuslichen Betreuungskraft ◆ Interview mit der Klassenlehrerin
Sitzhaltung	◆ Tischhöhe (bspw. höhenverstellbarer Tisch) ◆ Art des Stuhls (bspw. Rückenstütze, Kopfstütze, Armlehne) ◆ aufgerichtete Körperhaltung ◆ Körperspannung ◆ Kopfhaltung ◆ Abstützen der Füße (bspw. Bodenkontakt, Fußstütze des Rollstuhls)	◆ Video ◆ Dokumentation mit Fotos

11.4 Vorstellung eines Verfahrens: Förderdiagnostik mit Kindern und Jugendlichen mit schwerster Beeinträchtigung

Die »Förderdiagnostik mit Kindern und Jugendlichen mit schwerster Beeinträchtigung« (Fröhlich & Haupt 2004 [1983]) ist die überarbeitete und erweiterte Version des Beobachtungsbogens von Fröhlich und Haupt, der erstmals 1983 erschien und seitdem sechsmal neu aufgelegt wurde. Dieser neue und unter Mitarbeit und Beratung von Prof. Fröhlich entstandene Beobachtungsbogen erfuhr eine theoretische und inhaltliche Erweiterung. Den Herausgebern war es wichtig, den Bildungs- und den Teilhabebegriff stärker einzubeziehen (Schäfer, Zentel & Manser 2023, 31). Der Beobachtungsbogen erfüllt somit den Anspruch, verschiedene Kompetenzbereiche effizient und übersichtlich zu erfassen.

Der Bogen gliedert sich in verschiedene Bereiche und gibt Aufschluss darüber

- »welche körperlichen Funktionen in welcher Weise nutzbar sind und Aktivität ermöglichen,
- welche Kommunikationsmöglichkeiten vorhanden sind und wie sie Interaktion und Austausch erlauben,
- welche alltäglichen Aktivitäten selbständig ausgeführt werden können,
- welche Möglichkeiten zur Verfügung stehen, um sich die Welt zu erschließen« (Engelhardt, Sarimski & Zentel 2022, 437).

Dazu orientiert sich das Verfahren als ganzheitlicher Ansatz der Diagnostik und Förderplanung für und mit Schülerinnen und Schülern mit komplexer Beeinträchtigung

> »an dem von Hollenweger und Bühler (2019) weiterentwickelten Fähigkeiten-Ansatz nach Nussbaum (2018), um der Fülle der Beobachtungen und dahingehenden bereits immanenten Zielstellungen eine Figur verleihen zu können« (Schäfer 2024, 100; ▶ Abb. 11.1).

Der Bogen umfasst insgesamt 256 Items einschließlich der spezifischen Bereiche wie Kommunikation, Pflege oder Essen und Trinken. Das erscheint auf den ersten Blick umfangreich, die Fragen sind aber schnell und zeitökonomisch zu beantworten, indem »erfüllt«, »teilweise erfüllt« oder »nicht erfüllt« durch volle, teilweise und keine Schraffierung von Kästchen markiert wird. Die Items sollten möglichst innerhalb einer Woche beantwortet werden.

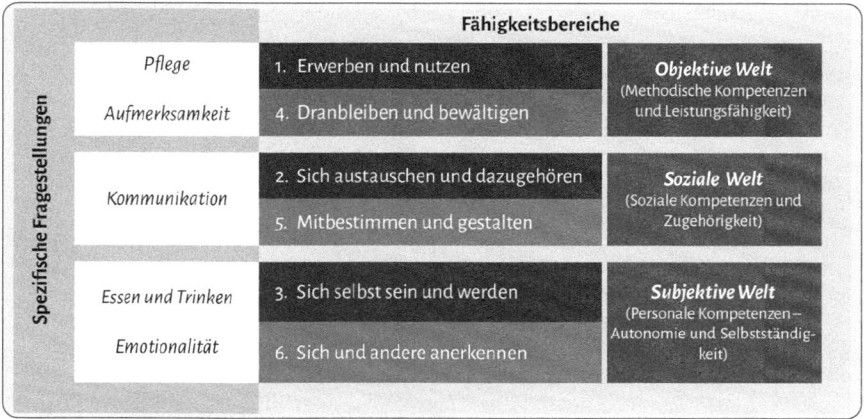

Abb. 11.1: Die Fähigkeitsbereiche und die spezifischen Beobachtungsmerkmale (Schäfer, Zentel & Manser 2022, 32)

Es gibt die Möglichkeit, eine Verlaufsdiagnostik durchzuführen, den Bogen also nach vier bis sechs Monaten erneut auszufüllen, um die Ergebnisse direkt anschaulich miteinander vergleichen zu können. Im sogenannten Notationszirkel werden die Ergebnisse eingetragen, sodass die Stärken und Schwächen und das Entwicklungspotenzial direkt übersichtlich abgelesen werden können (▶ Abb. 11.2).

Ein spezifischer Teilbereich des Verfahrens umfasst das selbstständige »Essen und Trinken« mit Fragen, passend zu unserem Fallbeispiel, sodass der Bogen als strukturierte Ergänzung der Beobachtungen dienen kann. Spezifische Literatur zum Themenfeld wird im Folgenden vorgestellt (s. u.).

Weiterführende Literatur (Essen und Trinken)

Damag, A. (2024): Vitale Bedürfnisse. In: Schäfer, H., Loscher, Th. & Mohr, L. (Hrsg.): Unterricht bei komplexer Behinderung. Sonderpädagogischer Schwerpunkt geistige Entwicklung. Stuttgart: Kohlhammer. 125–144.

Damag, A. & Schlichting, H. (2016): Essen – Trinken – Verdauen. Förderung, Pflege und Therapie bei Menschen mit schwerer Behinderung, Erkrankung, im Alter. Bern: Hogrefe.

Maier-Michalitsch, N. J. (2013): Ernährung für Menschen mit schweren und mehrfachen Behinderungen. Düsseldorf: verlag selbstbestimmtes leben.

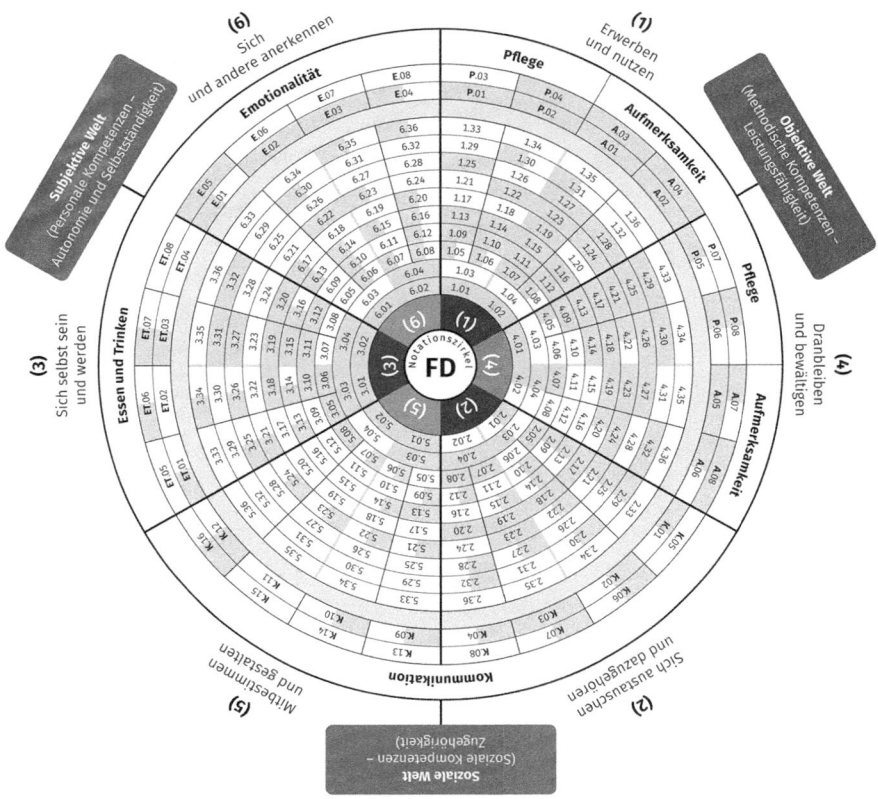

Abb. 11.2: Ergebnisdarstellung im Notationszirkel – hier zu einem Beispiel aus dem Manual zum Verfahren (Schäfer, Zentel & Manser 2022, 135)

11.5 Ergebnisse der Diagnostik und Schlüsse für die Förderung

Die nachfolgend dargestellte Förderung von Michel basiert auf einigen ausgewählten Ergebnissen aus der Diagnostik, insbesondere aus den strukturierten Beobachtungen in der Essenssituation (Zarth 2019), und beziehen sich auf die Grob- und Feinmotorik sowie auf die Mundmotorik:

Die gezielten Beobachtungen haben ergeben, dass Michel aufrecht sitzen, die Arme strecken und beugen sowie seine Hände zum Mund führen kann.

Gezielte und koordinierte kleinschrittige Bewegungen stellen dabei aber noch eine Herausforderung dar. Er kann einen gefüllten Löffel ebenso wie auf eine Gabel aufgespießte Nahrung zum Mund führen, selbst etwas aufspießen kann er noch nicht. Bei breiiger bzw. fester Nahrung gelingt dies besser als bei flüssigerer Nahrung. Das Essen mit den Händen (Greifen) ist bei weichen Obststücken möglich, der gezielte Einsatz des Pinzettengriffs fällt ihm noch schwer. Michel kann den Mund gut öffnen und schließen. Er kann schlucken, aber es wird deutlich, dass er zu heiße und kalte Speisen nicht mag, er spuckt sie aus. Er bevorzugt weiches Essen, kann aber auch kauen. Das Abbeißen gelingt zunehmend besser, nur bei Karotten nicht.

Die vorgeschlagenen Förderansätze beziehen sich einerseits auf eine Ausstattung mit angepassten Hilfsmitteln und andererseits auf die Anbahnung von Bewegungen.

- *Hilfsmittel:* Es wird ein spezieller Teller mit hohem Rand und Antirutsch-Ring angeschafft, der das Aufnehmen von Nahrung auf den Löffel erleichtern soll. Außerdem wird Besteck mit kurzem Griff und Griffverdickung ausgewählt, das von Michel besser gegriffen werden kann.
- *Hilfstechnik:* Die notwendigen Bewegungen für selbstständiges Essen werden mit dem Förderkonzept Führen nach Affolter angebahnt, es eignet sich besonders, um Alltagshandlungen zu erlernen (Schlichting 2020). Dabei führt die führende Person die Alltagsbewegung zunächst gemeinsam mit der Person aus, die Unterstützung benötigt. Auf diese Weise werden Spür-Informationen über die notwendigen Bewegungsmuster erfahrbar. In Michels Fall sollten er und die Bezugsperson sich auf gleicher Höhe befinden, damit er nicht in übermäßige Streckung oder Beugung gehen muss. Es ist zu beachten, dass Michel nur so viel Unterstützung erhält wie notwendig. Die Schritte, die er bereits selbstständig ausführen kann, soll er allein ausführen.
- *Übung des Pinzettengriffs:* Michel kann den Pinzettengriff noch nicht sicher anwenden, dieser soll daher gezielt geübt werden, bspw. durch das Aufnehmen von Blaubeeren oder Trauben ebenso wie durch Übungen mit einer leichtgängigen Wäscheklammer. Auch hier wird zunächst mit Handführung gearbeitet, sodass das Bewegungsmuster erspürt werden kann.
- *Selbstbestimmung:* Gerade bei Kindern und Jugendlichen mit schwerer und mehrfacher Behinderung ist es schwierig, ihnen ausreichend Möglichkeiten zur Selbstbestimmung zu eröffnen. Im Falle von Michel soll immer wieder versucht werden, dass er aus zwei Nahrungsmitteln auswählt, bspw. durch Blick- oder Körperbewegung in Richtung des ausgewählten

Nahrungsmittels bzw. das Greifen mit der Hand. Dafür müssen ihm (zunächst) zwei Alternativen angeboten werden.

Die gezielte Untersuchungsplanung mit dem Fokus auf strukturierte Beobachtungen ermöglicht differenzierte Ergebnisse. Durch die Fachkenntnis über mögliche Hilfsmittel, pädagogische und therapeutische Konzepte wie bspw. das Führen nach Affolter, Förderideen für Menschen mit komplexer Beeinträchtigung sowie das übergeordnete Prinzip der Selbstbestimmung sind so differenzierte Förderangebote entstanden, die Michel sukzessive auf seinem Weg zum eigenständigen Essen unterstützen können.

12 Berufsbezogene Kompetenzen

12.1 Fallbeispiel

Die 20-jährige Melanie wurde mit Trisomie 21 geboren und besucht aktuell das letzte Jahr in der Berufsschulstufe. Mittlerweile hat sie im Kontext Mobilität Fortschritte machen können und fährt begeistert mit einer Freundin bspw. in die Stadt (ÖPNV). Seit einiger Zeit beschäftigt sie und ihre Bezugspersonen die Frage, wie es nach der Schule weitergeht. Die Eltern sehen sie in der örtlichen »Werkstatt für behinderte Menschen« (WfbM), dort werden je nach Auftragslage verschiedene Zulieferarbeiten wie das Verpacken von Schrauben oder Dübeln übernommen. »Das interessiert mich gar nicht!«, meint Melanie. Sie hat im letzten Schuljahr zwei Praktika gemacht, eines im örtlichen Supermarkt und eines in der Küche eines Diakonissenhauses. Besonders die Arbeit in der Küche hat ihr dabei großen Spaß bereitet. »Aber um Spaß geht es ja auch nicht *nur* bei der Arbeit,« meint ihre Lehrerin. »Wichtig ist, dass sie die erforderlichen Kompetenzen für die Arbeit dort hat. Als nächstes steht deshalb die sogenannte Berufswegekonferenz (BWK) an, da sehen wir dann, wie wir weiter vorgehen.«

12.2 Theoretische Grundlagen

Wie es nach der Schule für Menschen mit intellektueller Beeinträchtigung im Hinblick auf Arbeit und Beschäftigung weitergeht, welche Möglichkeiten existieren und wie die Entscheidungen dazu getroffen werden, sind die zentralen Fragen zum Ende der Schulzeit im sonderpädagogischen Schwerpunkt Geistige Entwicklung. Dieser Übergang stellt durch zahlreiche Unsicherheiten und Unwägbarkeiten viele Schülerinnen und Schüler vor große Herausforderungen (Fasching & Tanzer 2022, 11). Es gibt verschiedene Möglichkeiten der beruflichen Tätigkeit, die je nach Interessen, Kompetenzen und Unterstützungsbedarf mehr oder weniger geeignet sein können. Die letzten Jahre in den (Förder-)Schulen dienen demnach sehr stark der Vorbereitung auf nachschulische Themenfelder wie Arbeit, Wohnen und Freizeitgestaltung. Das konkrete Vorgehen ist in Deutschland mit seinem föderalen Schulsystem in jedem Bundesland anders geregelt, wir stellen nachfolgend exemplarisch die Situation in Baden-Württemberg kurz dar und gehen dann auf die diagnostischen Fragen in diesem Kontext ein.

Für Menschen mit intellektueller Beeinträchtigung stellt sich die Frage, ob eine Tätigkeit auf dem allgemeinen Arbeitsmarkt angestrebt werden soll bzw. kann. Während es bis vor wenigen Jahren relativ vorgegeben war, dass Menschen mit intellektueller Beeinträchtigung in einer WfbM arbeiten (siehe hierzu auch Lindmeier 2019, 30 f.), haben sich (nicht zuletzt durch engagierte Eltern sowie Lehrpersonen) zunehmend mehr inklusive Arbeitsplätze in Firmen, in der Gastronomie oder im Hotelgewerbe etabliert. Diese werden als »Inklusionsbetriebe« im Sozialgesetzbuch (SGB) IX aufgeführt und beschäftigen nach §215 mind. 30 % schwerbehinderte Menschen,

> »deren Teilhabe an einer sonstigen Beschäftigung auf dem allgemeinen Arbeitsmarkt auf Grund von Art oder Schwere der Behinderung oder wegen sonstiger Umstände voraussichtlich trotz Ausschöpfens aller Fördermöglichkeiten und des Einsatzes von Integrationsfachdiensten auf besondere Schwierigkeiten stößt« (SGB IX 2016, § 215).

Exkurs
Bundesteilhabegesetz (BTHG)
Im Zuge der Ratifizierung der UN-Behindertenrechtskonvention (UN-BRK) durch die Bundesrepublik Deutschland 2009 wurde das Gesetz zur Stärkung der Teilhabe und Selbstbestimmung von Menschen mit Behinderungen (Bundesteilhabegesetz, BTHG) im Dezember 2016 erlassen und trat sukzessive in vier Reformstufen von 2017 bis 2023 in Kraft. Dezidierte Ziele des Gesetzes sind die Verbesserung der Lebenssituation von Menschen mit Behinderungen und die Weiterentwicklung der Eingliederungshilfe. In diesem Zusammenhang wurde das Neunte Buch Sozialgesetzbuch (SGB IX) reformiert. Eine Stärkung der Teilhabe soll für den Bereich der Arbeit durch die Neuregelungen in § 111 (Leistungen zur Beschäftigung) ermöglicht werden. Diese Leistungen umfassen

- neben Beschäftigungsmöglichkeiten in Werkstätten für behinderte Menschen
- auch Leistungen bei sogenannten anderen Leistungsanbietern (§§ 60 und 62),
- das »Budget für Arbeit« für Leistungen bei privaten und öffentlichen Arbeitgebern (§ 61)
- sowie das »Budget für Ausbildung« (§ 61a).

Das Budget für Arbeit enthält einen dauerhaften Lohnkostenzuschuss von bis zu 75 % an den Arbeitgeber und soll so die Zahl der Beschäftigungsmöglichkeiten auf dem allgemeinen Arbeitsmarkt erhöhen.

Für Menschen mit komplexen Beeinträchtigungen ist im Rahmen einer WfbM noch ein weiterer Bereich, der sogenannte Förder- und Betreuungsbereich (FuB) bzw. die sogenannten Fördergruppen, angegliedert (auch hier finden sich bundeslandspezifische Ausprägungen). Grundlage dafür ist hier ebenfalls das SGB IX, das besagt, dass Menschen die (noch) nicht im Arbeitsbereich einer WfbM arbeiten können, in einem der Werkstatt angegliederten Bereich mit intensiverer Unterstützungsstruktur aufgenommen werden sollen. § 219, Absatz 2 regelt im ersten Satz die Voraussetzung für den Besuch der WfbM:

> »Die Werkstatt steht allen behinderten Menschen im Sinne des Absatzes 1 unabhängig von Art oder Schwere der Behinderung offen, sofern erwartet werden kann, dass sie spätestens nach Teilnahme an Maßnahmen im Berufsbildungsbereich wenigstens ein Mindestmaß wirtschaftlich verwertbarer Arbeitsleistung erbringen werden« (SGB IX 2016, § 216).

12.2.1 Berufswegekonferenzen (BWK)

Um den geeigneten beruflichen Weg für junge Erwachsene mit intellektueller Beeinträchtigung zu gestalten, finden in der Sekundarstufe II (Baden-Württemberg: Berufsschulstufe) sogenannte Berufswegekonferenzen (BWK) statt, die für diesen Personenkreis in Baden-Württemberg verpflichtend sind (Arbeitsstelle Kooperation 2022). Diese werden von der Schule initiiert und es nehmen nach Möglichkeit alle beteiligten Personen daran teil:

- der Schüler oder die Schülerin selbst
- die Erziehungsberechtigten bzw. die gesetzliche Betreuung
- die Berufswahlkoordination der Schule bzw. eine Person der Schulleitung
- Lehrpersonen der Klasse bzw. auch Fachlehrpersonen (bspw. Hauswirtschaft)
- der Fachberater oder die Fachberaterin des Integrationsfachdienstes (IFD)
- ein Vertreter oder eine Vertreterin der Agentur für Arbeit
- ein Mitarbeiter oder eine Mitarbeiterin der Eingliederungshilfe

Optional können weitere sogenannte »Leistungs- und Kostenträger (bspw. Eingliederungshilfe, Schulträger) oder weiteres Fachpersonal bzw. Beratungsinstanzen (bspw. Autismusbeauftragte)« einbezogen werden (Arbeitsstelle Kooperation 2022).

In der Regel finden in der Sekundarstufe II (also im 10., 11. und 12. Schulbesuchsjahr) zwei bis drei BWK statt, die Organisation obliegt hier den sogenannten Berufswahlkoordinatoren (in der Regel in Abstimmung mit der Schulleitung). Grundlage für die Entscheidungen ist in Baden-Württemberg das sogenannte Kompetenzinventar, das den »inhaltlichen Rahmen für die Berufswegeplanung sowie den formellen Rahmen für die BWK« bildet (ebd.). Das Kompetenzinventar setzt sich aus Erhebungs- und Protokollbögen für die verschiedenen Teilnehmenden zusammen und soll im Vorfeld für den Schüler oder die Schülerin ausgefüllt werden. Es wird in einem späteren Kapitel konkreter vorgestellt (▶ Kap. 12.4). Über die durchgeführte BWK wird ein Protokoll erstellt.

12.2.2 Diagnostische Fragestellungen

Kommen wir zur Frage, welche diagnostischen Aufgaben in diesem Lebensabschnitt bedeutsam sind. Neben dem unten dargestellten und in der Praxis (im Kontext Übergangsgestaltung) bewährten Kompetenzinventar (▶ Kap. 12.4) halten wir es für sinnvoll, dass für die Schülerin oder den Schüler (je nach Interessen und nach den denkbaren Tätigkeitsfeldern) durch die Lehrpersonen festgestellt wird, welche Kompetenzen er oder sie dafür bereits erworben hat und wo er oder sie noch Unterstützung benötigt. Fischer und Kranert (2021) verdeutlichen in ihrer Grafik (▶ Abb. 12.1) die Komplexität der diagnostischen Aufgaben im Kontext Übergang Schule-Beruf (ÜSB), hier spielen insbesondere auch unter Bezugnahme auf die ICF die Umweltfaktoren eine entscheidende Rolle, die im Zuge der Berufswahl mit den spezifischen Anforderungen abgestimmt werden müssen (bspw. Fragen der Mobilität).

Hinsichtlich der Erhebungsmethoden verweisen sie sowohl auf Rating- und Einschätzverfahren als auch auf standardisierte Inventare, die nachstehend im Überblick vorgestellt werden sollen.

Rating- und Einschätzverfahren

- *DIK-2 – Diagnostische Kriterien (Katalog berufsbezogener Personenmerkmale) (Version 2)*: Die aktuelle Version DIK-2 umfasst mehr als 250 berufsbezogene Personenmerkmale, die in 19 Bereiche untergliedert sind und eine umfassende, detaillierte Beschreibung körperlicher, psychischer, intel-

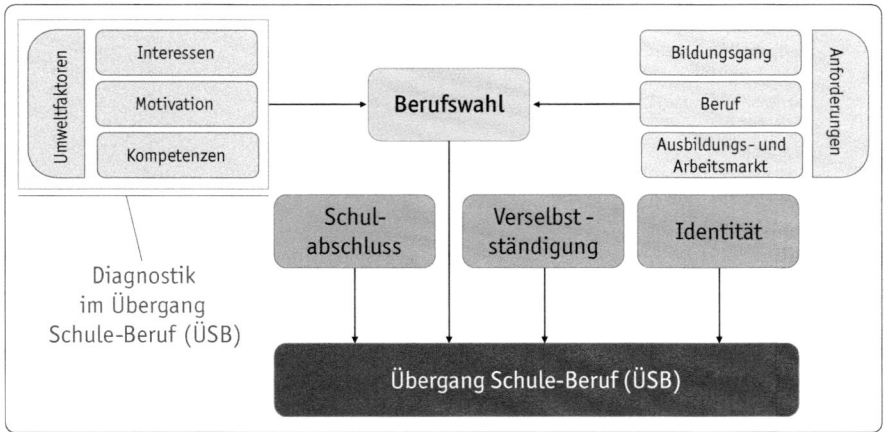

Abb. 12.1: Aufgaben einer Diagnostik im Übergang Schule-Beruf (Fischer & Kranert 2021, 544)

lektueller, sozialer und kultureller Aspekte zulassen. Zur Erhebung werden auf einer Skala von -3 bis +3 drei Störungs- und drei Ressourcengrade beschrieben. Durch weitere Beschreibungen zu den Merkmalsbereichen vermittelt der Katalog ein breites Hintergrundwissen (auch zu wissenschaftlicher Fachliteratur).

- *IMBA (Integration von Menschen mit Behinderungen):* Hier stehen die Anforderungen eines Arbeitsplatzes im Vergleich zu den potenziellen Fähigkeiten von Menschen mit Beeinträchtigungen im Mittelpunkt. Folgende Merkmalskomplexe werden erhoben: Körperhaltung, Körperfortbewegung, Körperteilbewegung, Information, komplexe Merkmale, Umgebungseinflüsse, Arbeitssicherheit, Arbeitsorganisation sowie zentrale Schlüsselqualifikationen (bspw. Auffassung, Kontaktfähigkeit, Konzentration, Teamarbeit).
- *MELBA (Merkmalprofile zur Eingliederung Leistungsgewandelter und Behinderter in Arbeit):* Mit dem MELBA (Föhres, Kleffmann & Weinmann 2014) liegt ein weiteres Instrument für die Zielgruppe vor, mit dem
  - die Fähigkeiten in fünf Bereichen (soziale Merkmale, kognitive Merkmale, Merkmale zur Art der Arbeitsausführung, psychomotorische Merkmale und Kulturtechniken/Kommunikation)
  - den Anforderungen einer potenziellen zukünftigen Tätigkeit gegenübergestellt und dokumentiert werden können.

Dazu werden ein Fähigkeits- und ein Anforderungsprofil erstellt und ein Vergleich vorgenommen. Das Modul MELBA SL kann alternativ oder ergänzend zum Basisinstrument eingesetzt werden und differenziert die

Kompetenzen im unteren Leistungsbereich weiter aus, um »eine differenzierte Dokumentation im unteren Skalenbereich zu ermöglichen« (Homepage; s. u.: »Quellen und Hinweise Internet«).

Quellen und Hinweise Internet (MELBA)
Auf der Seite der MIRO GMBH finden sich alle Hinweise zum Verfahren sowie zu den spezifischen Anwendungsbereichen (bspw. im Kontext Potenzialanalyse oder im WfbM-Eingangsverfahren) sowie Bestelloptionen des MELBA (auch MELBA+Mai sowie MELBA SL) (https://www.miro-gmbh.de).

Standardisierte Verfahren

Fischer und Kranert (2021) gliedern ihre Ausführungen zur standardisierten Diagnostik im Übergang Schule-Beruf nach

- übergreifenden Aspekten (hier: Fragebogen Berufswahlkompetenz)
- sowie beruflichen Interessen (hier: explorix),
- beruflichen Kompetenzen (hier u. a.: hamet)
- und beruflichen Motivation (hier: das Leistungsmotivationsinventar LMI).

Unter Berücksichtigung der Anwendung im Kontext ÜSB sollen hier der »hamet drei« sowie der »hamet e+« kurz vorgestellt werden:

Mit dem hamet drei liegt ein »wissenschaftlich standardisiertes, handlungsorientiertes Testverfahren zur Erfassung und Förderung berufsbezogener Basiskompetenzen und vorhandener Potenziale« vor (Homepage s. u.: »Quellen und Hinweise Internet«), das speziell für den Personenkreis entwickelt wurde und dem die Vorgängerversionen hamet und hamet 2 vorangingen (Diakonie Stetten e. V. 2020). Das Verfahren ist in vier Module gegliedert: berufliche Basiskompetenzen, Lernfähigkeit, soziale Kompetenzen und vernetztes Denken.

Die Basisversion des hamet drei wird ergänzt durch die Varianten hamet e+ (zur Erfassung elementarer handwerklich-motorischer Kompetenzen) sowie hamet BOP (Schwerpunkt auf der Beobachtung überfachlicher Kompetenzen). Für den Erwerb und die Durchführung ist eine zweitägige Schulung in der Diakonie Stetten erforderlich (Fischer & Kranert 2021).

> **Quellen und Hinweise Internet** (hamet)
> Auf der Homepage finden sich zahlreiche Informationen und Bestelloptionen zum hamet (auch zu den erforderlichen, kostenintensiven Schulungen in Präsenz und online). (https://www.hamet.eu)

Schließlich soll noch auf die bereits erwähnte (▶ Tab. 4.1) »Werdenfelser Testbatterie« (WTB; Peterander et al. 2009) hingewiesen werden – ein aus der Praxis (den Werdenfelser Werkstätten für behinderte Menschen) für den Personenkreis entwickelter Test zur Erfassung der (kognitiven) Kompetenzen.

»Ein wesentlicher Bestandteil des Testverfahrens ist das computergestützte Auswertungsprogramm zur Erstellung ausführlicher schriftlicher Gutachten inklusive Grafiken. Die Eingabe der entsprechenden Personendaten und Testwerte ist ausgesprochen komfortabel und ökonomisch« (Auszug Testzentrale, https://www.testzentrale.de → Suchbegriff: WTB).

> **Weiterführende Literatur** (Grundlagen Diagnostik ÜSB)
> Fischer, E. & Kranert, H.-W. (2021): Diagnostik im Übergang Schule-Beruf (ÜSB). In: Schäfer, H. & Rittmeyer, Ch. (Hrsg.): Handbuch Inklusive Diagnostik. Kompetenzen feststellen – Entwicklungsbedarfe identifizieren – Förderplanung umsetzen. Weinheim: Beltz. 540–561.

12.3 Untersuchungsplanung und diagnostisches Raster

Für die 20;2-jährige Melanie soll ihren Interessen entsprechend nachfolgend ein diagnostisches Raster für die potenzielle hauswirtschaftliche Tätigkeit in einer Küche aufgestellt werden. Die Randbereiche (wie Kognition oder weitere Interessen) werden ausgeblendet. Dieses Raster ist, ebenso wie das Raster zum Thema »Selbstständiges Essen« (▶ Kap. 11), deutlich weniger theoriegeleitet, sondern die Bereiche ergeben sich konkret aus der angestrebten Tätigkeit in einer Küche.

12 Berufsbezogene Kompetenzen

Tab. 12.1: Untersuchungsplanung und diagnostisches Raster zu beruflichen Kompetenzen für die Arbeit in einer Küche von Melanie 20;2 Jahre (eigene Darstellung)

Untersuchungs-bereich	Differenzierung/Begründung	Methode/Verfahren
Handlungskompetenz	• selbstständiges Ausführen von Handlungen • Handlungsorientierung • Handlungsplanung • Handlungsdurchführung • Handlungskontrolle → Aufgaben erfüllen	gezielte Beobachtungen • gezielte Aufträge erteilen und beobachten, wo es Schwierigkeiten gibt und ihren Umgang damit – bspw. Arbeitsplatz einrichten, Utensilien zusammensuchen, Endkontrolle • Hilfsmittel wie Arbeitspläne erproben
soziale Kompetenz, Sozial- & Lernverhalten	Umgang mit • Mitschülerinnen und Mitschülern • Lehrpersonen • weiteren Personen	LSL (Lehrereinschätzliste) sowie gezielte Beobachtungen: • Umgangston • Höflichkeit • Interesse an neuen Inhalten?
Umgang mit möglichen Stressoren im Tätigkeitsfeld	• Zeitdruck • Frustrationssituationen • gefährliche Situationen einschätzen • Hilfe holen	gezielte Beobachtungen: • gezielt Zeitdruck aufbauen, Umgang damit beobachten • bspw. gezielt Frustrationen einbauen (Material fehlt, Tisch ist vollgestellt) • ob Hilfen erfragt oder angenommen werden
individuelle Voraussetzungen und Kompetenzen	• Grobmotorik → Ausdauer, langes Stehen? • Feinmotorik und Kraft → Umgang mit Messern, Mixer, Dosenöffner u. a. Geräten • hauswirtschaftliche Tätigkeiten wie Abspülen, Abtrocknen, Geschirr wegräumen • Verstehen von Arbeitsanweisungen/Rezepten	gezielte Beobachtungen: • hier auch Möglichkeit von Hilfsmitteln erproben (Stehhilfe, Griffverdickung) • verschiedene Situationen inszenieren • verschieden komplexe Anweisungen vorlegen
Motivation	• Leistungsmotivation • Ausdauer • Anstrengungsbereitschaft • Interesse am Thema Küche • Selbstwirksamkeitserwartung • Zielorientierung	SELLMO (Testverzeichnis ▶ Kap. 14) und Beobachtungen: • Ausdauer, wie lange bei welcher Tätigkeit? • Wann ist eine Pause nötig?

Tab. 12.1: Untersuchungsplanung und diagnostisches Raster zu beruflichen Kompetenzen für die Arbeit in einer Küche von Melanie 20;2 Jahre (eigene Darstellung) – Fortsetzung

Untersuchungsbereich	Differenzierung/Begründung	Methode/Verfahren
berufliche Basiskompetenzen	Erfassung der • sozialen Merkmale • kognitiven Merkmale • Merkmale zur Art der Arbeitsausführung • psychomotorischen Merkmale • Kulturtechniken • weiteren Kompetenzen für die berufliche Tätigkeit	• MELBA • zzgl. Modul MELBA-SL • Kompetenzinventar im Prozess der Berufswegeplanung

12.4 Vorstellung eines Verfahrens: Kompetenzinventar (KI) im Prozess der Berufswegeplanung

Das Kompetenzinventar (KI) ist in Baden-Württemberg verpflichtender Bestandteil der Vorbereitung auf die Berufswegekonferenz, weshalb es nachfolgend konkreter dargestellt wird. Auf dem Landesbildungsserver Baden-Württemberg (https://www.schule-bw.de) wird im Bereich Übergang Schule-Beruf das Inventar folgendermaßen beschrieben: Es handelt sich um ein

> »beschreibendes Dokumentations- und Beurteilungsinstrument, das im Rahmen der Berufswegeplanung der Erhebung von Fähigkeiten, Leistungsmöglichkeiten und Belastbarkeit [...] [dient]. Es besteht aus allgemeinen Erhebungsbögen sowie aus spezifischen Modulen zu den Themenschwerpunkten Autismus, Epilepsie, Emotion/Kognition, Hören, Motorik, Lernen, Sehen und Sprache. Sein Einsatz ist für Schülerinnen und Schüler mit wesentlicher Behinderung zur Vorbereitung auf eine Teilhabe am Arbeitsleben des allgemeinen Arbeitsmarktes verpflichtend. Dabei macht es keinen Unterschied, ob die Schülerinnen und Schüler ihren Anspruch auf ein sonderpädagogisches Bildungsangebot an einem SBBZ oder in einem inklusiven Bildungsangebot an einer allgemeinen Schule wahrnehmen« (https://www.schule-bw.de).

Quellen und Hinweise Internet (KI – Kompetenzinventar)
Alle Unterlagen stehen auf der Homepage des Integrationsfachdienstes (IFD) als Word-Dokument sowie als PDF zum Download zur Verfügung (Redaktionsstand 20.04.2025; https://www.ifd-bw.de → Kompetenzinventar)

Der im Inventar verwendete Behinderungsbegriff orientiert sich am SGB IX sowie an der Systematik der ICF und nimmt darum eine »ressourcenorientierte Beschreibung individueller Kompetenzen und gestaltbarer (Umwelt-)Förderfaktoren« vor (IFD im Auftrag des KVJS 2022 »Grundaussagen zum Kompetenzinventar«, 3 f.). Dabei ist die konkrete Anforderungssituation, also der angedachte spätere Arbeitsplatz, Ausgangspunkt und Maßstab für die Einschätzung.

Das Kompetenzinventar besteht aus verschiedenen Bögen, die von unterschiedlichen Personen ausgefüllt werden, sodass eine mehrperspektivische und interdisziplinäre Sicht auf die Kompetenzen möglich wird. So ist es auch sinnvoll, den Schüler oder die Schülerin selbst sowie die Eltern und den potenziellen späteren Betrieb (in diesem Fall die Küchenleitung des Diakonissenhauses) einen Bogen ausfüllen zu lassen. Dadurch werden mögliche Unterschiede in der Selbst- und Fremdeinschätzung sichtbar und können nachfolgend im Gespräch thematisiert werden (ebd., 4).

Der Aufbau des Kompetenzinventars ist je nach adressierter Person etwas unterschiedlich (bspw. in Bezug auf Autismus-Spektrum-Störungen, Sinnesbeeinträchtigungen oder Epilepsie), dann werden zusätzliche Module eingefügt. Grundsätzlich besteht das Inventar aus den folgenden Bestandteilen (ergänzt mit Grundaussagen und einem Kompendium):

- Mantelbogen (Teil 1 und 2)
- Aussagen der Schule
  - zu Fähigkeiten, Leistungen und zur Belastbarkeit
  - zu Voraussetzungen für die betriebliche Orientierung/Erprobung
- Arbeitsanalysen
  - Fremdeinschätzung
  - Selbsteinschätzung
- Ergänzungsmodule
  - Modul: Autismus
  - Modul: Emotion/Kognition
  - Modul: Epilepsie
  - Modul: Hören

- Modul: Motorik
- Modul: Lernen
- Modul: Sehen
- Modul: Sprache

Damit ist es möglich, die Kompetenzen sehr umfassend abzubilden. Aus Platzgründen gehen wir nachfolgend nur auf die Kernbereiche ein:

- Auf dem sogenannten Mantelbogen 1, der den Antrag des Schülers oder der Schülerin auf Unterstützung durch den IFD und auf die Einleitung der Berufswegeplanung/Berufswegekonferenz (ebd., 4) beinhaltet, werden zunächst die beteiligten Personen der Berufswegeplanung festgehalten. Damit erklären die Erziehungsberechtigten auch ihr Einverständnis zum weiteren Vorgehen. Der Integrationsfachdienst (IFD) benötigt für seine unterstützende Arbeit zwingend den Auftrag über den Mantelbogen 1.
- Mantelbogen 2 dient als Protokoll, das während der Berufswegekonferenz geführt wird. Hier werden die Zielvorstellungen für die berufliche Zukunft sowie Ergebnisse und Verabredungen festgehalten (u. a. wer was bis wann umsetzt).

Eine gute inhaltliche Grundlage für die Durchführung einer BWK stellt das Modul »Aussagen der Schule über Fähigkeiten, Leistung und Belastbarkeit« (Arbeitsstelle Kooperation 2022) dar. Durch die Einbeziehung der zukünftigen Betriebe wird es möglich, konkret im letzten Schuljahr an den ggf. noch nicht umfassend erworbenen Kompetenzen zu arbeiten und diese auf der Grundlage der Diagnostik zu fördern.

12.5 Ergebnisse der Diagnostik und Schlüsse für die Förderung

Im Fallbeispiel von Melanie ergab die Diagnostik, dass sie viele der erforderlichen Kompetenzen für die Arbeit in der Küche des Diakonissenheimes bereits erworben hat:

- Sie ist in der Lage, über einen Zeitraum von 30 Minuten aufmerksam zu sein und eine konkrete Aufgabe (wie bspw. Kartoffeln klein schneiden oder

Frühlingszwiebeln in Ringe schneiden) zu erledigen. Dabei kann sie mit einem scharfen Messer umgehen. Einen herkömmlichen Dosenöffner kann sie aus Kraftmangel nicht betätigen, einen Mixer betätigt sie selbstständig.
- Nach 30 Minuten benötigt sie eine fünfminütige Pause und ist auch mit einem Time-Timer in der Lage, diese selbstständig zu beginnen und zu beenden.

Für die Diagnostik wurden auch Situationen inszeniert, in denen ein Problem auftrat, bspw. waren die erforderlichen Materialien nicht im dafür vorgesehenen Schrank. Es zeigt sich, dass Melanie noch keine Strategien erworben hat, mit einer solchen Situation umzugehen. Auch hat sie auf Nachfrage keine Strategie für ein stringentes Vorgehen, wenn sie sich verletzt, bspw. in den Finger schneidet oder wenn es angebrannt riecht.

Ein Schwerpunkt der Förderung ist daher darauf ausgerichtet, den Umgang mit solchen unvorhergesehenen Situationen zu üben und Strategien zu erwerben. Dafür sollen in der nächsten Zeit immer wieder gezielt Situationen inszeniert werden, in denen sie sich mit unterschiedlichen Problemen auseinandersetzen muss, in Verbindung mit Übergangshilfen (bspw. Notizkarten auf Bildebene) bis hin zum eigenständigen (automatisierten) Lösen der je spezifischen Fragestellung nach Kategorien (bspw. Verletzung – Erste Hilfe; Materialsuche – Übersichtskarten).

Ein weiterer Schwerpunkt der Diagnostik lag auf der Umsetzung von Aufträgen und darauf, welche Voraussetzungen Melanie benötigt, um diese zu verstehen. Es zeigte sich, dass sie vorwiegend bei mehrgliedrigen schriftlichen Anweisungen (bspw. Rezepte, Gebrauchsanweisungen) Schwierigkeiten in der Umsetzung hat. Es wurde entschieden, Rezepte mittels unterschiedlicher Apps in Sequenzen aufzuteilen und auf einem Tablet anzuzeigen. Jeder Schritt im Rezept wird dort bebildert und mit kurzen Sätzen beschrieben. Sobald ein Handlungsschritt erledigt ist, wechselt Melanie auf die nächste Seite. Sukzessive wird die Anzahl der Arbeitsschritte auf einer Seite erhöht und die Bebilderungen werden allmählich reduziert.

Eine sinnvolle Rahmung der Förderangebote im Kontext beruflicher Kompetenzen stellen Kompetenzraster dar (Sansour & Terfloth 2015, 25). Sie schließen sich an die diagnostische Abklärung an und systematisieren die darauf aufbauenden Lernangebote. Die Formulierung erwarteter Lernfortschritte orientiert sich innerhalb dieser Raster sowohl an den individuellen Entwicklungsmöglichkeiten der Lernenden als auch an den inhaltlichen Kriterien eines Entwicklungsbereichs (ebd.). Kompetenzraster sind in der Regel als Kreuztabelle aufgebaut und strukturieren in der Vertikalen den jeweiligen Inhaltsbereich (bspw. Schlüsselqualifikationen zur Teilhabe am

Arbeitsleben) sowie in der Horizontalen die damit verbundenen Kompetenzen (bspw. verschiedene arbeitsbezogene Regeln sind bekannt und werden eingehalten). Ergänzt werden Kompetenzraster durch die Selbsteinschätzung der Lernenden (»Ich kann ...«) sowie durch eine kontinuierliche Lernstandserhebung durch die Lehrpersonen (ebd., 26).

13 Feststellung des sonderpädagogischen Unterstützungsbedarfs

Um »Bildungs-, Beratungs- und Unterstützungsangebote« in Anspruch nehmen zu können, ist es erforderlich, dass formal ein sonderpädagogischer Unterstützungsbedarf (SUB) festgestellt wird (KMK 2021, 17) – vormals »sonderpädagogischer Förderbedarf« (KMK 1994; 1998). Dass hierbei ein Etikettierungs-Ressourcen-Dilemma entsteht, ist unbestritten (Schuppener & Schmalfuß 2023): Es gibt nur bei einem festgestellten Bedarf (also einem Etikett) die notwendige Unterstützung. In Zeiten finanzieller und personeller Ressourcenverknappung ist es daher von besonderer Bedeutung, diesen Bedarf auch tatsächlich valide zu erfassen – wenn man so will, »das richtige Etikett zu vergeben« (Bundschuh & Winkler 2019).

Die Förderquoten bzw. Förderrelationen unterscheiden sich je nach Bundesland und variieren zwischen 0,9 % (Hamburg) und 2,2 % (Saarland), zudem steigen die Gesamtwerte über die Jahre hinweg deutlich an. So konstatieren Eckert und Dworschak (2023) zusammenfassend:

> »Als ziemlich sicher kann gelten, dass in den Bundesländern unterschiedliche Prozesse zur Feststellung des sonderpädagogischen Unterstützungsbedarfs etabliert sind« (ebd., 246; außerdem Dworschak 2024).

Die Feststellung des sonderpädagogischen Unterstützungsbedarfs versteht sich gemäß den Empfehlungen der KMK (2011; 2021) als subsidiär, das heißt, sonderpädagogische Förderung unterstützt dann, wenn die bisherigen schulischen Handlungsoptionen unter Einbezug aller Partnerinnen und Partner (bspw. auch Schulpsychologie, Psychiatrie) ausgeschöpft sind, ohne zu einer Verbesserung bspw. der Lern- oder Verhaltenssituation geführt zu haben – dieser sowie die nachstehenden Hinweise gelten förderschwerpunktübergreifend, also nicht nur spezifisch für den SGE.

Bis zu den Empfehlungen der Kultusministerkonferenz aus dem Jahr 1994 (KMK 1994) führte die Feststellung des Förderbedarfs (hier noch Behinderung) zu einer Zuweisung zu einer Sonder- bzw. Förderschule. Es wurde von der sogenannten Sonderschulbedürftigkeit gesprochen, praktiziert wurde eine Status- und Platzierungsdiagnostik (vgl. hierzu auch Schumann & Schäfer 2023).

Erst mit den »Empfehlungen zur sonderpädagogischen Förderung in den Schulen in der Bundesrepublik Deutschland« (KMK 1994) wurde die »Feststellung des sonderpädagogischen Förderbedarfs« etabliert und so den Eltern und Erziehungsberechtigten das Wahlrecht über den Lernort ihres Kindes eingeräumt (Förderschule – inklusives Setting – ebenso auch Regelschule ohne sonderpädagogische Ausstattung). Sowohl die KMK-Empfehlungen von 1994 als auch von 2011 bzw. 2021 stehen somit auch in einem bildungspolitischen Kontext und rahmen die schulrechtlichen Erfordernisse der UN-Behindertenrechtskonvention.

Die Feststellung des sonderpädagogischen Unterstützungsbedarfs erfordert seitens der mit dem Verfahren beauftragten Person (i.d.R. Sonderpädagoginnen und -pädagogen) sowohl Kompetenzen hinsichtlich der *inhaltlichen* Aspekte (bspw. die passgenaue Auswahl der Testverfahren sowie das Wissen um deren Gütekriterien) als auch Wissen um die (schulrechtliche) *Organisation* des Feststellungsverfahrens. Einen umfänglichen Überblick über die Regelungen der Bundesländer sowie Fundstellen der spezifischen Verwaltungsvorschriften (VV) geben Wolf und Dietze (2022). Gleichzeitig ist es notwendig, über pädagogische Erfahrung und psychologische Kenntnisse zu verfügen, um eine Vertrauensbasis zu dem Kind und den Bezugspersonen aufbauen zu können, die gewährleistet, dass es sich überhaupt testen lässt.

Zur Feststellung des sonderpädagogischen Unterstützungsbedarfs eines Kindes werden diagnostische Ergebnisse benötigt und herangezogen: Hat das Kind einen Anspruch auf eine sonderpädagogische Beratung und Unterstützung und wenn ja, in welchem Bereich schwerpunktmäßig und in welchem Umfang? In den spezifischen Empfehlungen der Kultusministerkonferenz (KMK 2021, 4) für den SGE werden neben der Intelligenz auch weitere Aspekte genannt wie die »Auseinandersetzung mit der Welt« ebenso wie Selbstständigkeit, Motivation und Wahrnehmung, die sich auf Handlungskompetenzen »des täglichen Lebens und Lernens« auswirken können. Gemeinhin lassen sich diese Aspekte (neben anderen mehr) in der dreifaktoriellen Struktur der adaptiven Kompetenzen finden (Sarimski 2024, 64 ff.).

Die beiden großen Klassifikationssysteme ICD-11 und DSM-5 unterstreichen ebenfalls neben einer intellektuellen Beeinträchtigung, die sich in einem weit unterdurchschnittlichen Ergebnis in einem aktuellen IQ-Test zeigen sollte, die Relevanz von sogenannten adaptiven Kompetenzen (vgl. hierzu ▶ Kap. 5) (ebd.).

13 Feststellung des sonderpädagogischen Unterstützungsbedarfs

> **Exkurs**
> **ICD-11 und DSM-5**
> Die ICD-11 ist die elfte Version der *International Statistical Classification of Diseases and Related Health Problems*, also der internationalen statistischen Klassifikation der Krankheiten und verwandter Gesundheitsprobleme (ICD) und ermöglicht deren systematische Erfassung, Analyse, Interpretation und Vergleich. Die ICD-11 ist durch die WHO zum 1. Januar 2022 in Kraft getreten, jedoch in der deutschen Fassung zum Zeitpunkt der Drucklegung noch nicht verfügbar.
> Das DSM-5 ist die fünfte Auflage des *Diagnostic and Statistical Manual of Mental Disorders* (Diagnostischer und statistischer Leitfaden psychischer Störungen), herausgegeben von der Amerikanischen Psychiatrischen Gesellschaft (APA).

Die Feststellung eines sonderpädagogischen Unterstützungsbedarfs im Bereich Geistige Entwicklung bedarf jedoch gemäß den Vorgaben der KMK (2021) (s. u.) sowie der Handreichungen der Länder (siehe hierzu das Beispiel Baden-Württemberg) noch weiterer Anhaltspunkte (vgl. hierzu außerdem Niediek et al. 2022) als das hier genannte Maß einer Abweichung »um mindestens zwei Standardabweichungen« (Eigner 2022) – darauf soll im nächsten Kapitel eingegangen werden.

13.1 Anhaltspunkte zum Unterstützungsbedarf (KMK und Baden-Württemberg)

Im weitesten Sinne Konsens zu den Anhaltspunkten eines sonderpädagogischen Unterstützungsbedarfs im SGE herrscht über die Bundesländer hinweg dahingehend, dass wie oben beschrieben »sowohl die intellektuellen als auch die adaptiven Kompetenzen eines Kindes oder einer jugendlichen Person um mindestens zwei Standardabweichungen vom Durchschnitt der Altersgruppe abweichen« müssen (Sarimski 2024, 52). Unter Berücksichtigung der Komplexität der Fragestellung sowie auch der möglichen Fehleranfälligkeit im Diagnoseprozess (u. a. Scheer 2021) und schließlich der ggf. nicht durchführbaren Testung (Engelhardt, Sarimski & Zentel 2022; Schuppener & Schmalfuß 2023) sollen weitere Kriterien hinzugezogen werden – so die Landesregelungen und Empfehlungen der KMK (2021).

Dies wiederum wird in den Bundesländern unterschiedlich gehandhabt (Vossen et al. 2022) mit zudem unterschiedlich und vage formulierten Aspekten (Eigner 2022; zur Frage der Standardisierung des Prozesses aktuell Dworschak, Baysel & Hackl 2024). Nachstehend und in Anlehnung an die ICF sollen auszugsweise die Empfehlungen der KMK (2021) sowie die Vorgaben für Baden-Württemberg dargestellt werden.

13.1.1 Die Empfehlungen der KMK

Die Empfehlungen der Kultusministerkonferenz (KMK 2021, Kap. III.1, 17 ff.) äußern sich wie folgt zu den Inhaltsbereichen, die es im Zuge der Diagnostik zu berücksichtigen gilt. Hierbei beziehen sie sich auch auf die Interaktion des jungen Menschen mit dessen Umwelt und stellen damit deutliche Bezüge zur ICF her.

- »Im Rahmen der Diagnostik werden Kind-Umfeld-Analyse, kognitives Funktionsniveau sowie adaptive Fähigkeiten und Fertigkeiten ebenso wie die Ergebnisse einer Intelligenzdiagnostik berücksichtigt. Das Verfahren zur Erhebung des sonderpädagogischen Unterstützungsbedarfs erfolgt interdisziplinär und es umfasst unter anderem folgende Punkte:
  - Entwicklungsverlauf im soziokulturellen Umfeld
  - Entwicklungsstand in Bezug auf Motorik, Wahrnehmung, Kognition, Kommunikation einschließlich Sprache, Emotionalität und Sozialkompetenz
  - Lern- und Leistungsverhalten und deren Wechselwirkungen
  - schulisches Umfeld und dessen Veränderungsmöglichkeiten
  - Auswertung der medizinischen Anamnese und Diagnose
  - Bedarf an geeigneten Räumlichkeiten und technisch-materieller Ausstattung
  - Bedarf an therapeutischer Unterstützung in der Schule, Bedarf bei der Bewältigung des Alltags, der Selbstversorgung und Pflege und der persönlichen Hygiene in der Schule
  - Bewältigung des Schulwegs

- In der Diagnostik gilt es, die Interaktion des jungen Menschen mit seiner Umwelt in den Blick zu nehmen [vgl. hierzu den oben genannten Bezug zur ICF] und diese Erkenntnisse in das sonderpädagogische Gutachten einfließen zu lassen:
  - Gesundheitsstörungen oder Krankheiten
  - Körperfunktionen und -strukturen
  - Aktivitäten und Teilhabe
  - sowie Umweltfaktoren und personenbezogene Faktoren« (ebd.).

13.1.2 Baden-Württemberg – Feststellungsverfahren

Im Rahmen der Vorgaben für Baden-Württemberg (Anhaltspunkte für die Empfehlung eines Anspruchs auf ein sonderpädagogisches Bildungsangebot im sonderpädagogischen Schwerpunkt Geistige Entwicklung) werden folgende Aspekte ergänzt bzw. konkretisiert:

- »Es ist ein besonderer struktureller und personeller Unterstützungsbedarf anzunehmen: bei der Handlungsplanung, bei der zeitlichen und räumlichen Orientierung, bei der Gestaltung von Interaktionen, bei der Selbstversorgung und Mobilität [sowie] bei der Adaption, der Regulation und Reflexion von Emotion und Verhalten.
- Es ist eine erhebliche zeitliche Verzögerung im Erwerb von schriftsprachlichen und mathematischen Kompetenzen anzunehmen.
- Maßgebliche Schwierigkeiten können nicht allein auf eine Sinnesschädigung oder motorische Beeinträchtigung zurückgeführt werden.
- ICD-10 (bzw. perspektivisch ICD-11) Diagnosen geben relevante Hinweise auf Syndrome und ähnliches.
- Die Barrieren in den Umweltfaktoren sowie bei den personbezogenen Faktoren sind längerfristig unveränderlich.
- Ohne ein sonderpädagogisches Bildungsangebot wird prognostisch die Entwicklung im schulischen und persönlichen Bereich stagnieren.«

Exkurs
International Classification of Functioning, Disability and Health (ICF)
Die ICF wurde erstmals 2001 von der Weltgesundheitsorganisation WHO veröffentlicht (in Deutschland: Internationale Klassifikation der Funktionsfähigkeit, Behinderung und Gesundheit). »Die ICF dient der Beschreibung des funktionalen Gesundheitszustands, der sozialen Beeinträchtigung, der Behinderung sowie der individuellen relevanten Umweltfaktoren (Teilklassifikationen: ›Körperfunktionen und -strukturen‹, ›Aktivitäten und gesellschaftliche Teilhabe‹ und ›Kontextfaktoren‹)« (Piller 2024, 14; im Kontext der Diagnostik Limbach-Reich & Pitsch 2021; im Kontext der Förderplanung Pretis 2021; ▶ Abb. 13.1). Auf der Seite https://www.wsd-bw.de (direkt unter https://www.youtube.com/watch?v=X-KK1YbNXGo) findet sich zudem ein gutes Tutorial zur ICF-CY, also der ICF-Version für Kinder und Jugendliche.

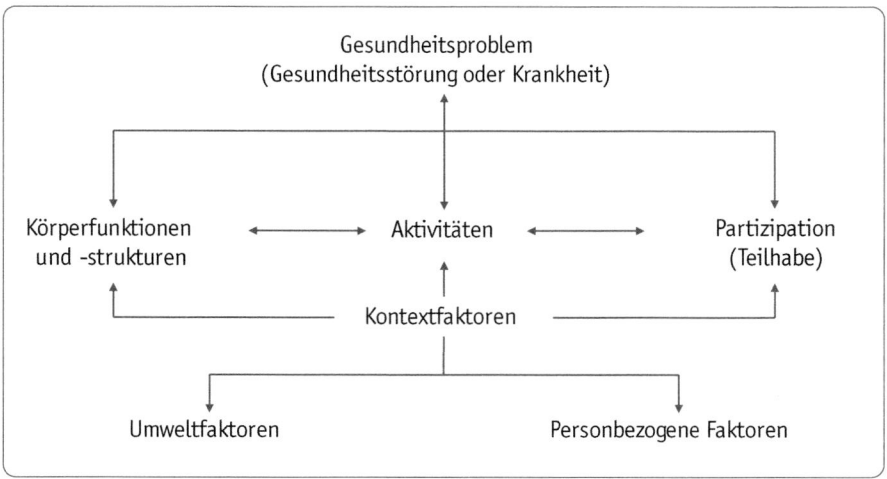

Abb. 13.1: Das biopsychosoziale Modell der ICF (nach DIMDI 2005) (eigene Darstellung)

13.2 Die formale Organisation des Verfahrens

Das Verfahren kann im Wesentlichen in drei Abschnitten dargestellt werden (Vossen et al. 2022), die sich in vergleichbarer Ausgestaltung über die Bundesländer hinweg finden lassen: (1) die Einleitung des Verfahrens, (2) der eigentliche Feststellungsprozess und (3) die Festlegung des Förderortes auf der Grundlage der zweiten Anhörung der Eltern (Bundschuh & Winkler 2019).

1. *Einleitung:* Das Verfahren wird durch die antragstellende Schule (in der Regel die zuständige Grundschule) gegenüber der Schulbehörde eingeleitet und eröffnet. Antragstellende sind in der Regel die Eltern im Zuge einer ersten Anhörung zum Verfahren durch die Grundschule. Für einen vermuteten Unterstützungsbedarf im sonderpädagogischen Schwerpunkt Geistige Entwicklung erfolgt dies oftmals schon vor Schuleintritt – insbesondere, wenn infolge von Schuleingangsuntersuchungen zu Beginn des letzten Kindergartenjahres umfängliche Beeinträchtigungen beschrieben werden können.

Nach Schuleintritt (also bspw. im Falle einer Meldung im dritten Schulbesuchsjahr mit der Fragestellung eines Bedarfswechsels vom Unterstützungsbedarf Lernen nach Geistige Entwicklung) bleibt das Verfah-

ren gleich, es gelten Meldefristen die landesspezifisch geregelt werden – in der Regel mit (1) Meldung im Herbst, (2) Durchführung des Verfahrens in den Wintermonaten und (3) Eröffnung des Gutachtens mit zweiter Anhörung der Eltern im Frühjahr.
2. *Prozess:* Im Rahmen des eigentlichen Feststellungsverfahrens wird ein Sonderpädagoge bzw. eine Sonderpädagogin dann mit der Begutachtung des Kindes beauftragt. Mit Bezug auf die jeweilige sonderpädagogische Fragestellung (Hypothese) werden standardisierte Verfahren, strukturierte Unterrichtsbeobachtungen sowie Anamnesegespräche durchgeführt, um die Art und den Umfang eines sonderpädagogischen Unterstützungsbedarfs herauszuarbeiten und ermessensfehlerfrei schriftlich darzustellen. Das Gutachten schließt mit einem Vorschlag in Bezug auf den sonderpädagogischen Unterstützungsbedarf. Ggf. wird dieser Vorschlag von einem Hinweis auf den sonderpädagogischen Schwerpunkt (also bspw. Geistige Entwicklung) ergänzt. Ob dies erwünscht bzw. überhaupt zulässig ist, ist jedoch abhängig vom jeweiligen Schulamtsbezirk. Im Sinne einer Prozessorientierung sollen auch im Feststellungsverfahren Vorschläge für die weitere schulische Förderung folgen sowie Hinweise zur interdisziplinären Kooperation gegeben werden (bspw. Logopädie, medizinische Abklärungen usw.).
3. *Entscheidung:* Das verantwortliche Schulamt entscheidet auf Grundlage der Begutachtungsergebnisse über das Vorliegen eines sonderpädagogischen Unterstützungsbedarfs und den damit verbundenen sonderpädagogischen Schwerpunkt. Die Entscheidung wird den Erziehungsberechtigten im Rahmen der zweiten Anhörung eröffnet. Diese verfügen in der Regel über ein Wahlrecht zum Lernort (zur Schulform), die besucht werden soll. Auch wenn angestrebt wird, dass dem Willen der Erziehungsberechtigten möglichst entsprochen wird, liegt die endgültige Entscheidung beim verantwortlichen Schulamt. Ausnahmefälle (vom Wahlrecht der Eltern) ergeben sich bspw. aus einem Ressourcenvorbehalt oder aus Gründen der Selbst- oder Fremdgefährdung sowie der Funktionsfähigkeit des Unterrichts (also dem Recht der anderen Lernenden auf eine ungestörte Lernumgebung und -entwicklung).

In Baden-Württemberg wird der Unterstützungsbedarf zunächst befristet (ähnliche Regelungen finden wir auch in anderen Bundesländern – bspw. durch terminliche Vorgaben wiederholter Prüfung), nach Ablauf dieser Befristung steht – ebenso wie im letzten Schulbesuchsjahr der Primarstufe – die Wiederfeststellung an (https://ma.schulamt-bw.de/,Lde/Startseite/Themen+_+Schularten/Sonderpaedagogisches+Feststellungsverfahren).

Der Bedarf wird erneut geprüft und ggf. geändert, außer bspw. bei Kindern mit komplexer Behinderung – in diesem Falle können die Eltern zustimmen, dass eine Wiederfeststellung nicht erforderlich ist.

13.3 Der Aufbau des Gutachtens am Beispiel Baden-Württemberg

Die KMK-Vorgaben dienen über die Bundesländer hinweg als vergleichbare Eckpunkte (bspw. auch Bundschuh & Winkler 2019), gleichwohl gibt es jedoch auch Unterschiede, deren ausführliche Darstellung den Rahmen des Buches jedoch deutlich sprengen würde. Wir beschränken uns daher darauf, den Aufbau eines Gutachtens exemplarisch für Baden-Württemberg vorzustellen. Folgende Punkte sind Inhalt des Gutachtens:

1. Begutachtendes Sonderpädagogisches Bildungs- und Beratungszentrum (SBBZ)
2. Daten des Kindes und der Erziehungsberechtigten
3. Schulbiografie
4. derzeitige Situation und Anlass der Überprüfung
5. Fragestellung
6. Informationsquellen und diagnostische Verfahren
7. bisherige Entwicklung und Diagnosen
8. aktueller Lern- und Entwicklungsstand
    - kognitive Fähigkeiten und Wahrnehmung
    - Lernen und Wissensanwendungen
    - Kommunikation und Sprache
    - Motorik und Mobilität
    - Umgang mit Aufgaben und Anforderungen
    - Sozialverhalten und Emotionalität
    - Selbstständigkeit und Selbstversorgung
9. Umweltfaktoren
    - familiäre Situation und häusliches Umfeld
    - Unterstützungs- und Hilfssysteme
    - (vor-)schulische Situation und Bedingungen
    - außerschulische und außerfamiliäre Aktivitäten
10. Zusammenfassende Begutachtung und Bewertung

- Zusammenfassung der Überprüfungsergebnisse
- Förderbedarf und erforderliche Bedingungen
11. Abschlussgespräch mit den Erziehungsberechtigten

Quellen und Hinweise Internet (WSD – Webbasierte Sonderpädagogische Diagnostik)

»Die Webbasierte Sonderpädagogische Diagnostik (WSD) ist ein wissenschaftsbasiertes Instrument des Ministeriums für Kultus, Jugend und Sport Baden-Württemberg zur Qualitätsentwicklung und Qualitätssicherung in der Sonderpädagogik. [...] Übergeordnetes Ziel [...] ist es, die Potenziale von Kindern und Jugendlichen zu entfalten und ihre Teilhabe zu erweitern. Die WSD folgt hierbei dem in der UN-Behindertenrechtskonvention verankerten Leitgedanken, dass Bildung zu gleichberechtigter gesellschaftlicher Teilhabe in größtmöglicher Selbstständigkeit und Selbstbestimmung befähigt. [...] Die aufgeführten diagnostischen Methoden dienen der gezielten Erhebung diagnostischer Daten im Spiegel eines bio-psycho-sozialen Verständnisses von Behinderung.

Die dargestellten didaktischen Hinweise und Förderprogramme berücksichtigen bestmöglich wissenschaftliche Erkenntnisse bezüglich deren Wirksamkeit und dienen der Kompetenzentwicklung in den Bereichen Lesen und Schreiben, Mathematik, Verhalten und Kommunikation. Zusätzlich gibt die WSD qualitative Impulse für den Unterricht, die Beratung und Unterstützung im Rahmen des sonderpädagogischen Dienstes, die Gutachtenerstellung, die Frühförderung, die berufliche Bildung sowie die Inklusion« (https://www.wsd-bw.de).

13.4 Der Einbezug von Eltern (und Kind)

In der Regel werden die Eltern im gesamten Verfahren in Abläufe und Fragestellungen einbezogen. Bei Kindern und Jugendlichen mit intellektueller Beeinträchtigung hat dies einen besonderen Stellenwert, wenn es bspw. um Aspekte wie Kommunikation, Pflege, Ernährung sowie insgesamt medizinische Hinweise geht (bspw. Epilepsie oder syndromspezifische Besonderheiten) (Schäfer 2024). Es empfiehlt sich in jedem Fall, einen verstehenden (in keinem Falle konfrontativen) Umgang und einen im Hinblick auf die in den KMK-Empfehlungen genannte Kind-Umfeld-Analyse (KMK 2021, 18) partnerschaftlichen Dialog zu pflegen (vgl. hierzu weiterführend Krawitz 2021).

Schließlich sei noch auf den Einbezug des Kindes selbst verwiesen, das als Akteur seiner Entwicklung im Sinne von Subjektorientierung und Partizipation mehr in den Blick der Diagnostik zu nehmen ist, als dies die Vorgaben der Länder wie auch der KMK ausweisen – ein Aspekt, den Schuppener (2022) in ihrer kritischen Würdigung der KMK-Empfehlungen unter der Perspektive der Diagnostik zu Recht anmerkt.

13.5 Das Feststellungsverfahren – Fazit

Mitnichten konnten in diesem kurzen Abschnitt alle inhaltlichen und formalen Herausforderungen des Feststellungsverfahrens hinsichtlich eines sonderpädagogischen Unterstützungsbedarfs (und hier im Bereich Geistige Entwicklung) berücksichtigt werden (siehe zu den besonderen Herausforderungen einer Diagnostik im Bereich Komplexe Behinderung ▶ Kap. 11 oder einer Diagnostik bei Verhaltensauffälligkeiten ▶ Kap. 9).

Die häufig nicht klaren (zudem in der Regel landesspezifischen) Kriterien zur Feststellung des Unterstützungsbedarfs sind dabei Fluch und Segen zugleich: Man wünscht sich einerseits klare Vorgaben, um keine Fehler in der Zuschreibung des Unterstützungsbedarfs zu begehen. Klare Kriterien wären also vonseiten der Sonderpädagoginnen und Sonderpädagogen sicher in der Regel – auf der einen Seite – hoch willkommen: »Bei einem bestimmten IQ und bestimmten Schwierigkeiten in den adaptiven Kompetenzen liegt dieser oder jener sonderpädagogische Unterstützungsbedarf vor.« Andererseits ermöglichen die nicht vollkommen trennscharfen Kriterien aber auch eine unter Umständen notwendige Flexibilität bei der Feststellung des Unterstützungsbedarfs. So kann es sein, dass einem Kind mit einem durchaus höheren Intelligenzquotienten aufgrund seiner anderen bedeutsamen Erfahrungen wie Fluchterfahrungen, einer prekären Lebenssituation oder Ähnlichem ein höherer Unterstützungsbedarf zugeschrieben wird und das auch notwendig ist – weil er oder sie bspw. nur in einer kleineren Gruppengröße unterrichtet werden kann. Es ist also auch hier, ebenso wie bei der Diagnostik zur Erfassung der Lernvoraussetzungen, um die es in diesem Band ja vornehmlich geht, wichtig, dass die begutachtende Sonderpädagogin oder der Sonderpädagoge über profunde diagnostische Kenntnisse verfügt.

Einen geeigneten Ansatz im Kontext einer Abgrenzung der Unterstützungsbedarfe Lernen und Geistige Entwicklung (eine der häufigen und meist schwierigen Fragestellungen) stellen Hackl, Baysel und Dworschak (2024b) mit einer sogenannten Entscheidungsmatrix vor (▶ Abb. 13.2).

13 Feststellung des sonderpädagogischen Unterstützungsbedarfs

»Diese Entscheidungsmatrix ist als ein zweidimensionales Feld zu verstehen, das die beiden Kriterien der kognitiven Leistungsfähigkeit – dargestellt als IQ-Wert, d.h. als Ergebnis einer standardisierten, wenn möglich sprachgebundenen Überprüfung der allgemeinen Intelligenz – und die adaptiven Kompetenzen – dargestellt als Ergebnis einer standardisierten Überprüfung, z.B. anhand der Vineland Adaptive Behavior Scales – Third Edition, Vineland-3 (Sparrow et al., 2021) oder anhand des auf Englisch bereits verfügbaren Adaptive Behavior Assessment Systems – Third Edition (ABAS-3) (Harrison & Oakland, 2015) – miteinander in Beziehung setzt« (ebd., 7).

Entscheidungs-matrix	Ergebnisse der Überprüfung der **kognitiven Leistungsfähigkeit (IQ)** (Standardwerte, inklusive Konfidenzintervall)		
	<70	im Grenzbereich „um" 70	70 – 85
Ergebnisse der Überprüfung der Kompetenzen im Bereich des adaptiven Verhaltens (Standardwerte, inklusive Konfidenzintervall) <70	Zuschreibung des Förderschwerpunkts **Geistige Entwicklung**	Zuschreibung des Förderschwerpunkts **Geistige Entwicklung**	Zuschreibung des Förderschwerpunkts **Geistige Entwicklung bzw. Lernen**
im Grenzbereich „um" 70	Zuschreibung des Förderschwerpunkts **Geistige Entwicklung**	Zuschreibung des Förderschwerpunkts **Geistige Entwicklung bzw. Lernen**	→ Entscheidung sollte auf der Basis weiterer störungsspezifischer Aspekte getroffen werden, wie z.B. Reizverarbeitung, Peer-Group (1)
70 – 85	Zuschreibung des Förderschwerpunkts **Geistige Entwicklung**	→ Entscheidung sollte auf der Grundlage einer intensiven Analyse der moderierenden Variablen und der Kontextfaktoren getroffen werden (2)	Zuschreibung des Förderschwerpunkts **Lernen**
>85	äußerst unwahrscheinliche Konstellation mit geringfügiger Praxisrelevanz	Zuschreibung des Förderschwerpunkts **Lernen**	Zuschreibung des Förderschwerpunkts **Lernen**

Abb. 13.2: Entscheidungsmatrix (Hackl, Baysel & Dworschak 2024b, 7) (s.u.: »Weiterführende Literatur«).

In der Originalgrafik sind die Felder der Matrix farblich hell- und dunkelgrün sowie gelb und grau gestaltet – Hackl, Baysel und Dworschak (2024b) erläutern im Text die Farben und geben Empfehlungen zur Umsetzung.

13.5 Das Feststellungsverfahren – Fazit

Weiterführende Hinweise zur Feststellung eines sonderpädagogischen Unterstützungsbedarfs im Schwerpunkt Geistige Entwicklung finden sich zudem im aktuellen Diskussionsbeitrag zu Prozessstandards zur schulischen Diagnostik von Dworschak, Baysel und Hackl (2024). Folgende Aspekte werden hier besonders in den Mittelpunkt der Ausführungen gerückt:

- Thema, Fragestellungen und/oder Hypothesen
- individuelle Zugangs- und Testvoraussetzungen
- Auswahl geeigneter (Test-)Verfahren
- Auswertung und Interpretation der Ergebnisse, Zuschreibung des sonderpädagogischen Unterstützungsbedarfs (SUB) Geistige Entwicklung (GE)

Mit Blick auf die Auswahl geeigneter (Test-)Verfahren (hier der dritte Punkt) schlagen Dworschak, Baysel und Hackl (2024) eine an der AWMF-Leitlinie orientierte Entscheidungskaskade vor (Hackl, Baysel & Dworschak 2024a).

Weiterführende Literatur (Feststellungsverfahren und Entscheidungsmatrix)

Dworschak, W., Baysel, K. & Hackl, K. (2024): Feststellung sonderpädagogischen Unterstützungsbedarfs im Schwerpunkt Geistige Entwicklung – Prozessstandards zur schulischen Diagnostik zur Diskussion gestellt. In: Sonderpädagogische Förderung heute 4 (69) 413–425.

Hackl, K., Baysel, K. & Dworschak, W. (2024a). Arbeitspapier zur Entscheidung über die Form der Untersuchung kognitiver Kompetenzen im statusdiagnostischen Prozess: Die Entscheidungskaskade. Universität Regensburg. (https://doi.org/10.5283/epub.58252)

Hackl, K., Baysel, K. & Dworschak, W. (2024b): Arbeitspapier zur Abgrenzung der sonderpädagogischen Förderschwerpunkte Geistige Entwicklung und Lernen: Die Entscheidungsmatrix. Universität Regensburg. (https://doi.org/doi:10.5283/epub.58336)

Unsere Empfehlungen (insbesondere zu Beginn einer Tätigkeit in diesem Bereich) gehen dahin, sich mit Kolleginnen und Kollegen in Bezug auf die Testauswahl, Durchführung und Auswertung zu beraten und auszutauschen. Wenn möglich, kann man die Testungen auch filmen und die Auswertungen gemeinsam vornehmen, um bei der Entscheidung sicherer zu sein. Der kollegiale Austausch kann hier hilfreich und unterstützend sein und zur notwendigen Sicherheit bei diagnostischen Entscheidungen beitragen.

Weiterführende Literatur (Grundlagen Sonderpädagogisches Gutachten – Feststellungsverfahren)

Breitenbach, E. (2020): Psychologie in der Heil- und Sonderpädagogik. (Nachbarwissenschaften der Heil- und Sonderpädagogik, Band 1). Stuttgart: Kohlhammer.
Pitsch, H.-J. (2021): Schulische Diagnostik im Wandel der Zeit. In: Schäfer, H. & Rittmeyer, C. (Hrsg.): Handbuch inklusive Diagnostik. Kompetenzen feststellen – Entwicklungsbedarfe identifizieren – Förderplanung umsetzen. Weinheim: Beltz. 43–66.
Pretis, M. (2021): Ziele finden – Teilhabe ermöglichen. Förderplanung im Kontext der ICF. In: Schäfer, H. & Rittmeyer, C. (Hrsg.): Handbuch inklusive Diagnostik. Kompetenzen feststellen – Entwicklungsbedarfe identifizieren – Förderplanung umsetzen. Weinheim: Beltz. 343–353.
Wolf, L. M. & Dietze, T. (2022): Ein Überblick über die Organisation der Feststellung von sonderpädagogischen Förderbedarfen in Deutschland. In: Gebhardt, M., Scheer, D. & Schurig, M. (Hrsg.): Handbuch der sonderpädagogischen Diagnostik. Grundlagen und Konzepte der Statusdiagnostik, Prozessdiagnostik und Förderplanung. Regensburg: Universitätsbibliothek. 325–344 (https://doi.org/10.5283/epub.53149).

14 Testverzeichnis

Es handelt sich hier um die im Buch genannten und vorgestellten diagnostischen Verfahren. Diese Zusammenstellung erhebt keinen Anspruch auf Vollständigkeit, weitere Verfahren bzw. die wiederum je neuen Auflagen nach, ggf. nach Revision, finden sich auf der Seite der Testzentrale (https://www.testzentrale.de).

Abkürzung	Name	Quelle (ggf. Bezug)
Bayley Scales 3	Bayley Scales 3	Bayley, N. (2015): Bayley Scales of Infant and Toddler Development – Third Edition. (Deutsche Fassung von Reuner, G. & Rosenkranz J., 1. Aufl. München: Pearson).
BKF-R	Beobachtungsbogen zu kommunikativen Fähigkeiten – Revision, Version 1.5	Scholz, M., Wagner, M. & Stegkemper, J. M. (2022): Beobachtungsbogen zu kommunikativen Fähigkeiten – Revision (BKF-R, Version 1.5.). Ohne Verlag. (https://www.bkf-r.de/)
BISC	Bielefelder Screening zur Früherkennung von Lese-Rechtschreibschwierigkeiten	Jansen, H., Mannhaupt, G., Marx, H. & Skowronek, H. (2002): Bielefelder Screening zur Früherkennung von Lese-Rechtschreibschwierigkeiten (2., überarb. Aufl.). Göttingen: Hogrefe.
BRIEF BRIEF – E BRIEF – L	Behavior Rating Inventory of Executive Function	• Gioia, G. A., Isquith, P. K., Guy, S. C. & Kenworthy, L. (2000): BRIEF: Behavior Rating Inventory of Executive Function. Lutz, Fl.: Psychological Assessment Resources, Inc. • Drechsler, R. & Steinhausen, H.-C. (2013): Verhaltensinventar zur Beurteilung exekutiver Funktionen: Deutschsprachige Adaption des Behavior Rating Inventory of Executive Function: BRIEF von G. A. Gioia, P. K. Isquith, S. C. Guy und L. Kenworthy und der Self-Report Version (BRIEF-SR) von S. C. Guy, P. K. Isquith und G. A. Gioia. Göttingen: Hogrefe.
BRIEF-P	Behavior Rating Inventory of Executive Function – Preschool Version	Daseking, M. & Petermann, F. (2013): Verhaltensinventar zur Beurteilung exekutiver Funktionen für das Kindergartenalter (BRIEF-P). Deutschsprachige Adaption des Behavior Rating Inventory of Executive Function – Preschool Ver-

Abkürzung	Name	Quelle (ggf. Bezug)
		sion (BRIEF-P) von Gerard A. Gioia, Kimberly Andrews Espy und Peter K. Isquith. Bern: Verlag Hans Huber.
CFT 1-R	Culture Fair Intelligence Test 1-R	Weiß, R. H. & Osterland, J. (2013): CFT 1-R. Grundintelligenztest Skala 1 – Revision. Göttingen: Hogrefe.
CFT 20-R	Culture Fair Intelligence Test 20-R	Weiß, R. H. (2019): CFT 20-R mit WS/ZF-R. Grundintelligenztest Skala 2 – Revision mit Wortschatztest und Zahlenfolgentest – Revision (2. überarb. Aufl. mit aktualisierten und erweiterten Normen). Göttingen: Hogrefe.
DEMAT 2+	Deutscher Mathematiktest für zweite Klassen	Krajewski, K., Liehm, S. & Schneider, W. (2004): DEMAT 2+: Deutscher Mathematiktest für zweite Klassen. 1. Auflage. Göttingen: Hogrefe.
DIK-2		Bundesministerium für Arbeit und Soziale (BfAS) (2004): DIK-2 – Diagnostische Kriterien: Katalog berufsbezogener Personenmerkmale. Version 2. (https://www.bmas.de/SharedDocs/Downloads/DE/Publikationen/fb-f312-dik-2.pdf?__blob=publicationFile&v=2)
ELFE II	Ein Leseverständnistest für Erst- bis Siebtklässler – Version II	Lenhard, W., Lenhard, A. & Schneider, W: (2022): Ein Leseverständnistest für Erst- bis Siebtklässler – Version II (5., aktualis. Aufl.). Göttingen: Hogrefe.
ELFRA-1	Elternfragebögen für die Früherkennung von Risikokindern – 1 – für 12-monatige Kinder	Grimm, H., Doil, H., Aktas, M. & Frevert, S. (2019): Elternfragebögen für die Früherkennung von Risikokindern (3., überarb. Aufl.). Göttingen: Hogrefe.
ELFRA-2	Elternfragebögen für die Früherkennung von Risikokindern – 1 – für 24-monatige Kinder	Grimm, H., Doil, H., Aktas, M. & Frevert, S. (2019): Elternfragebögen für die Früherkennung von Risikokindern (3., überarb. Aufl.). Göttingen: Hogrefe.
ELFRA-gB	Elternfragebögen für die Früherkennung von Risikokindern – Kombination aus ELFRA-1 und ELFRA-2 nach Aktas (2017) für die Anwendung bei Kindern mit intellektueller Beeinträchtigung	Aktas, M. (2017): Entwicklungsorientierte Sprachdiagnostik und -förderung bei Kindern mit geistiger Behinderung. In: Lücke, T., Costard, S. & Ilsinger, S. (Hrsg.): Neuropädiatrie für Sprachtherapeuten. München: Elsevier. 221–240.

14 Testverzeichnis

Abkürzung	Name	Quelle (ggf. Bezug)
EMBI	ElementarMathematisches BasisInterview	♦ Peter-Koop, A., Wollring, B., Grüßing, M. & Spindeler, B. (2007/2013): ElementarMathematisches BasisInterview (EMBI). Zahlen und Operationen. Offenburg: Mildenberger ♦ Streit-Lehmann J., Flottmann N.-C.& Peter-Koop A. (2022): ElementarMathematisches BasisInterview (EMBI). Zahlen und Operationen. Handbuch Förderung. Neubearbeitung. Offenburg: Mildenberger.
EMBI KiGa	EMBI Kindergarten	Peter-Koop, A. & Grüßing, M. (2011): Elementar-Mathematisches BasisInterview (EMBI) KiGa. Offenburg: Mildenberger.
EMK 3–6	Inventar zur Erfassung emotionaler Kompetenzen bei Drei- bis Sechsjährigen	Petermann, F. & Gust, N. (2016): Inventar zur Erfassung emotionaler Kompetenzen bei Drei- bis Sechsjährigen. Göttingen: Hogrefe.
EMK-Förderprogramm	Emotionale Kompetenzen im Vorschulalter fördern – Das EMK-Förderprogramm	Petermann, F. & Gust, N. (2016): Emotionale Kompetenzen im Vorschulalter fördern. Das EMK-Förderprogramm. Göttingen: Hogrefe.
EuLe 4–5	Erzähl- und Lesekompetenzen erfassen bei 4- bis 5-jährigen Kindern	Meindl, M. & Jungmann, T. (2019): EuLe 4–5. Erzähl- und Lesekompetenzen erfassen bei 4- bis 5-jährigen Kindern. Göttingen: Hogrefe.
ET 6–6-R	Entwicklungstest für Kinder von 6 Monaten bis 6 Jahren – Revision	Petermann F. & Macha, T (2015): ET 6–6 R – Entwicklungstest für Kinder von 6 Monaten bis 6 Jahren – Revision (2., korr. Aufl.). München: Pearson.
FAST-D	Funktionale-Analyse-Screening-Test. Deutsche Übersetzung	Schanze, C. & Hemmer-Schanze, C. (2019): Funktionale-Analyse-Screening-Test. Deutsche Übersetzung. Schwifting: Koch & Schanze GbR. (https://fobiport.de/wp-content/uploads/2021/02/fobiport_FAST_D.pdf)
FesK-Handreichung	Förderung emotional-sozialer Kompetenz	Kannewischer, S. & Wagner, M. (2011): Förderung emotional-sozialer Kompetenz. FesK. Handreichung zur Förderung emotional-sozialer Kompetenz im Unterricht bei Kindern mit dem Förderschwerpunkt geistige und sozial-emotionale Entwicklung in den Jahrgangsstufen 3 bis 6. München: Hintermaier.

14 Testverzeichnis

Abkürzung	Name	Quelle (ggf. Bezug)
FEW-3	Frostigs Entwicklungstest der visuellen Wahrnehmung – 3	Büttner, G., Dacheneder, W., Müller, Ch., Schneider, W. & Hasselhorn, M. (2021): FEW-3. Frostigs Entwicklungstest der visuellen Wahrnehmung – 3. Deutsche Bearbeitung des Developmental Test of Visual Perception, Third Edition (DTVP-3) von D. D. Hammill, N. A. Pearson und J. K. Voress. Göttingen: Hogrefe.
Förderdiagnostik	Förderdiagnostik mit Kindern und Jugendlichen mit schwerster Beeinträchtigung	Schäfer, H., Zentel, P. & Manser, R. (2022): Förderdiagnostik mit Kindern und Jugendlichen mit schwerster Beeinträchtigung. Eine praktische Anleitung zur förderdiagnostischen, pädagogisch-therapeutischen Einschätzung und Bildungsplanung. Unter Mitarbeit von Andreas Fröhlich. Dortmund: verlag modernes lernen.
GISC-EL	Gießener Screening zur Erfassung der erweiterten Lesefähigkeit	Koch, A., Euker, N. & Kuhl, J. (2016): GISC-EL. Gießener Screening zur Erfassung der erweiterten Lesefähigkeit. Göttingen: Hogrefe.
hamet Testverfahren	Handwerklich-motorischer Eignungstest	Diakonie Stetten e. V. (https://hamet.diakonie-stetten.de/diagnostik-mit-hamet.html)
IDS-P	Intelligence and Development Scales – Preschool	Grob, A., Reinmann, G., Frischknecht, M.-C. & Gut, J. (2013): IDS-P – Intelligence and Development Scales – Preschool (Intelligenz- und Entwicklungsskalen für das Vorschulalter). Bern: Huber.
IDS-2	Intelligence and Development Scales – 2	Grob, A. & Hagmann-von-Arx, P. (2018): Intelligence and Development Scales – 2 (IDS 2). Intelligenz- und Entwicklungsskalen für Kinder und Jugendliche von 5 – 20 Jahren. Göttingen: Hogrefe.
IMBA	Integration von Menschen mit Behinderungen in die Arbeitswelt (Version 2)	Kleffmann, A., Ramsauer, F., Rexrodt, Ch., Schian, H.-M. & Weinmann, S. (2000): IMBA – Integration von Menschen mit Behinderungen in die Arbeitswelt. (https://www.imba.de)
KABC-II	Kaufman Assessment Battery for Children – II	Kaufman, A. & Kaufman, N.; Deutschsprachige Fassung von Melchers, P. & Melchers, M. (2015): KABC-II- Kaufmann Assessment Battery for Children – second edition. Frankfurt a. M.: Pearson.
KALKULIE	Diagnose- und Trainingsprogramm für rechenschwache Kinder	Gerlach, M., Fritz, A., Ricken, G. & Schmidt, S. (2007): Diagnose- und Trainingsprogramm für re-

Abkürzung	Name	Quelle (ggf. Bezug)
		chenschwache Kinder (KALKULIE). Berlin: Cornelsen.
KALKULIE-T	Trainingsprogramm Kalkulie: Diagnose- und Trainingsprogramm für rechenschwache Kinder	Fritz, A., Gerlach, M., Ricken, G. & Schmidt, S. (2007): Trainingsprogramm Kalkulie: Diagnose- und Trainingsprogramm für rechenschwache Kinder (KALKULIE-T). Berlin: Cornelsen.
KI	Kompetenzinventar	Integrationsfachdienst im Auftrag des KVJS (2022): Das Kompetenzinventar im Prozess der Berufswegeplanung. Stuttgart: Kommunalverband für Jugend und Soziales Baden-Württemberg. (https://www.ifd-bw.de/kompetenzinventar/)
LiSe-DaZ	Linguistische Sprachstandserhebung – Deutsch als Zweitsprache	Tracy, R. & Schulz, P. (2011): LiSe-DaZ. Linguistische Sprachstandserhebung – Deutsch als Zweitsprache. Göttingen: Hogrefe.
LSL	Lehrereinschätzliste für Sozial- und Lernverhalten	Petermann, U. & Petermann, F. (2013): LSL. Lehrereinschätzliste für Sozial- und Lernverhalten (2., überarb. Aufl.). Göttingen: Hogrefe.
Lubo aus dem All 1.und 2. Klasse, Vorschulalter	Programm zur frühzeitigen Förderung sozialemotionaler Basiskompetenzen	Alle Verfahren verfügbar online auf Verlagsseite: https://www.reinhardt-verlag.de/padagogik-soziale-arbeit/lubo-aus-dem-all/
MARKO-D	Mathematik- und Rechenkonzepte im Vorschulalter – Diagnose	Ricken, G., Fritz, A. & Balzer, L. (2013). MARKO-D: Mathematik- und Rechenkonzepte im Vorschulalter – Diagnose. Göttingen: Hogrefe.
MARKO-T	Mathematik- und Rechenkonzepte im Vor- und Grundschulalter – Training	Gerlach, M., Fritz, A. & Leutner, D. (2013): Mathematik- und Rechenkonzepte im Vor- und Grundschulalter – Training (MARKO-T). Göttingen: Hogrefe.
MBK 0	Test mathematischer Basiskompetenzen im Kindergartenalter	Krajewski, K. (2018): MBK 0. Test mathematischer Basiskompetenzen im Kindergartenalter. Göttingen: Hogrefe.
MBK GE	Test mathematischer Basiskompetenzen bei Kindern im sonderpädagogischen Schwerpunkt geistige Entwicklung	Janz, F., Eßwein, N. Terfloth, K. & Krajewski, K. (i. V.): Test mathematischer Basiskompetenzen bei Kindern und Jugendlichen im sonderpädagogischen Schwerpunkt geistige Entwicklung. Göttingen: Hogrefe.

Abkürzung	Name	Quelle (ggf. Bezug)
MELBA	Merkmalprofil zur Eingliederung Leistungsgewandelter und Behinderter in Arbeit	Föhres, F., Kleffmann, A. & Weinmann, S. (2014): Merkmalprofil zur Eingliederung Leistungsgewandelter und Behinderter in Arbeit (MELBA) (8. Aufl.). Lich: Miro. (https://www.miro-gmbh.de/de/)
MOAS-D	Modifizierte Skala für offensichtliche Aggressionen – Deutsche Übersetzung	Schanze, C., Hemmer-Schanze, C., Walter-Fränkel, S. & Elstner, S. (2019): Modifizierte Skala für offensichtliche Aggressionen – Vorstellung der deutschen Übersetzung der Modified Overt Aggression Scale (MOAS). 25–36.
PAC	Progress Assessment Chart of Social and Personal Development	Günzburg, H. C. (1977): Pädagogische Analyse und Curriculum der sozialen und persönlichen Entwicklung. Deutsche Ausgabe der »Progress Assessment Chart (PAC) of Social and Personal Development«. Stratford upon Avon: SEFA.
PERM	Paderborner Entwicklungs-Raster für Schwerst-Mehrfachbehinderte (mit Sehschädigung)	Faber, M. & Rosen, K. (1997): PERM – Paderborner Entwicklungs-Raster für Schwerst-Mehrfachbehinderte (mit Sehschädigung). Paderborn: Eigenverlag.
PPVT-4	Peabody Picture Vocabulary Test – 4	• Dunn, L. M. & Dunn, D. M. (2015): Peabody Picture Vocabulary Test (PPVT-IV) Deutsche Bearbeitung Lenhard, A., Lenhard, W., Segerer, R. & Suggate, S. Frankfurt a. M.: Pearson. • Lenhard A., Lenhard W., Segerer R. & Suggate S. (2015): Peabody picture vocabulary test: PPVT 4. Amerikanische Originalfassung von Lloyd M. Dunn & Douglas M. Dunn. Deutsche Fassung von A. Lenhard, W. Lenhard, R. Segerer & S. Suggate (4. Aufl.). Frankfurt a. M.: Pearson.
SEED-2	Skala der Emotionalen Entwicklung – Diagnostik 2	Sappok, T., Zepperitz, S., Morisse, F., Barrett, B. F. & Došen, A. (2023): Skala der Emotionalen Entwicklung – Diagnostik 2. Göttingen: Hogrefe.
SELLMO	Skalen zur Erfassung der Lern- und Leistungsmotivation	Spinath, B., Stiensmeier-Pelster, J., Schöne, C., Dickhäuser, O. (2012): SELLMO. Skalen zur Erfassung der Lern- und Leistungsmotivation (2., überarb. u. neu normierte Aufl.). Göttingen Hogrefe.

Abkürzung	Name	Quelle (ggf. Bezug)
SEN	Skala zur Einschätzung des Sozial-Emotionalen Entwicklungsniveaus	Hoekman, J., Miedema, A., Otten, B. & Gielen, J. (2012): SEN – Skala zur Einschätzung des Sozial-Emotionalen Entwicklungsniveaus. Göttingen: Hogrefe.
SET 5–10	Sprachstandserhebungstest für Kinder im Alter zwischen 5 und 10 Jahren	Petermann, F. (2018): SET 5–10. Sprachstandserhebungstest für Kinder im Alter zwischen 5 und 10 Jahren (3., aktualis. u. teilw. neu normierte Aufl.). Göttingen: Hogrefe.
SETK-2	Sprachentwicklungstest für zweijährige Kinder	Grimm, H. (2016): Sprachentwicklungstest für zweijährige Kinder (SETK-2). Diagnose rezeptiver und produktiver Sprachverarbeitungsfähigkeiten (2., überarb. u. neu normierte Aufl.). Göttingen: Hogrefe.
SETK 3–5	Sprachentwicklungstest für drei- bis fünfjährige Kinder	Grimm, H. (2015): SETK 3–5. Sprachentwicklungstest für drei- bis fünfjährige Kinder. Diagnose von Sprachverarbeitungsfähigkeiten und auditiven Gedächtnisleistungen. Unter Mitarbeit von M. Aktas u. S. Frevert (3., überarb. u. neu normierte Aufl.). Göttingen: Hogrefe.
SETK-gB	Kombination aus SETK-2 und SETK 3–5 nach Aktas (2017) für die Anwendung bei Kindern mit intellektueller Beeinträchtigung	Aktas, M. (2017): Entwicklungsorientierte Sprachdiagnostik und -förderung bei Kindern mit geistiger Behinderung. In: Lücke, T., Costard, S. & Ilsinger, S. (Hrsg.): Neuropädiatrie für Sprachtherapeuten. München: Elsevier. 221–240.
SON-R 2–8	Snijders-Oomen Non-verbaler Intelligenztest 2–8 – Revision	Tellegen, P. J., Laros, J. A. & Petermann, F. (2018): SON-R 2.–8. Non-verbaler Intelligenztest. Göttingen: Hogrefe.
SON-R 6–40	Snijders-Oomen Non-verbaler Intelligenztest SON-R 6–40 – Revidierte Fassung	Tellegen, P. J., Laros, J. A. & Petermann, F. (2012): SON-R 6–40. Non-verbaler Intelligenztest. Göttingen: Hogrefe.
TASP	Test of Aided Communication Symbol Performance	Bruno, J. (Autor), Hansen, F. (Hrsg., Übersetzerin) (2009): Diagnostiktest TASP – Zur Abklärung des Symbol- und Sprachverständnisses in der Unterstützten Kommunikation. Berlin: Rehavista.
TASP MOD	TASP: Modifizierte Anweisungen zur Durchführung (TASP.MOD)	Sarimski, R. (2013): Diagnostiktest TASP: Modifizierte Anweisungen zur Durchführung (TASP.-MOD). Berlin: Rehavista.

Abkürzung	Name	Quelle (ggf. Bezug)
TEDI-MATH	Test zur Erfassung numerisch-rechnerischer Fertigkeiten vom Kindergarten bis zur 3. Klasse	Kaufmann, L., Nuerk, H.-C., Graf, M., Krinzinger, H., Delazer, M. & Willmes, K. (2009): TEDI-MATH. Test zur Erfassung numerisch-rechnerischer Fertigkeiten vom Kindergarten bis zur 3. Klasse. Bern: Huber.
Tipp-mal-App	Tipp-mal-App	Leber, I. & Vollert, A. (2020): Tipp mal [App zur Sprachverständnis-Diagnostik]. (https://tippmal.com)
Verhaltenstraining für Schulanfänger	Verhaltenstraining für Schulanfänger. Ein Programm zur Förderung sozialer und emotionaler Kompetenzen	Petermann, F., Natzke, H., Gerken, N. & Walter, H.-J. (2016): Verhaltenstraining für Schulanfänger. Ein Programm zur Förderung sozialer und emotionaler Kompetenzen (4., aktualis. Aufl.). Göttingen: Hogrefe.
VEWU	Verhalten während der Untersuchung	Döpfner, M. & Petermann, F. (2012): Diagnostik psychischer Störungen im Kindes- und Jugendalter (3. Aufl.). Göttingen: Hogrefe. 162.
VFE-L	Verhaltensfragebogen bei Entwicklungsstörungen – Lehrerversion	Einfeld, S. L., Müller, C. M. Steinhausen, H-C, Tonge, B. J. & Zurbriggen, C-L. (2024): VFE: Verhaltensfragebogen bei Entwicklungsstörungen (2. überarb. Aufl. mit erweiterten Normen). Göttingen: Hogrefe.
WET	Der Wiener Entwicklungstest. Ein Verfahren zur Erfassung des allgemeinen Entwicklungsstandes bei Kindern von drei bis sechs Jahren	Kastner-Koller, U. & Deimann, P. (2012): WET – Der Wiener Entwicklungstest. Ein Verfahren zur Erfassung des allgemeinen Entwicklungsstandes bei Kindern von 3 bis 6 Jahren (3., überarb. u. erw. Aufl.). Göttingen: Hogrefe.
WISC-V	Wechsler Intelligence Scale for Children – Fifth Edition	Wechsler, D. (2017): WISC-V Wechsler Intelligence Scale for Children – Fifth Edition. München: Pearson.
WNV	Wechsler Nonverbal Scale of Ability	Wechsler, D. & Naglieri, J. A. (2014): WNV Wechsler Nonverbal Scale of Ability. Ein sprachfreier Intelligenztest im Altersbereich von 4 bis 21 Jahren. (Herausgeber der deutschen Ausgabe: Petermann, F. München: Pearson).
WPPSI-IV	Wechsler Preschool and Primary Scale of Intelligence – Fourth Edition	Wechsler, D. (2018): WPPSI-IV. Wechsler Preschool and Primary Scale of Intelligence – Fourth Edition. (Deutsche Bearbeitung herausgegeben von Petermann, F. & Daseking, M.)

Abkürzung	Name	Quelle (ggf. Bezug)
WTB	Werdenfelser Testbatterie	Peterander, F., Strasser, E., Städler, T. & Kahabka, T. (2009): WTB- Werdenfelser Testbatterie. Göttingen: Hogrefe.
ZLT-II	Zürcher Lesetest – II	Franz Petermann, F. & Daseking, M. (2019): ZLT-II. Zürcher Lesetest – II. Weiterentwicklung des Zürcher Lesetests (ZLT) von Maria Linder und Hans Grissemann (4., vollst. überarb. Aufl.). Göttingen: Hogrefe.

Literatur

Afacan, K., Wilkerson, K. L. & Ruppar, A. L. (2018): Multicomponent reading interventions for students with intellectual disability. In: Remedial and Special Education 4 (39) 229-242.

Aktas, M. (2004): Sprachentwicklungsdiagnostik bei Kindern mit Down-Syndrom: Entwicklung eines diagnostischen Leitfadens zum theoriegeleiteten Einsatz standardisierter Verfahren. Bielefeld: Bielefeld University.

Aktas, M. (Hrsg.) (2012): Entwicklungsorientierte Sprachdiagnostik und -förderung bei Kindern mit geistiger Behinderung – Theorie und Praxis. München: Elsevier.

Aktas, M. (2017): Entwicklungsorientierte Sprachdiagnostik und -förderung bei Kindern mit geistiger Behinderung. In: Lücke, T., Costard, S. & Ilsinger, S. (Hrsg.): Neuropädiatrie für Sprachtherapeuten. München: Elsevier. 221–240.

Aktas, M., Müller, C. & Wolf, S. M. (2017): Die sprachliche Entwicklung von Kindern mit einer geistigen Behinderung. In: Kinder- und Jugendmedizin 5 (17) 305–311.

Alexander, R. M. & Reynolds, M. R. (2020): The relation between intelligence and adaptive behavior: A meta-analysis. In: School Psychology Review 49 85–110. (https://doi.org/10.1080/2372966X.2020.1717374)

Alhwaiti, M. (2024): Phonological awareness and rapid automatized naming as predictors of early literacy skills among children with mild to borderline intellectual functioning. In: Applied Neuropsychology: Child 1 (13) 8–16.

American Educational Research Association, American Psychological Association & National Council on Measurement in Education (2014): Standards for educational and psychological testing. Washington: American Educational Research Association.

Anderson, M. (1992): Intelligence and development: a cognitive theory. Oxford: Blackwell.

Anjos, A., Barbosa, A. & Azoni, C. (2019): Phonological processing in students with developmental dyslexia, ADHD and intellectual disability. In: Revista CEFAC 5 (21) 1–7.

Ansari, D., Donlan, C., Thomas, M. S. C., Ewing, S. A., Peen, T. & Karmiloff-Smith, A. (2003): What makes counting count? Verbal and visuo-spatial contributions to typical and atypical number development. In: Journal of Experimental Child Psychology 1 (85) 50-62. (https://doi.org/10.1016/S0022-0965(03)00026-2)

Arbeitsstelle Kooperation (2022): Übergang Schule – Beruf (Berufswegekonferenz). Ablauf und Inhalte. Karlsruhe: Staatliches Schulamt Karlsruhe. (https://ka.schulamt-bw.de/,Lde/Startseite/Unterstuetzung+_+Beratung/Berufsorientierung+fuer+Schueler+mit+Behinderung)

Bachmann, T. & Becker-Mrotzek, M. (2017): Schreibkompetenz und Textproduktion modellieren. In: Becker-Mrotzek, M., Grabowski, J. & Steinhoff, T. (Hrsg.): Forschungshandbuch empirische Schreibdidaktik. Münster u. New York: Waxmann. 25–54.

Bakken, R., Næss, K., Lemons, C. & Hjetland, H. (2021): A systematic review and meta-analysis of reading and writing interventions for students with disorders of intellectual development. In: Education Sciences 10 (11) 1–19.

Bernasconi, T. (2023): Diagnostik und Interventionsplanung in der Unterstützten Kommunikation: Methoden und Einsatz in der Praxis. München: Ernst Reinhardt.
Bernasconi, T. & Böing, U. (2015): Pädagogik bei schwerer und mehrfacher Behinderung. Stuttgart: Kohlhammer.
Bienstein, P. (2016): Diagnostik und Intervention bei problematischen Verhaltensweisen. In: Kuhl, J. & Euker, N. (Hrsg.): Evidenzbasierte Diagnostik und Förderung von Kindern mit intellektueller Beeinträchtigung. Bern: Hogrefe. 249–276.
Bienstein, P., Döpfner, M. & Sinzig, J. (2017): Fragebogen zu den Alltagskompetenzen: ABAS-3. Englische Fassung: Harrison, P. L. & Oakland, T. Deutsche Evaluationsfassung.
Bienstein, P. & Scheliga, L. (2024): Psychometrische Qualität der deutschsprachigen ABAS-III Lehrerversion (5–21 Jahre). Ergebnisse der Erstpilotierung. (http://dx.doi.org/10.17877/DE290R-25114)
Bigger, A. & Strasser, U. (2005): Behindertenpädagogische Diagnostik bei schweren Formen geistiger Behinderung. In: Stahl, B. & Irblich, D. (Hrsg.): Diagnostik bei Menschen mit geistiger Behinderung. Göttingen: Hogrefe. 245–265.
Böhm, M. & Hohenstein, C. (2023): Was heißt inklusiver Schrift(sprach)erwerb? In: Osnabrücker Beiträge zur Sprachtheorie (OBST) 101 7-25.
Borg-Laufs, M. (2020): Die funktionale Verhaltensanalyse. Ein praktischer Leitfaden für Psychotherapie, Sozialarbeit und Beratung. Wiesbaden: Springer.
Brandstätter, V., Schüler, J., Puca, R. M. & Lozo, L. (2018): Motivation und Emotion. Berlin: Springer.
Breitenbach, E. (2020): Psychologie in der Heil- und Sonderpädagogik. (Nachbarwissenschaften der Heil- und Sonderpädagogik, Band 1). Stuttgart: Kohlhammer.
Brodersen, G., Grabowski, F. & Castello, A. (2022): SORCK-Modell: Verhaltensanalyse als Ausgangspunkt für eine Förderplanung. In: Gebhardt, M., Scheer, D. & Schurig,M. (Hrsg.): Handbuch der sonderpädagogischen Diagnostik. Grundlagen und Konzepte der Statusdiagnostik, Prozessdiagnostik und Förderplanung. Regensburg: Universitätsbibliothek. 723–732. (https://doi.org/10.5283/epub.53149)
Bruno, J. (2015): Diagnostiktest TASP. Zur Abklärung des Symbol- und Sprachverständnisses in der Unterstützten Kommunikation (Übers.: Hansen, F.). Berlin: Rehavista.
Bühler, A. & Manser, R. (2019): Das Lernfeld Selbstversorgung unter der Perspektive von Befähigung. In: Schäfer, H. (Hrsg.): Handbuch Förderschwerpunkt geistige Entwicklung. Grundlagen – Spezifika – Fachorientierung – Lernfelder. Weinheim: Beltz. 600–613.
Bundesministerium für Arbeit und Soziales (2022): Leichte Sprache. Ein Ratgeber. Bonn: BMAS. (https://www.bmas.de/SharedDocs/Downloads/DE/Publikationen/a752-ratgeber-leichte-sprache.pdf?__blob=publicationFile&v=3)
Bundschuh, K. (2021): Grundlagen der Förderplanung. In: Schäfer, H. & Rittmeyer, C. (Hrsg.): Handbuch inklusive Diagnostik. Kompetenzen feststellen – Entwicklungsbedarfe identifizieren – Förderplanung umsetzen. Weinheim: Beltz. 296–315.
Bundschuh, K. & Winkler, Ch. (2019): Einführung in die sonderpädagogische Diagnostik. München: Ernst Reinhardt.
Burghardt, M. & Brandstetter, R. (2008): Individuelle Lern- und Entwicklungsbegleitung: Aufgabe und Instrument der Arbeit an Sonderschulen. In: Pädagogische Impulse 3 (41) 2–9.

Bußmann, H. (2008): Lexikon der Sprachwissenschaft. Stuttgart: Alfred Körner.
Cattell, R. B. (1987): Intelligence: Its structure, growth and action. München: Elsevier.
Christopher, M. E., Miyake, A., Keenan, J. M., Pennington, B., DeFries, J. C., Wadsworth, S. J., Willcutt, E. & Olson, R. K. (2012): Predicting word reading and comprehension with executive function and speed measures across development: A latent variable analysis. In: Journal of Experimental Psychology: General 3 (141) 470–488.
Conner, C., Allor, J. H., Al Otaiba, S., Yovanoff, P. & LeJeune, L. (2022): Early reading outcomes in response to a comprehensive reading curriculum for students with autism spectrum disorder and intellectual disability. In: Focus on Autism and Other Developmental Disabilities 2 (39) 1–13.
Damag, A. (2024): Vitale Bedürfnisse. In: Schäfer, H., Loscher, Th. & Mohr, L. (Hrsg.): Unterricht bei komplexer Behinderung. Sonderpädagogischer Schwerpunkt geistige Entwicklung. Stuttgart: Kohlhammer. 125–144.
Damag, A. & Haag, K. (2019): Kommunikation I: Sprachförderung. In: Schäfer, H. (Hrsg.): Handbuch Förderschwerpunkt geistige Entwicklung. Grundlagen – Spezifika – Fachorientierung – Lernfelder. Weinheim: Beltz. 413–422.
Damag, A. & Schlichting, H. (2016): Essen – Trinken – Verdauen. Förderung, Pflege und Therapie bei Menschen mit schwerer Behinderung, Erkrankung, im Alter. Bern: Hogrefe.
Daniel, J. R. & Cooc, N. (2018): Teachers' perceptions of academic intrinsic motivation for students with disabilities. In: The Journal of Special Education 2 (52) 101–112.
Daseking, M. & Petermann, F. (2013): Verhaltensinventar zur Beurteilung exekutiver Funktionen für das Kindergartenalter (BRIEF-P). Deutschsprachige Adaption des Behavior Rating Inventory of Executive Function – Preschool Version (BRIEF-P) von Gerard A. Gioia, Kimberly Andrews Espy und Peter K. Isquith. Bern: Verlag Hans Huber.
Daseking, M. & Petermann, F. (2021): Fallbuch WISC-V. Die Wechsler Intelligence Scale for Children – Fifth Edition in der Praxis. Göttingen: Hogrefe.
de Chambrier, A. F., Dessemontet, R. S., Martinet, C. & Fayol, M. (2021): Rapid automatized naming skills of children with intellectual disability. In: Heliyon 5 (7) 1–8.
Denham, S. A., Bassett, H. H., Way, E., Mincic, M., Zinsser, K. & Graling, K. (2012): Preschoolers' emotion knowledge: Self-regulatory foundations, and predictions of early school success. In: Cognition & Emotion 4 (26) 667–679.
Denham, S. A. & Brown, C. (2010): »Plays nice with others«: Social-emotional learning and academic success. In: Early Education and Development 5 (21) 652–680. (https://doi.org/10.1080/10409289.2010.497450)
Devlin, K. (1998): Muster der Mathematik. Heidelberg: Spektrum.
De Vries, C. (2006): Mathematik im Förderschwerpunkt Geistige Entwicklung: Grundlagen und Übungsvorschläge für Diagnostik und Förderung im Rahmen eines erweiterten Mathematikverständnisses. Dortmund: verlag modernes lernen.
De Vries, C. (2008): DIFMaB. Diagnostisches Inventar zur Förderung mathematischer Basiskompetenzen. Dortmund: verlag modernes lernen.
De Vries, C. (2018): Mathematik im Förderschwerpunkt Geistige Entwicklung: Grundlagen und Übungsvorschläge für Diagnostik und Förderung im Rahmen eines erweiterten Mathematikverständnisses (4., erw. Aufl.). Dortmund: verlag modernes lernen.

Diakonie Stetten e.V. (2020): hamet drei. Testverfahren zur Erfassung und Förderung beruflicher Kompetenzen. (https://hamet.diakonie-stetten.de/index.html)

DIMDI – Deutsches Institut für Medizinische Dokumentation und Information (2005): ICF. Internationale Klassifikation der Funktionsfähigkeit, Behinderung und Gesundheit. (https://www.bfarm.de/DE/Kodiersysteme/Klassifikationen/ICF/_node.html)

Doil, H. (2012): Entwicklungsorientierte Sprach- und Kommunikationsförderung. In: Aktas, M. (Hrsg.): Entwicklungsorientierte Sprachdiagnostik und -förderung bei Kindern mit geistiger Behinderung: Theorie und Praxis. München: Elsevier. 81–115.

Dönges, Ch. (2016): Didaktische Ansatzpunkte mathematischer Förderung im FgE. In: Lernen konkret 4 (35) 12–15.

Döpfner, M. & Petermann, F. (2012): Diagnostik psychischer Störungen im Kindes- und Jugendalter (3. Aufl.). Göttingen: Hogrefe.

Dornes, M. (2018): Der kompetente Säugling: die präverbale Entwicklung des Menschen. Frankfurt a.M.: Fischer.

Drechsler, R. & Steinhausen, H.-C. (2013): Verhaltensinventar zur Beurteilung exekutiver Funktionen: Deutschsprachige Adaption des Behavior Rating Inventory of Executive Function: BRIEF von G. A. Gioia, P. K. Isquith, S. C. Guy und L. Kenworthy und der Self-Report Version (BRIEF-SR) von S. C. Guy, P. K. Isquith und G. A. Gioia. Göttingen: Hogrefe.

Dunn, L. M. & Dunn, D. M. (2015): Peabody Picture Vocabulary Test (PPVT-IV). Deutsche Bearbeitung Lenhard, A., Lenhard, W., Segerer, R. & Suggate, S. Frankfurt a.M.: Pearson.

Dunst, C. J., Trivette, C. M., Masiello, T., Roper, N. & Robyak, A. (2006): Framework for developing evidence-based early literacy learning practices. In: CELLpapers 1 (1) 1–12.

Dworschak, W. (2024): Hohe Förderrelationen – eine Folge der Inklusionsreform oder das Ergebnis fehlender Standardisierung der Feststellung des sonderpädagogischen Unterstützungsbedarfs. In: Zeitschrift für Heilpädagogik 7 (75) 324–329.

Dworschak, W., Baysel, K. & Hackl, K. (2024): Feststellung sonderpädagogischen Unterstützungsbedarfs im Schwerpunkt Geistige Entwicklung – Prozessstandards zur schulischen Diagnostik zur Diskussion gestellt. In: Sonderpädagogische Förderung heute 4 (69) 413–425.

Dworschak, W., Hennes, A.-K., Hövel, D., Schabmann, A., Schmidt, B. M. & Stenneken, P. (2023): Standards zur Feststellung sonderpädagogischer Förderbedarfe (Projekt »StaFF«). In: Vierteljahresschrift für Heilpädagogik und ihre Nachbargebiete 1 (92) 62–63.

Dworschak, W. & Kölbl, S. (2022): Adaptives Verhalten. Zur Bedeutung eines (zu) wenig beachteten Konstrukts im Kontext geistiger Behinderung aus diagnostischer Sicht. In: Gebhardt, M., Scheer, D. & Schurig, M. (Hrsg.): Handbuch der sonderpädagogischen Diagnostik. Grundlagen und Konzepte der Statusdiagnostik, Prozessdiagnostik und Förderplanung. Regensburg: Universitätsbibliothek. 175–190. (https://doi.org/10.5283/epub.53149)

Eckert, T. & Dworschak W. (2023): Wie gelingt inklusive Beschulung mit Blick auf die sonderpädagogischen Schwerpunkte und Bundesländer? In: Zeitschrift für Heilpädagogik 6 (74) 244–255.

Einfeld, S. L., Müller, C. M., Steinhausen, H.-C., Tonge, B. J. & Zurbriggen, C.-L. (2024): VFE: Verhaltensfragebogen bei Entwicklungsstörungen. (2. überarb. Aufl. mit erweiterten Normen). Göttingen: Hogrefe.

Eigner, B. (2022): Diagnostik im Kontext geistiger Behinderung: Komplexität, Herausforderungen, Strategien. In: Gebhardt, M., Scheer, D. & Schurig, M. (Hrsg.): Handbuch der sonderpädagogischen Diagnostik. Grundlagen und Konzepte der Statusdiagnostik, Prozessdiagnostik und Förderplanung. Regensburg: Universitätsbibliothek. 421–434. (https://doi.org/10.5283/epub.53149)

Ekman, P. (1982): Methods for measuring facial action. In: Scherer, K. R. & Ekman, P. (Hrsg.): Handbook of methods in nonverbal behavior research. Cambridge: Cambridge University Press. 45–90.

Engelhardt, M. & Krämer, T. (2021): »Was willst du mir mitteilen?«. Komplexe Behinderung und Kommunikation. In: Lernen konkret 3 (40) 10–13.

Engelhardt, M., Sarimski, R. & Zentel, P. (2022): Diagnostik bei schwerer und mehrfacher Behinderung. In: Gebhardt, M., Scheer, D. & Schurig, M. (Hrsg.): Handbuch der sonderpädagogischen Diagnostik. Grundlagen und Konzepte der Statusdiagnostik, Prozessdiagnostik und Förderplanung. Regensburg: Universitätsbibliothek. 435–450. (https://doi.org/10.5283/epub.53149)

Euker, N. & Koch, A. (2010): Der erweiterte Lesebegriff im Unterricht für Schülerinnen und Schüler mit geistiger Behinderung. Bestandsaufnahme und Neuorientierung. In: Zeitschrift für Heilpädagogik 7 (61) 261–268.

Everts, R. & Ritter, B. (2022): Das Memo-Training. Memo, der vergessliche Elefant – mit Gedächtnistraining spielerisch zum Lernerfolg (3., aktualis. Aufl.). Bern: Hogrefe.

Faber, M. & Rosen, K. (1997): PERM – Paderborner Entwicklungs-Raster für Schwerst-Mehrfachbehinderte (mit Sehschädigung). Ohne Verlag.

Fälth, L., Selenius, H., Sand, C. & Svensson, I. (2023): Decoding intervention for young students with mild intellectual disabilities: A single-subject design study. In: Journal of Intellectual Disabilities 4 (28) 1095–1108. (https://doi.org/10.1177/17446295231208819)

Fasching, H. & Tanzer, L. (2022): Inklusive Übergänge von der Schule in (Aus-)Bildung und Beschäftigung (Inklusive Schule). Stuttgart: Kohlhammer.

Feilke, H. (2011): Literalität und literale Kompetenz: Kultur, Handlung, Struktur. In: Leseforum Schweiz. Literalität in Forschung und Praxis 1 1–18. (https://doi.org/10.58098/lffl/2011/1/447)

Fischer, E. & Kranert, H.-W. (2021): Diagnostik im Übergang Schule-Beruf (ÜSB). In: Schäfer, H. & Rittmeyer, Ch. (Hrsg.): Handbuch Inklusive Diagnostik. Kompetenzen feststellen – Entwicklungsbedarfe identifizieren – Förderplanung umsetzen. Weinheim: Beltz. 540–561.

Fischer, E. & Schäfer, H. (2021): Unterricht im Förderschwerpunk geistige Entwicklung. pädagogische Perspektiven und didaktische Erfordernisse. In: Grundschule 6 (53) 28–33.

Flanagan, D. P., Ortiz, S. O., Alfonso, V. C. & Mascolo, J. T. (2006): The Achievement Test Desk Reference (2. Aufl.). Hoboken, NJ: Wiley.

Föhres, F., Kleffmann, A. & Weinmann, S. (2014): Merkmalprofil zur Eingliederung Leistungsgewandelter und Behinderter in Arbeit (MELBA) (8. Aufl.). Lich: Miro.

Franger, W. & Pfeffer, W. (1983): Probleme und Möglichkeiten der Diagnostik bei schwerster geistiger Behinderung. In: Kornmann, R., Meister, H. & Schlee, J. (Hrsg.): Förderungsdiagnostik. Konzepte und Realisierungsmöglichkeiten. Heidelberg: Schindele. 84-101.

Frith, U. (1986): A developmental framework for developmental dyslexia. In: Annals of Dyslexia 1 (36) 67-81. (https://doi.org/10.1007/BF02648doi022)

Fritz, A., Gerlach, M., Ricken, G. & Schmidt, S. (2007): Trainingsprogramm Kalkulie: Diagnose- und Trainingsprogramm für rechenschwache Kinder (KALKULIE-T). Berlin: Cornelsen.

Fröhlich, A. & Haupt, U. (2004 [1983]): Förderdiagnostik mit schwerstbehinderten Kindern. Entwicklungsbogen und Leitfaden (7. Aufl.). Dortmund: verlag modernes lernen.

Fröhlich, A., Schäfer, H., Zentel, P. & Manser, R. (2021): Schwerste Beeinträchtigung: Diagnostische (Un-)Möglichkeiten. In: Schäfer, H. & Rittmeyer, Ch. (Hrsg.): Handbuch inklusive Diagnostik. Weinheim: Beltz. 517-539.

Fuhrer, N.& Winkes, J. (2018): Der Einsatz von Lautleseverfahren bei Menschen mit geistiger Behinderung: Ein Erfahrungsbericht zu einem Leseförderprojekt. In: Kutzelmann, S., Rosebrock, C. (Hrsg.): Praxis der Lautleseverfahren. Baltmannsweiler: Schneider Hohengehren. 144-166.

Füssel, H.-P. & Kretschmann, R. (1993): Gemeinsamer Unterricht für behinderte und nichtbehinderte Kinder: Pädagogische und juristische Voraussetzungen. Bonn: Verlag Marg.

Garrels, V. (2019): Student-directed learning of literacy skills for students with intellectual disability. In: Journal of Research in Special Educational Needs 3 (19) 197-206.

Gerlach, M., Fritz, A. & Leutner, D. (2013): Mathematik- und Rechenkonzepte im Vor- und Grundschulalter – Training (MARKO-T). Göttingen: Hogrefe.

Gerlach, M., Fritz, A., Ricken, G. & Schmidt, S. (2007): Diagnose- und Trainingsprogramm für rechenschwache Kinder (KALKULIE). Berlin: Cornelsen.

Gioia, G. A., Isquith, P. K., Guy, S. C. & Kenworthy, L. (2000): BRIEF: Behavior Rating Inventory of Executive Function. Lutz, Fl.: Psychological Assessment Resources, Inc.

Gonzalez-Frey, S. M. & Ehri, L. C. (2021): Connected phonation is more effective than segmented phonation for teaching beginning readers to decode unfamiliar words. In: Scientific Studies of Reading 3 (25) 272-285.

Grimm, H. (2015): SETK 3-5. Sprachentwicklungstest für drei- bis fünfjährige Kinder. Diagnose von Sprachverarbeitungsfähigkeiten und auditiven Gedächtnisleistungen. Unter Mitarbeit von M. Aktas u. S. Frevert (3., überarb. u. neu normierte Aufl.). Göttingen: Hogrefe.

Grimm, H. (2016): Sprachentwicklungstest für zweijährige Kinder (SETK-2). Diagnose rezeptiver und produktiver Sprachverarbeitungsfähigkeiten (2., überarb. u. neu normierte Aufl.). Göttingen: Hogrefe.

Grob, A. & Hagmann-von Arx, P. (2018): Intelligence and Development Scales – 2 (IDS-2). Intelligenz- und Entwicklungsskalen für Kinder und Jugendliche. Göttingen: Hogrefe.

Groeben, N. (2004): Funktionen des Lesens – Normen der Gesellschaft. In: Groeben, N. & Hurrelmann, B. (Hrsg.): Lesesozialisation in der Mediengesellschaft. Ein Forschungsüberblick. Weinheim: Juventa. 11-35.

Literatur

Gross, J. J. & Thompson, R.A. (2007): Emotionsregulation: Konzeptionelle Grundlagen. In: Gross, J. J. (Hrsg.): Handbuch der Emotionsregulation. New York: The Guilford Press. 3–24.

Grosse, G., Streubel, B., Gunzenhauser, C. & Saalbach, H. (2021): Let's talk about emotions: The development of children's emotion vocabulary from 4 to 11 years of age. In: Affective Science 2(2) 150–162.

Groß, M. (2023): Die Adaption des MBK 0 für Kinder mit einer kognitiven Beeinträchtigung. Zur Eignung des mathematischen Diagnoseinstruments bei Schüler:innen mit unzureichender oder fehlender Lautsprache. Bachelorarbeit, Pädagogische Hochschule Heidelberg. Unveröffentlicht.

Günther, K. B. (1986): Ein Stufenmodell der Entwicklung kindlicher Lese und Schreibstrategien. In: Brügelmann, H. (Hrsg.): ABC und Schriftsprache: Rätsel für Kinder, Lehrer und Forscher. Konstanz: Faude. 32–54.

Günzburg, H. C. (1977): Pädagogische Analyse und Curriculum der sozialen und persönlichen Entwicklung. Deutsche Ausgabe der »Progress Assessment Chart (PAC) of Social and Personal Development«. Stratford upon Avon: SEFA.

Hackl, K., Baysel, K. & Dworschak, W. (2024a). Arbeitspapier zur Entscheidung über die Form der Untersuchung kognitiver Kompetenzen im statusdiagnostischen Prozess: Die Entscheidungskaskade. Universität Regensburg. (https://doi.org/10.5283/epub.58252)

Hackl, K.; Baysel, K. & Dworschak, W. (2024b). Arbeitspapier zur Abgrenzung der sonderpädagogischen Förderschwerpunkte Geistige Entwicklung und Lernen: Die Entscheidungsmatrix. Universität Regensburg. (https://doi.org/10.5283/epub.58336)

Hapfelmeier, G. (2021): Prävention und Intervention durch Kooperation: Warum sollten Schule und Kinder- und Jugendpsychiatrie zusammenarbeiten? In: Schäfer, H. & Rittmeyer, C. (Hrsg.): Handbuch inklusive Diagnostik. Kompetenzen feststellen – Entwicklungsbedarfe identifizieren – Förderplanung umsetzen. Weinheim: Beltz. 678–688.

Hascher, T. & Waber, J. (2020): Emotionen. In: Cramer, C., Drahmann, M., König, J. & Blömeke, S. (Hrsg.): Handbuch Lehrerbildung. Bad Heilbrunn: Klinkhardt. 819–824.

Heimlich, U., Lutz, S. & Wilfert, K. (2021): Ratgeber Förderplanung: Individuelle Lernförderung im Förderschwerpunkt Lernen (1. bis 9. Klasse). Hamburg: Persen.

Hennes, A.-K., Philippek, J., Dortants, L., Abel, M., Baysel, K., Dworschak, W., Fabel, L., Hövel, D., Jonas, K., Nideröst, M., Röösli, P., Schabmann, A., Stenneken, P., Wächter, J. & Schmidt, B M. (2024): Sonderpädagogische Diagnostik im Feststellungsprozess: Eine Ist-Stand-Analyse und der Blick nach vorn. In: Zeitschrift für Heilpädagogik 7 (75) 288–302.

Herbig, C. (2020): Individuelle Förderung durch Personalisierung: Zum bildungsgerechten Umgang mit Vielfalt am Gymnasium. In: Fischer, Ch., Fischer-Ontrup, Ch., Käpnick, F., Neuber, N., Solzbacher, C. & Zwitserlood, P. (Hrsg.): Begabungsförderung: Individuelle Förderung und Inklusive Bildung, Bd. 10: Begabungsförderung. Leistungsentwicklung. Bildungsgerechtigkeit. Für alle! Beiträge aus der Begabungsförderung. Münster: Waxmann. 85–95.

Hertel, S., Jude, N. & Naumann, J. (2010): Leseförderung im Elternhaus. In: Klieme, E., Artelt, C., Hartig, J., Jude, N., Köller, O., Prenzel, M., Schneider, W. & Stanat, P. (Hrsg.): PISA 2009. Bilanz nach einem Jahrzehnt. Münster: Waxmann. 255–275.

Hewett D. (Hrsg.) (2018): The intensive interaction handbook. 2nd edition. London: Sage Publications Ltd. Deutsche Ausgabe übersetzt von Lena Grans-Wermers, Franca Hansen und Sarah Klug. (2023). Karlsruhe: Von Loeper Literaturverlag im Ariadne Buchdienst.

Hillenbrand, C., Hennemann, T. & Heckler-Schell, A. (2022a): Lubo aus dem All! - Vorschulalter. Programm zur Förderung sozial-emotionaler Kompetenzen. München: Ernst Reinhardt.

Hillenbrand, C., Hennemann, T., Hens, S. & Hövel, D. (2022b): »Lubo aus dem All!« – 1. und 2. Klasse. Programm zur Förderung sozial-emotionaler Kompetenzen. München: Ernst Reinhardt.

Hintermair, M., Heyl, V. & Janz, F. (2014): Exekutive Funktionen und sozial-emotionale Auffälligkeiten bei Kindern mit verschiedenen Formen von Behinderung. In: Vierteljahresschrift für Heilpädagogik und ihre Nachbargebiete 3 (83) 232–245. (https://dx.doi.org/10.2378/vhn2014.art20d)

Hoekman, J., Miedema, A., Otten, B. & Gielen, J. (2012): SEN – Skala zur Einschätzung des Sozial-Emotionalen Entwicklungsniveaus. Göttingen: Hogrefe.

Holodynski, M., Hermann, S. & Kromm, H. (2013): Entwicklungspsychologische Grundlagen der Emotionsregulation. In: Psychologische Rundschau 4 (64) 196–207.

Hurrelmann, B., Hammer, M. & Nieß, F. (Hrsg.) (1993): Leseklima in der Familie. Gütersloh: Bertelsmann Stiftung.

Hurrelmann, B. (2002): Prototypische Merkmale der Lesekompetenz. In: Groeben, N. & Hurrelmann, B. (Hrsg.): Lesekompetenz. Bedingungen, Dimensionen, Funktionen. Weinheim: Juventa. 275–286.

Integrationsfachdienst im Auftrag des KVJS (2022): Das Kompetenzinventar im Prozess der Berufswegeplanung. Stuttgart: Kommunalverband für Jugend und Soziales Baden-Württemberg. (https://www.ifd-bw.de/kompetenzinventar/)

Irblich, D. (2018): Besprechung von Dunn, L. M. & Dunn, D. M. (2015): PPVT-4. Peabody Picture Vocabulary. In: Praxis der Kinderpsychologie und Kinderpsychiatrie 3 (67) 296–298

Irblich, D., Kölbl, S. & Scholz, M. (2023): Verfahrensinformation zu den Vineland-3. Deutsche Fassung der Vineland Adaptive Behavior Scales – Third Edition. Unter Mitarbeit von Gerolf Renner, Dia-Inform Verfahrensinformationen 012–01. Ludwigsburg: Pädagogische Hochschule Ludwigsburg.

Irblich, D., Kölbl, S. & Scholz, M. (2025): Vineland-3 – Vineland Adaptive Behavior Scales – Third Edition. Serie Diagnostik – Teil 1. In: Lernen konkret 4 (43) 36–39.

Irblich, D., Renner, G. & Scholz, M. (2025): Verfahrensinformation zur SEED-2. Skala der Emotionalen Entwicklung – Diagnostik 2 (Dia-Inform Verfahrensinformation 013–01). Ludwigsburg: Pädagogische Hochschule Ludwigsburg.

ISB – Staatsinstitut für Schulqualität und Bildungsforschung (Hrsg.) (2017): Wenn Schüler mit geistiger Behinderung verhaltensauffällig sind. Konzepte und Praxisimpulse. München: Ernst Reinhardt.

Izard, C. E. (1977): Human emotions. New York: Plenum Press.

Izard, C. E. (2007): Basic emotions, natural kinds, emotion schemas, and a new paradigm. Perspectives on Psychological Science, 3(2), 260–280. (https://doi.org/10.1111/j.1745-6916.2007.00044.x)

Janz, F., Ege, H., Heitner, M. & Hintermair, M. (2012): Exekutive Funktionen, sozial-emotionale Auffälligkeiten und Assistenzbedarf bei Schülerinnen und Schülern mit einer geistigen Behinderung. In: Heilpädagogische Forschung 4 (38) 181–193.

Janz, F., Hockenberger M. & Klauß Th. (2016): »Warum macht er das bloß?« – ein hilfreiches Raster zum Umgang mit Verhaltensauffälligkeiten im Team. In: Hennicke, K. & Klauß, Th. (Hrsg.): Verhaltensauffälligkeiten von intelligenzgeminderten Schülern – Eine Herausforderung für Pädagogik und Kinder- und Jugendpsychiatrie. Marburg: Lebenshilfe-Verlag. 138–156.

Janz, F. & Klauß, Th. (2016): Verhaltensstörungen im Förderschwerpunkt geistige Entwicklung: Möglichkeiten der Diagnostik. In: Lernen konkret 1 (35) 24–28.

Joël, T. (Hrsg.): Intelligenzdiagnostik bei geflüchteten Kindern und Jugendlichen. In: Schäfer, H. & Rittmeyer, Ch. (Hrsg.): Handbuch Inklusive Diagnostik. Kompetenzen feststellen – Entwicklungsbedarfe identifizieren – Förderplanung umsetzen. Weinheim: Beltz. 438–450.

Jöhnck, J. (2019): Pädagogische Grundlagen der sozial-emotionalen Entwicklung. In: Lernen konkret 4 (38) 4–13.

Jöhnck, J. (2024): Entwicklungsförderung im Unterricht: Didaktische Grundlagen und Praxisbeispiele im Förderschwerpunkt geistige Entwicklung. Stuttgart: Kohlhammer.

Kane, G. (1992): Entwicklung früher Kommunikation und Beginn des Sprechens. In: Geistige Behinderung 4 (31) 303–319.

Kannewischer, S. & Wagner, M. (2011): Förderung emotional-sozialer Kompetenz. FesK. Handreichung zur Förderung emotional-sozialer Kompetenz im Unterricht bei Kindern mit dem Förderschwerpunkt geistige und sozial-emotionale Entwicklung in den Jahrgangsstufen 3 bis 6. München: Hintermaier.

Karmiloff-Smith, A. (1996): Beyond modularity: A developmental perspective on cognitive science. Cambridge, MA: MIT Press.

Kaufman, A. & Kaufman, N.; Deutschsprachige Fassung von Melchers, P. & und Melchers, M. (2015): KABC-II- Kaufmann Assessment Battery for Children (2. Aufl.). Frankfurt a. M.: Pearson.

Kaufmann, L., Nuerk, H.-C., Graf, M., Krinzinger, H., Delazer, M. & Willmes, K. (2009): TEDI-MATH. Test zur Erfassung numerisch-rechnerischer Fertigkeiten vom Kindergarten bis zur 3. Klasse. Bern: Huber.

Kehl, S. & Scholz, M. (2021): Systematisches Literaturreview der Arbeitsgedächtnisbesonderheiten bei Personen mit sogenannter geistiger Behinderung unspezifischer Ätiologie. In: Empirische Sonderpädagogik 2 (13) 110–132. (URN: urn:nbn:de:0111-pedocs-235744) (https://doi.org/10.25656/01:23574)

Keller, J. & Leuninger, H. (2004): Grammatische Strukturen – Kognitive Prozesse. Tübingen: Gunter Narr Verlag.

Kellett, M. & Nind, M. (2003): Implementing intensive interaction in schools: Guidance for practitioners, managers and coordinators. London: David Fulton Publishers. (https://doi.org/10.4324/9780203963494)

Klauß, T., Hockenberger, M. & Janz, F. (2016): Welches Verhalten von Schüler(inne)n im Förderschwerpunkt geistige Entwicklung erleben Lehrer(innen) als auffällig, problematisch und belastend? In: Hennicke, K. & Klauß, Th. (Hrsg.): Verhaltensauffälligkeiten von intelligenzgeminderten Schülern – Eine Herausforderung für Pädagogik und Kinder- und Jugendpsychiatrie. Marburg: Lebenshilfe. 18–38.

Klinkhammer, J., Voltmer, K. & von Salisch, M. (2022): Emotionale Kompetenz bei Kindern und Jugendlichen: Entwicklung und Folgen. Stuttgart: Kohlhammer.

KMK – Kultusministerkonferenz (1994): Empfehlungen zur sonderpädagogischen Förderung in den Schulen in der Bundesrepublik Deutschland. Beschluß der Kultusministerkonferenz vom 06.05.1994 (https://www.kmk.org/fileadmin/veroeffentlichungen_beschluesse/1994/1994_05_06-Empfehlung-sonderpaed-Foerderung.pdf)

KMK – Kultusministerkonferenz (1998): Empfehlungen zum Förderschwerpunkt geistige Entwicklung. Berlin. (www.kmk.org/fileadmin/Dateien/veroeffentlichungen_beschluesse/1998/1998_06_20_FS_Geistige_Entwickl.pdf)

KMK – Kultusministerkonferenz (2011): Inklusive Bildung von Kindern und Jugendlichen mit Behinderungen in Schulen (Beschluss der Kultusministerkonferenz vom 20.10.2011). (https://www.kmk.org/fileadmin/veroeffentlichungen_beschluesse/2011/2011_10_20-Inklusive-Bildung.pdf)

KMK – Kultusministerkonferenz (2021): Empfehlungen zur schulischen Bildung, Beratung und Unterstützung von Kindern und Jugendlichen im sonderpädagogischen Schwerpunkt Geistige Entwicklung. Berlin. (www.kmk.org/fileadmin/Dateien/pdf/PresseUndAktuelles/2021/Empfehlung_Geistige_Entwicklung.pdf)

KMK – Kultusministerkonferenz (2022): Bildungsstandards für das Fach Mathematik. Primarbereich. Berlin. (https://www.kmk.org/fileadmin/Dateien/veroeffentlichungen_beschluesse/2022/2022_06_23-Bista-Primarbereich-Mathe.pdf)

Knebel, U. von (2021): Sprachdiagnostik und Sprachförderung. In: Schäfer, H. & Rittmeyer, Ch. (Hrsg.): Handbuch Inklusive Diagnostik. Kompetenzen feststellen – Entwicklungsbedarfe identifizieren – Förderplanung umsetzen. Weinheim: Beltz. 424–437.

Köb, S., Janz, F., Breite, E., Sansour, T., Terfloth, K. & Vach, K. (2023): Zum Potenzial literarischer Erfahrungen für den inklusiven Schriftspracherwerb bei Schüler:innen mit kognitiver Beeinträchtigung. In: Osnabrücker Beiträge zur Sprachtheorie (OBST) 101 93-109. (https://doi.org/10.17192/obst.2023.101)

Köb, S. & Terfloth, K. (2021): Schriftspracherwerb bei kognitiver Beeinträchtigung – Folgerungen für die Unterrichtsgestaltung. In: Schweizerische Zeitschrift für Heilpädagogik 3 (27) 23–30.

Köb, S. & Terfloth, K. (2025): Grundlagen des Schriftspracherwerbs aus der Perspektive des sonderpädagogischen Schwerpunkts Geistige Entwicklung. In: Köb, S. & Sauerborn, H. (Hrsg.): Schriftspracherwerb in heterogenen Lerngruppen. Stuttgart: Kohlhammer. 113–140.

Koch, A. (2008): Die Kulturtechnik Lesen im Unterricht für Schüler mit geistiger Behinderung: Lesen lernen ohne phonologische Bewusstheit? Gießen: Justus-Liebig-Universität. (http://geb.uni-giessen.de/geb/volltexte/2008/6247/)

Koch, A. & Euker, N. (2019a und b): Deutsch I: Grundlagen des Schriftspracherwerbs und Deutsch II: Leseunterricht. In: Schäfer, H: (2019): Handbuch Förderschwerpunkt geistige Entwicklung. Grundlagen – Spezifika – Fachorientierung – Lernfelder. Weinheim: Beltz. 461–468 und 469–477.

König, J., Felske, C. & Kaiser, G. (2023): Professionelle Kompetenz von Mathematiklehrkräften aus einer pädagogischen Perspektive. In: Krauss, S. & Lindl, A. (Hrsg.): Professionswissen von Mathematiklehrkräften: Implikationen aus der Forschung für die Praxis. Berlin: Springer. 293–331.

Krajewski, K. (2005): Früherkennung und Frühförderung von Risikokindern. In: von Aster, M. & Lorenz, J. H. (Hrsg.): Rechenstörungen bei Kindern. Göttingen: Hogrefe. 150–164.

Krajewski, K. (2018): MBK 0. Test mathematischer Basiskompetenzen im Kindergartenalter. Göttingen: Hogrefe.

Krajewski, K. & Ennemoser, M. (2013): Entwicklung und Diagnostik der Zahl-Größen-Verknüpfung zwischen 3 und 8 Jahren. In: Hasselhorn, M., Heinze, A., Schneider, W. & Trautwein, U. (Hrsg.): Diagnostik mathematischer Kompetenzen (Tests und Trends, N. F. Bd. 11). Göttingen: Hogrefe. 41–65.

Krajewski, K., Liehm, S. & Schneider, W. (2004): DEMAT 2+: Deutscher Mathematiktest für zweite Klassen. 1. Auflage. Göttingen: Hogrefe.

Krajewski K., Nieding G. & Schneider W. (2007): Mengen, zählen, Zahlen: Die Welt der Mathematik verstehen (MZZ). Berlin: Cornelsen.

Krajewski, K., Schneider, W. & Küspert, P. (2016): Die Entwicklung mathematischer Kompetenzen. Paderborn: Ferdinand Schöningh.

Krauthausen, G. (2018): Einführung in die Mathematikdidaktik – Grundschule. Berlin: Springer.

Krawitz, R. (2021): Der Dialog als Methode individualpädagogischer Diagnostik. In: Schäfer, H. & Rittmeyer, C. (Hrsg.): Handbuch inklusive Diagnostik. Kompetenzen feststellen – Entwicklungsbedarfe identifizieren – Förderplanung umsetzen. Weinheim: Beltz. 629–645.

Kuckartz, U., Rädiker, S., Ebert, T., Schehl, J. (2010): Statistik für Sozialwissenschaften. Wiesbaden: VS Verlag (https://doi.org/10.1007/978-3-531-92033-7_7)

Kuhl, J., Euker, N. & Ennemoser, M. (2015): Förderung des lautorientierten Lesens bei Schülerinnen und Schülern mit intellektueller Beeinträchtigung. In: Empirische Sonderpädagogik 1 (7) 41–55.

Lamers, W. & Molnár, T. (2018): Ein Leben in Vielfalt – auch für Menschen mit schwerer und mehrfacher Behinderung. In: Lamers, W. (Hrsg.): Teilhabe von Menschen mit schwerer und mehrfacher Behinderung an Alltag, Arbeit, Kultur. Oberhausen: Athena. 21–36.

Lamers, W., Musenberg, O. & Sansour, T. (2021): Qualitätsoffensive. Teilhabe von erwachsenen Menschen mit schwerer Behinderung.

Laschkowski, W. (Leitung des Arbeitskreises) unter Mitarbeit von Brendel, S.; Buie, B., Gögelein, M., Laufkötter, R., Ohrner, M., Popp, K., Sörgel, H., Voll, K. & Walden, K. (2016): Arbeitsmaterialien zur KABC-II. (https://www.aschum.de/images/Arbeitskreise/Arbeitshilfen_Tests/KABC-II_Gesamtskript.pdf)

Leber, I. (2024): »Tipp mal!«. Eine App zur Sprachverständnisüberprüfung. In: Lernen konkret 1 (43) 20–21.

Leber, I. & Vollert, A. (2020): Tipp mal [App zur Sprachverständnis-Diagnostik]. (https://www.tippmal.com)

Lehrl, S., Dornheim, D. & Besser, N. (2022): Erfassung frühkindlicher mathematischer Kompetenzen. In: Kluczniok, K., Faas, S. & Rossbach, H.-G. (Hrsg.): Kindliche Kompetenzen im Krippenalter: Bedeutung und Messung. Berlin: Pädquis Stiftung b. R. 10–109.

Lenhard A., Lenhard W., Segerer R. & Suggate S. (2015): Peabody picture vocabulary test: PPVT 4. Amerikanische Originalfassung von Lloyd M. Dunn & Douglas M. Dunn. Deutsche Fassung von A. Lenhard, W. Lenhard, R. Segerer & S. Suggate (4. Aufl.). Frankfurt a. M.: Pearson.

Lifshitz, H., Kilberg, E., Vakil, E. (2016): Working memory studies among individuals with intellectual disability: An integrative research review. In: Research in Developmental Disabilities 59 147–165.

Limbach-Reich, A. & Pitsch, H.-J. (2021): Medizinische Klassifikationen: ICD, ICIDH, ICF und DSM. In: Schäfer, H. & Rittmeyer, C. (Hrsg.): Handbuch inklusive Diagnostik. Kompetenzen feststellen – Entwicklungsbedarfe identifizieren – Förderplanung umsetzen. Weinheim: Beltz. 86–106.

Lindmeier, B. (2019): Bildungsgerechtigkeit im Übergang. In: Lindmeier, C., Fasching, H., Lindmeier, B. & Sponholz, D. (Hrsg.): Inklusive Berufsorientierung und berufliche Bildung – aktuelle Entwicklungen im deutschsprachigen Raum. Weinheim: Beltz Juventa. 20–32.

Maier-Michalitsch, N. J. (2013): Ernährung für Menschen mit schweren und mehrfachen Behinderungen. Düsseldorf: verlag selbstbestimmtes leben.

Marx, P. (2007): Lese- und Rechtschreiberwerb. Paderborn u. a.: Ferdinand Schöningh.

Mayer, A. (2021): Früherkennung von Schriftspracherwerbsstörungen im inklusiven Unterricht TEPHOBE. In: Schäfer, H. & Rittmeyer, Ch. (Hrsg.): Handbuch Inklusive Diagnostik. Kompetenzen feststellen – Entwicklungsbedarfe identifizieren – Förderplanung umsetzen. Weinheim: Beltz. 144–161.

Melchers, P. & Melchers, M. (2015): KABC-II. Kaufman Assessment Battery for Children – II von Alan S. Kaufman & Nadeen L. Kaufman. Deutschsprachige Fassung. Frankfurt a. M.: Pearson.

Melzer, C. (2021): Qualifikation für Förderplanung. In: Wilfert, K. & Eckerlein, T. (Hrsg.): Inklusion und Qualifikation. Stuttgart: Kohlhammer. 81–91.

Merklinger, D. (2011): Frühe Zugänge zur Schriftlichkeit: Eine explorative Studie zum Diktieren. Freiburg i. Br.: Fillibach.

Meyer, A. & Grüter, S. (2019): Förderplanung: Bausteine inklusiver Schulentwicklung. Beispiele individueller Entwicklungsförderung in der Sekundarstufe. In: SCHULE inklusiv 3 10–13.

Mickley, M. & Renner, G. (2010): Intelligenztheorie für die Praxis: Auswahl, Anwendung und Interpretation deutschsprachiger Testverfahren für Kinder und Jugendliche auf Grundlage der CHC-Theorie. In: Klinische Diagnostik und Evaluation 4 (3) 447–466.

Mickley, M. & Renner, G. (2019): Auswahl, Anwendung und Interpretation deutschsprachiger Intelligenztests für Kinder und Jugendliche auf Grundlage der CHC-Theorie: Update, Erweiterung und kritische Bewertung. Praxis der Kinderpsychologie und Kinderpsychiatrie, 4(68), 323–343.

Mohr, L. (2018): Was macht Verhalten herausfordernd? Überlegungen zur Begriffsbestimmung und zu ihrer Praxisbedeutung im Kontext intellektueller Beeinträchtigung. In: Behinderte Menschen 1 (41) 21–25.

Mohr, L., Neuhauser, A. (i. V.): Banking Time. Beziehungen stärken, herausforderndes Verhalten mindern. Ein Manual für Lehrkräfte aller Schulformen. Stuttgart: Kohlhammer.

Mohr, L., Neuhauser, A. & Schäfer, H. (2025): Exklusionsrisiken im Kontext psychischer Gesundheit begegnen. Prävention und Intervention für Schule und Unterricht im sonderpädagogischen Schwerpunkt Geistige Entwicklung. In: Gemeinsam leben 2 (33) 88–96.

Mohr, L. & Schindler, A. (2024): Komplexe Behinderung. Einführung und Grundlagen. In: Schäfer, H., Loscher, Th. & Mohr, L. (Hrsg.): Unterricht bei komplexer Behinderung. Sonderpädagogischer Schwerpunkt geistige Entwicklung. Stuttgart: Kohlhammer. 15–30.

Mohr, L., Zündel, M. & Fröhlich, A. (Hrsg.) (2019): Basale Stimulation. Das Handbuch. Bern: Hogrefe.

Moll, K. & Landerl, K. (2014): SLRT-II Lese- und Rechtschreibtest (2., korr. Aufl. mit erw. Normen). Göttingen: Hogrefe.

Moser Opitz, E., Schnepel, S., Ratz, C. & Iff, R. (2016): Diagnostik und Förderung mathematischer Kompetenzen. In: Kuhl, J., Euker, N. & Schönfeldt, E. (Hrsg.): Evidenzbasierte Diagnostik und Förderung von Kindern und Jugendlichen mit intellektueller Beeinträchtigung. Bern: Verlag Hans Huber. 123–151.

Mourière, A. & Smith, P. (Hrsg.) (2021): The intensive interaction classroom guide: Social communication learning and curriculum for children with autism, Profound and multiple learning difficulties, or communication difficulties. London: Routledge. (https://doi.org/10.4324/9781003170839)

Müller, C. M., Amstad, M., Begert, T., Egger, S., Nenniger, G., Schoop-Kasteler, N. & Hofmann, V. (2020): Die Schülerschaft an Schulen für Kinder und Jugendliche mit einer geistigen Behinderung: Hintergrundmerkmale, Alltagskompetenzen, Verhaltensprobleme. In: Empirische Sonderpädagogik 4 (12) 347–368.

Muratović, B. (2015): Lesen und Familie. In: Rautenberg, U. & Schneider, U. (Hrsg.): Lesen: Ein interdisziplinäres Handbuch. Berlin: de Gruyter. 383–400.

Ne KoB e. V. – Netzwerk komplexe Behinderung e. V. (o.J.): Selbstbestimmung und Personzentrierung. Goch: Netzwerk komplexe Behinderung e. V. (https://qualitaetsoffensive-teilhabe.de/theor_grundlagen/personenzentrierung/)

Neuhauser, A. & Mohr, L. (2023): Banking Time. Wirksamkeit einer beziehungsorientierten Intervention bei auffälligem Verhalten. In: Schweizerische Zeitschrift für Heilpädagogik 4 (29) 40–49. (https://doi.org/10.57161/z2023-04-07)

Neumann, P. & Lütje-Klose, B. (2020): Diagnostik in inklusiven Schulen – zwischen Stigmatisierung, Etikettierungs-Ressourcen-Dilemma und förderorientierter Handlungsplanung. In: Gresch, C., Kuhl, P., Grosche, M., Sälzer, C. & Stanat, P. (Hrsg.): Schüler*innen mit sonderpädagogischem Förderbedarf in Schulleistungserhebungen. Wiesbaden: Springer. 3–28. (https://doi.org/10.1007/978-3-658-27608-9_1)

Niediek, I., Fischer, S., Klix, J., Meyer, D. & Lindmeier, B. (2022): Reflexionen zu den neuen KMK-Empfehlungen für den sonderpädagogischen Schwerpunkt Geistige Entwicklung und Aufgaben für die Weiterentwicklung der Fachrichtung. In: Sonderpädagogische Förderung heute 2 (67) 136–150.

Nielsen, L. (2002): Beobachtungsbogen für mehrfachbehinderte Kinder: Entwicklungsniveau: 0–48 Monate. Würzburg: edition bentheim.

Nilsson, K., Danielsson, H., Elwér, Å., Messer, D., Henry, L. & Samuelsson, S. (2021): Decoding abilities in adolescents with intellectual disabilities: The contribution of cognition, language, and home literacy. In: Journal of Cognition 1 (4) 1–16.

Nind, M. & Hewett, D. (2001): A practical guide to intensive interaction. Kidderminster: British Institute of Learning Disabilities.

Niss, M. & Højgaard, T. (2019): Mathematical competencies revisited. In: Educational Studies in Mathematics 102 9–28.

Parkinson, B. & Totterdell, P. (1999): Classifying affect-regulation strategies. In: Cognition and Emotion 3 (13) 277–303. (https://doi.org/10.1080/026999399379285)

Peirce, C. S. (1983): Phänomen und Logik der Zeichen. Berlin: Suhrkamp.

Peterander, F., Strasser, E., Städler, T. & Kahabka, T. (2009): WTB – Werdenfelser Testbatterie. Göttingen: Hogrefe.

Peter-Koop, A. (2021): Bedeutung und Diagnostik von Vorläuferfertigkeiten für das Mathematiklernen im Anfangsunterricht. In: Schäfer, H. & Rittmeyer, Ch. (Hrsg.): Handbuch Inklusive Diagnostik. Kompetenzen feststellen – Entwicklungsbedarfe identifizieren – Förderplanung umsetzen. Weinheim: Beltz. 191–206.

Peter-Koop, A. & Grüßing, M. (2011): ElementarMathematisches BasisInterview (EMBI) KiGa. Offenburg: Mildenberger.

Peter-Koop, A. & Wollring, B. (2015): Handlungsleitende Diagnostik mit dem Elementar-Mathematischen BasisInterview (EMBI). In: Lernen konkret 3 (34) 32–35.

Petermann, F. (2018): Sprachstandserhebungstest für Kinder im Alter zwischen 5 und 10 Jahren. (3., aktualis. u. teilw. neu normierte Aufl.). Göttingen: Hogrefe.

Petermann, F. & Gust, N. (2016): Emotionale Kompetenzen im Vorschulalter fördern. Das EMK-Förderprogramm. Göttingen: Hogrefe.

Petermann, F., Natzke, H., Gerken, N. & Walter, H.-J. (2025): Verhaltenstraining für Schulanfänger. Ein Programm zur Förderung emotionaler und sozialer Kompetenzen. Göttingen: Hogrefe.

Petermann F. & Nitkowski, D. (2015): Selbstverletzendes Verhalten (3. überarb. Aufl.). Göttingen: Hogrefe.

Petermann, U. & Petermann, F. (2019): Selbstregulation als Schlüssel zum Erfolg. Förderung von sozial-emotionalen Kompetenzen im Jugendalter. In: Süss, D. & Negri, Ch. (Hrsg.): Angewandte Psychologie: Beiträge zu einer menschenwürdigen Gesellschaft. Heidelberg: Springer. 3–11.

Pezzino, A. S., Marec-Breton, N. & Lacroix, A. (2019): Acquisition of reading and intellectual development disorder. In: Journal of Psycholinguistic Research 48 569–600.

Piaget, J. & Szeminska, A. (1972): Die Entwicklung des Zahlbegriffs beim Kinde. Stuttgart: Klett-Cotta.

Piller, Ch. (2024): Die Bedeutung der ICF in der Förderplanung. In: Lernen konkret 2 (43) 14–17.

Pitsch, H.-J. (2021): Schulische Diagnostik im Wandel der Zeit. In: Schäfer, H. & Rittmeyer, C. (Hrsg.): Handbuch inklusive Diagnostik. Kompetenzen feststellen – Entwicklungsbedarfe identifizieren – Förderplanung umsetzen. Weinheim: Beltz. 43–66.

Pitsch, H.-J. & Thümmel, I. (2023): Konzepte – Verfahren – Methoden. Sonderpädagogischer Schwerpunkt Geistige Entwicklung (Schule und Unterricht bei intellektueller Beeinträchtigung, Band 2). Stuttgart: Kohlhammer.

Poblete, F. R., de Blume, A. G. & Soto, C. (2022): Effects of reading motivation and meta-comprehension on the reading comprehension of students with intellectual disabilities. Electronic In: Journal of Research in Education Psychology 20 (58) 469–494.

Popp, K., Melzer, C. & Methner, A. (2023): Förderpläne entwickeln und umsetzen (4. Aufl.). München: Ernst Reinhardt.

Postler, J. & Sarimski, K. (2017): Adaptive Kompetenzen von Schülern im Förderschwerpunkt Geistige Entwicklung an verschiedenen Bildungsorten. In: Zeitschrift für Heilpädagogik 8 (68) 387–396.

Pretis, M. (2021): Ziele finden – Teilhabe ermöglichen. Förderplanung im Kontext der ICF. In: Schäfer, H. & Rittmeyer, C. (Hrsg.): Handbuch inklusive Diagnostik. Kompetenzen feststellen – Entwicklungsbedarfe identifizieren – Förderplanung umsetzen. Weinheim: Beltz. 343–353.

Ratz, C. & Moser Opitz, E. (2016): Mathematische Förderung von Schülerinnen und Schülern mit Down-Syndrom. In: Zeitschrift für Heilpädagogik 9 (67) 400–411.

Ratz, C. & Selmayr, A. (2021): Schriftsprachliche Kompetenzen. In: Baumann, D., Dworschak, W., Kroschewski, M., Ratz, Chr., Selmayr, A. & Wagner, M. (Hrsg.): Schülerschaft mit dem Förderschwerpunkt geistige Entwicklung II (SFGE II). Bielefeld: Athena bei wbv. 117–134.

Renner, G. (2013): Testbesprechung Nonverbaler Intelligenztest SON-R 6–40. In: Psychologie in Erziehung und Unterricht 4 (60) 207–210.

Renner, G. (2022a): Normtabellen analysieren und beurteilen I: Bodeneffekte erkennen und verstehen. In: Gebhardt, M., Scheer, D. & Schurig, M. (Hrsg.): Handbuch der sonderpädagogischen Diagnostik. Grundlagen und Konzepte der Statusdiagnostik, Prozessdiagnostik und Förderplanung. Regensburg: Universitätsbibliothek. 275–290. (https://doi.org/10.5283/epub.53149)

Renner, G. (2022b): Normtabellen analysieren und beurteilen II: Itemgradienten und Altersdifferenzierung. In: Gebhardt, M., Scheer, D. & Schurig, M. (Hrsg.): Handbuch der sonderpädagogischen Diagnostik. Grundlagen und Konzepte der Statusdiagnostik, Prozessdiagnostik und Förderplanung. Regensburg: Universitätsbibliothek. 291–304. (https://doi.org/10.5283/epub.53149)

Renner, G. & Mickley, M. (2015a): Berücksichtigen deutschsprachige Intelligenztests die besonderen Anforderungen von Kindern mit Behinderungen? Praxis Kinderpsychologie und Kinderpsychiatrie, 2(64), 88–103.

Renner, G. & Mickley, M. (2015b): Intelligenzdiagnostik im Vorschulalter: CHC-theoretisch fundierte Untersuchungsplanung und Cross-battery-assessment. In: Frühförderung Interdisziplinär 2 (34) 67–83.

Renner, G. & Scholz, M. (2020): Testinformation zum Leseverständnistest für Erst-bis Siebtklässler-Version II (ELFE II) (Dia-Inform Verfahrensinformation 006–01). Ludwigsburg: Pädagogische Hochschule Ludwigsburg.

Renner, G. & Scholz, M. (2022): Fair oder nicht fair, das ist hier die Frage! Die Sicherung der Testfairness als Aufgabe der sonderpädagogischen Diagnostik. In: Gebhardt, M., Scheer, D. & Schurig, M. (Hrsg.): Handbuch der sonderpädagogischen Diagnostik. Grundlagen und Konzepte der Statusdiagnostik, Prozessdiagnostik und Förderplanung. Regensburg: Universitätsbibliothek. 259–274. (https://doi.org/10.5283/epub.53149)

Renner, G. & Schroeder, A. (2017): Neue diagnostische Verfahren für die Sonderpädagogik. In: Sonderpädagogische Förderung heute 4 (62) 430–435.
Reuner, G. & Renner, G. (2019): Praxis der klinisch-psychologischen und sonderpädagogischen Testdiagnostik bei Kindern und Jugendlichen mit körperlichen und motorischen Beeinträchtigungen – Ergebnisse einer Umfrage unter Anwendern. In: Zeitschrift für Heilpädagogik 2 (70) 84–93.
Reynolds, C. R & Clark, J. H. (1985): Profile analysis of standardized intelligence test performance of very low functioning individuals. In: Journal of School Psychology 3 (23) 277–283.
Ricken, G. (2021): Rechenstörungen. In: Lohaus, A. & Domsch, H. (Hrsg.): Psychologische Förder- und Interventionsprogramme für das Kindes- und Jugendalter (2. Aufl.). Heidelberg: Springer. 149–166.
Ricken, G., Fritz, A. & Balzer, L. (2013): MARKO-D: Mathematik- und Rechenkonzepte im Vorschulalter – Diagnose. Göttingen: Hogrefe.
Richter, T. & Müller, B. (2017): Entwicklung hierarchieniedriger Leseprozesse. In: Philipp, M. (Hrsg.): Handbuch Schriftspracherwerb und weiterführendes Lesen und Schreiben. Weinheim: Beltz Juventa. 51–66.
Rosebrock, C. (2013): Literalität. In: Rothstein, B. & Müller, C. (Hrsg.): Kernbegriffe der Sprachdidaktik Deutsch. Ein Handbuch. Baltmannsweiler: Schneider Hohengehren. 245–248.
Rosebrock, C. & Nix, D. (2020): Grundlagen der Lesedidaktik und der systematischen schulischen Leseförderung (9., aktual. Neuaufl.). Baltmannsweiler: Schneider Hohengehren.
Rose-Krasnor, L. (1997): The nature of social competence: A theoretical review. Social Development, 1(6), 111–135. (https://doi.org/10.1111/j.1467-9507.1997.tb00097.x)
Rother, R. (2024): Lernstandserhebung & Förderplanung: Klasse 5–10: Materialpaket mit individuell anpassbaren Vorlagen für den Förderschwerpunkt Lernen. Hamburg: Persen.
Rotter, B., Kane & Gallé, B. (1992): Nichtsprachliche Kommunikation: Erfassung und Förderung. In: Geistige Behinderung 4 (31) 1–26.
Saarni, C. (2002): Die Entwicklung von emotionaler Kompetenz in Beziehungen. In: von Salisch, M. (Hrsg.): Emotionale Kompetenz entwickeln: Grundlagen in Kindheit und Jugend. Stuttgart: Kohlhammer. 3–30.
Sachse, S. K. & Bernasconi, T. (2024): Früher Schriftspracherwerb von Schülerinnen und Schülern mit kognitiver Beeinträchtigung. Konsequenzen aus dem Emergent Literacy-Ansatz. In: Zeitschrift für Heilpädagogik 3 (75) 108–118.
Sachse, S., Bockmann, A.-K. & Buschmann, A. (Hrsg.) (2020): Sprachentwicklung – Entwicklung, Diagnostik und Förderung im Kleinkind- und Vorschulalter. Heidelberg: Springer. (https://doi.org/10.1007/978-3-662-60498-4)
Salovey, P., Hsee, C. K. & Mayer, J. D. (2001): Emotional intelligence and the self-regulation of affect. In: Parrott, W. G. (Hrsg.): Emotions in social psychology. Essential readings. Hove, East Sussex: Psychology Press. 185–197.
Sansour, T. (2019): Genetische Syndrome und pädagogische Interaktionen. In: Schäfer, H. (Hrsg.): Handbuch Förderschwerpunkt geistige Entwicklung. Grundlagen – Spezifika – Fachorientierung – Lernfelder. Weinheim: Beltz. 271–280.

Sansour, T. & Terfloth, K. (2015): Fit für den Job – mit System. Kompetenzraster zur Arbeitswelt- und Berufsorientierung im FgE. In: Lernen konkret 1 (34) 24–31.

Sappok, T. & Schäfer, H. (2019): Gefühle – Alter – Bildung. Die Bedeutung der emotionalen Entwicklung für die schulische Förderung – eine Einführung. In: Schäfer, H. (Hrsg.): Handbuch Förderschwerpunkt geistige Entwicklung. Grundlagen – Spezifika – Fachorientierung – Lernfelder. Weinheim: Beltz. 99–116.

Sappok, T. & Zepperitz, S. (2019): Das Alter der Gefühle: über die Bedeutung der emotionalen Entwicklung bei geistiger Behinderung. Göttingen: Hogrefe.

Sappok, T., Zepperitz, S., Morisse, F., Barrett, B. F. & Došen, A. (2023): Skala der Emotionalen Entwicklung – Diagnostik 2 (SEED-2). Göttingen: Hogrefe.

Sarimski, K. (2009): Verhaltensanalyse. In: Irblich, D. & Renner, G. (Hrsg.): Diagnostik in der klinischen Kinderpsychologie. Göttingen: Hogrefe. 109–120.

Sarimski, K. (2013): Psychologische Theorien geistiger Behinderung. In: Neuhäuser, G., Steinhausen, H.-C., Häßler, F. & Sarimski, K. (Hrsg.): Geistige Behinderung. Stuttgart: Kohlhammer. 44–58.

Sarimski, K. (2014): Entwicklungspsychologie genetischer Syndrome (4. Aufl.). Göttingen: Hogrefe.

Sarimski, K. (2020a): Emotionale Kompetenzen bei drei- bis sechsjährigen Kindern mit und ohne Entwicklungsbeeinträchtigungen. Kindheit und Entwicklung. In: Zeitschrift für klinische Kinderpsychologie 3 (29) 163–171.

Sarimski, K. (2020b): Sprachentwicklung bei Kindern mit Behinderungen. In: Sachse, S., Bockmann, A.-K. & Buschmann, A. (Hrsg.): Sprachentwicklung – Entwicklung, Diagnostik und Förderung im Kleinkind- und Vorschulalter. Heidelberg: Springer. 399–414. (https://doi.org/10.1007/978-3-662-60498-4)

Sarimski, K. (2021): Adaptive Kompetenzen von Kindern mit Down-Syndrom – ein Followup über zehn Jahre. In: Empirische Sonderpädagogik 2 (13) 100–109. (urn:nbn:de:0111-pedocs-235736 – https://doi.org/10.25656/01:23573)

Sarimski, K. (2023): Vineland-3 zur Diagnostik adaptiver Kompetenzen in der Frühförderung. In: Frühförderung interdisziplinär 2 (42) 81–84.

Sarimski, K. (2024): Intellektuelle Behinderung im Kindes- und Jugendalter: Psychologische Analysen und Interventionen. Göttingen: Hogrefe.

Sauerborn, H. (2015): Zur Bedeutung der Early Literacy für den Schriftspracherwerb. Dissertation. Baltmannsweiler: Schneider Hohengehren.

Sauerborn, H. & Köb, S. (2025): Schriftspracherwerb. Das große Ganze und die kleinen Details: Ein kombiniertes Modell zum Erwerb schriftsprachlicher Kompetenzen. In: Köb, S. & Sauerborn, H. (Hrsg.): Schriftspracherwerb in heterogenen Lerngruppen. Fachdidaktische, grundschul- und sonderpädagogische Grundlagen. Stuttgart: Kohlhammer.

Schäfer, H. (Hrsg.) (2019): Ich – Du – Wir. Emotionale und soziale Entwicklung im Förderschwerpunkt geistige Entwicklung. Lernen konkret, Förderschwerpunkt geistige Entwicklung, 4.

Schäfer, H. (2020): Mathematik und geistige Behinderung. Grundlagen für Schule und Unterricht. Stuttgart: Kohlhammer.

Schäfer, H. (2022): Lautgebärden. Grundlagen und Praxis in Schule und Unterricht bei intellektueller Beeinträchtigung. Praxis Sprache. In: Fachzeitschrift für Sprachheilpädagogik, Sprachtherapie und Sprachförderung 3 (67) 191–196.
Schäfer, H. (2024): Diagnostik, Beratung und Bildungsplanung bei komplexer Behinderung. In: Schäfer, H., Loscher, Th. & Mohr, L. (Hrsg.): Unterricht bei komplexer Behinderung. Sonderpädagogischer Schwerpunkt Geistige Entwicklung (Schule und Unterricht bei intellektueller Beeinträchtigung. Band 3). Stuttgart: Kohlhammer. 85–106.
Schäfer, H. (2025a): Serie Diagnostik. Einführung. In: Lernen konkret 2 (44) 34–36.
Schäfer, H. (2025b): Mathematik und intellektuelle Beeinträchtigung. Ein anschlussfähiges Mathematik-Modell für Schulentwicklung und Unterrichtsgestaltung im sonderpädagogischen Schwerpunkt Geistige Entwicklung. In: Streit-Lehmann, J. & Hoth, J. (Hrsg.): Diagnostizieren und Fördern mathematischer Basiskompetenzen: Theorie, Empirie und schulische Praxis. Bielefeld: Bielefeld University Press. 80–105.
Schäfer, H. & Mohr, L. (Hrsg.) (2018): Psychische Störungen im Förderschwerpunkt geistige Entwicklung. Grundlagen und Handlungsoptionen in Schule und Unterricht. Weinheim: Beltz.
Schäfer, H., Peter-Koop, A. & Wollring, B. (2019): Grundlagen der Mathematik. In: Schäfer, H. (Hrsg.): Handbuch Förderschwerpunkt geistige Entwicklung. Grundlagen – Spezifika – Fachorientierung – Lernfelder. Weinheim: Beltz. 478–497.
Schäfer, H. & Rittmeyer, Ch. (2019): Schulentwicklung – Grundlagen und Perspektiven. In: Schäfer, H. (Hrsg.): Handbuch Förderschwerpunkt geistige Entwicklung. Grundlagen – Spezifika – Fachorientierung – Lernfelder. Weinheim: Beltz. 195–208.
Schäfer, H. & Rittmeyer, Ch. (2021): Handbuch inklusive Diagnostik. Kompetenzen feststellen – Entwicklungsbedarfe identifizieren – Förderplanung umsetzen. Weinheim: Beltz.
Schäfer, H. & Ruwisch, S. (2022): Zahlen, Größen, Räume. In: Grundschule 1 (57) 12–19.
Schäfer, H., Zentel, P. & Manser, R. (2022): Förderdiagnostik mit Kindern und Jugendlichen mit schwerster Beeinträchtigung. Eine praktische Anleitung zur förderdiagnostischen, pädagogisch-therapeutischen Einschätzung und Bildungsplanung. Unter Mitarbeit von Andreas Fröhlich. Dortmund: verlag modernes lernen.
Schäfer, H., Zentel, P. & Manser, R. (2023): Diagnostik und Bildungsplanung für Kinder und Jugendliche mit schwerster Beeinträchtigung: Zur Neuauflage des »Leitfadens zur Förderdiagnostik bei schwerstbehinderten Kindern« von Andreas Fröhlich und Ursula Haupt. Schweizerische Zeitschrift für Heilpädagogik, 8(29), 31–38. (https://doi.org/1 0.57161/z2023-08-05)
Schalock, R. L. & Luckasson, R. (2021): Intellectual disability, developmental disabilities, and the field of intellectual and developmental disabilities. In: Glidden, L. M., Abbeduto, L., McIntyre, L. & Tassé, M. (Hrsg.): APA handbook of intellectual and developmental disabilities: Foundations. Washington D. C.: American Psychological Association. 31–45. (https://doi.org/10.1037/0000194-002)
Schanze, C. (2014): Psychiatrische Diagnostik und Therapie bei Menschen mit Intelligenzminderung (2., überarb. u. erw. Aufl.). Stuttgart: Schattauer.
Schanze, C. (2021): Intelligenzminderung und psychische Störung- Grundlagen, Epidemiologie, Erklärungsansätze. In: Schanze, C. (Hrsg.): Psychiatrische Diagnostik und

Therapie bei Menschen mit Intelligenzminderung (2., überarb. u. erw. Aufl., 1. Nachdruck). Stuttgart: Schattauer. 21–29.

Schanze, C. & Hemmer-Schanze, C. (2019): Funktionale-Analyse-Screening-Test. Deutsche Übersetzung. Schwifting: Koch & Schanze GbR. (https://fobiport.de/wp-content/uploads/2021/02/fobiport_FAST_D.pdf)

Schanze, Ch. & Sappok, T. (2024): Störungen der Intelligenzentwicklung: Grundlagen der psychiatrischen Versorgung, Diagnostik und Therapie. Stuttgart: Schattauer.

Scheer, D. (2021): Toolbox Diagnostik. Hilfen für die (sonder-)pädagogische Praxis. Stuttgart: Kohlhammer.

Schlichting, H. (2020): Ethische Überlegungen zur Pflege von Menschen mit Mehrfachbehinderung. Schweizerische In: Zeitschrift für Heilpädagogik 5-6 (26) 23–30. (https://ojs.szh.ch/zeitschrift/article/view/872)

Schmid, A. C. (2022): Beratung im sonderpädagogischen Kontext. In: Gebhardt, M., Scheer, D. & Schurig, M. (Hrsg.): Handbuch der sonderpädagogischen Diagnostik. Grundlagen und Konzepte der Statusdiagnostik, Prozessdiagnostik und Förderplanung. Regensburg: Universitätsbibliothek. 111–120. (https://doi.org/10.5283/epub.53149)

Schmidt-Atzert, L., Krumm, S. & Amelang, M. (2021): Psychologische Diagnostik (6., vollst. überarb. Aufl.). Heidelberg: Springer.

Schneider, W., Küspert, P. & Krajewski, K. (2021): Die Entwicklung mathematischer Kompetenzen. Paderborn: Schöningh.

Scholz, M., Wagner, M. & Stegkemper, J. M. (2022): Beobachtungsbogen zu kommunikativen Fähigkeiten – Revision (BKF-R, Version 1.5.). Ohne Verlag. (https://www.bkf-r.de/)

Schott, F. (2021): Qualitätssicherung, kompetenzorientierter Unterricht und Diagnostik. In: Schäfer, H. & Rittmeyer, C. (Hrsg.): Handbuch inklusive Diagnostik. Kompetenzen feststellen – Entwicklungsbedarfe identifizieren – Förderplanung umsetzen. Weinheim: Beltz. 67–85.

Schuchardt, K., Mähler, C. & Hasselhorn, M. (2011): Functional deficits in phonological working memory in children with intellectual disabilities. In: Research in Developmental Disabilities 5 (32) 1934–1940.

Schumann, B. & Schäfer, H. (2023): Sollen sonderpädagogische Feststellungsverfahren abgeschafft werden? Pro und Contra. In: Pädagogik 3 (75) 40–41.

Schuppener, S. (2016): Selbstbestimmung. In: Hedderich, I., Biewer, G., Hollenweger, J. & Markowetz, R. (Hrsg.): Handbuch Inklusion und Sonderpädagogik. Bad Heilbrunn: Verlag Julius Klinkhardt. 108–112.

Schuppener, S. (2022): »Doing Diagnostic Category« – Diagnostik im sonderpädagogischen Schwerpunkt Geistige Entwicklung im Spiegel der KMK-Empfehlungen (2021). In: Sonderpädagogische Förderung heute 2 (67) 171–183.

Schuppener, S. & Schmalfuß, M. (2023): Inklusive Schule – Diagnostik und Beratung. Stuttgart: Kohlhammer.

Seeler, I. von & Agha, M. (2021): Exekutive Funktionen von Schülerinnen und Schülern mit geistiger Behinderung. In: Empirische Sonderpädagogik 2 (13) 133–147.

Selmayr, A. & Dworschak, W. (2021): Praktische Alltagskompetenzen. In: Baumann, D., Dworschak, W., Kroschewski, M., Ratz, C., Selmayr, A. & Wagner, M. (Hrsg.): Schülerschaft mit dem Förderschwerpunkt geistige Entwicklung (SFGE II). Bielefeld: Athena bei wbv. 201–215.

Sennekamp, M. & Tiggemann, I. (2019): Gefühlsplaylist. In: Lernen konkret 4 (38) 20–21.

Sermier Dessemontet, R., Martinet, C., de Chambrier, A.-F., Martini Willemin, B.-M. & Audrin, C. (2019): A meta-analysis on the effectiveness of phonics instruction for teaching decoding skills to students with intellectual disability. In: Educational Research Review 26 52–70.

SGB IX – Sozialgesetzbuch Neuntes Buch – Rehabilitation und Teilhabe von Menschen mit Behinderungen – (Artikel 1 des Gesetzes v. 23. Dezember 2016, BGBl. I S. 3234) (https://www.gesetze-im-internet.de/sgb_9_2018/)

Shaver, P. R., Schwartz, J., Kirson, D. & O'Connor, C. (1987): Emotion knowledge: Further exploration of a prototype approach. In: Journal of Personality and Social Psychology 52 1061–1086. (https://doi.org/10.1037/0022-3514.52.6.1061)

Siegemund, S. (2016): Kognitive Lernvoraussetzungen und mathematische Grundbildung von Schülerinnen und Schülern mit dem Förderschwerpunkt geistige Entwicklung. Oberhausen: Athena.

Simon, P. & Nader-Grosbois, N. (2024): How do children with intellectual disabilities empathize in comparison to typically developing children? In: Journal of Autism and Developmental Disorders 55 1754–1769. (https://doi.org/10.1007/s10803-024-06340-3)

Sparrow, S. & Cicchetti, D. V. & Saulnier, C. A. (2021): Vineland-3: Vineland Adaptive Behavior Scales – Third Edition. Deutsche Fassung: In Zusammenarbeit mit A. von Gontard, C. Wagner, J. Hussong und H. Mattheus. Frankfurt a. M.: Pearson.

Spearman, C. (1904): »General intelligence«, objectively determined and measured. In: American Journal of Psychology 2 (15) 201–293.

Speck, O. (2008): System Heilpädagogik. Eine ökologisch reflexive Grundlegung. München. Ernst Reinhardt.

Stegkemper, J. M. & Scholz, M. (2022): Verfahrensinformation zum TASP. Diagnostiktest zur Abklärung des Symbol- und Sprachverständnisses in der Unterstützten Kommunikation (Dia-Inform Verfahrensinformationen 011-01). Ludwigsburg: Pädagogische Hochschule Ludwigsburg.

Streit-Lehmann J., Flottmann N.-C. & Peter-Koop A. (2022): ElementarMathematisches BasisInterview. Zahlen und Operationen. Handbuch Förderung. Neubearbeitung. Offenburg: Mildenberger.

Strickland, W. D., Boon, R. T. & Mason, L. L. (2020): The use of repeated reading with systematic error correction for elementary students with mild intellectual disability and other comorbid disorders: A systematic replication study. In: Journal of Developmental and Physical Disabilities 5 (32) 755–774.

Tassé, M. J., Schalock, R. L., Balboni, G., Bersani, H., Borthwick-Duffy, S. A., Spreat, S., Thissen, D., Widaman, K. F. & Zhang, D. (2012): The construct of adaptive behavior: its conceptualization, measurement, and use in the field of intellectual disability. In: American Journal on Intellectual and Developmental Disabilities 4 (117) 291–303.

Tebbe, M. (2023): Lautgebärden im Schriftspracherwerb. In: Sonderpädagogische Förderung heute 3 (68) 306–320.

Tebbe, M. & Schäfer, H. (2023): Förderung des Sichtwortschatzes. In: Lernen konkret 4 (42) 10–11.

Tebbe, M. & Schäfer, H. (2024): Der Einsatz von Lautgebärden zur Förderung der Verbindung von Sprache und Schrift. In: Lernen konkret 4 (43) 34–38.
Tellegen, P. J., Laros, J. A. & Petermann, F. (2012): SON-R 6-40. Non-verbaler Intelligenztest. Göttingen: Hogrefe.
Terfloth, K. & Bauersfeld, S. (2024): Schüler mit geistiger Behinderung unterrichten. Didaktik für Regel- und Förderschule. München: Ernst Reinhardt.
Tracy, R. (2008): Wie Kinder Sprachen lernen: Und wie wir sie dabei unterstützen können. Tübingen: Francke.
Vach, K., Sansour, T., Köb, S. & Hückstädt, H. (2023): LiES! Das Buch im Unterricht. Literatur in Einfacher Sprache. Didaktische Handreichung. Stuttgart: Klett.
Valentiner, I. & Kane, G. (2011): Einschätzung kognitiver Fähigkeiten bei Kindern mit geistiger Behinderung mit der Kaufmann-Assessment Battery for Children (KABC) am Beispiel von Kindern mit Down-Syndrom. In: Praxis der Kinderpsychologie und Kinderpsychiatrie 10 (60) 805–819.
van Tilborg, A. (2018): Early literacy development in children with intellectual disabilities. Dissertationsschrift an der Radboud Universiteit Nijmegen. Nijmegen: Radboud Repository. (https://repository.ubn.ru.nl/bitstream/handle/2066/198059/198059.pdf?sequence=1)
van Tilborg, A., Segers, E., van Balkom, H. & Verhoeven, L. (2018): Modeling individual variation in early literacy skills in kindergarten children with intellectual disabilities. In: Research in Developmental Disabilities 72 1–12.
van Wingerden, E., Segers, E., van Balkom, H. & Verhoeven, L. (2017): Foundations of reading comprehension in children with intellectual disabilities. In: Research in Developmental Disabilities 60 211–222.
Vogel, D. (2019): Banking-Time – ein beziehungsorientierter Umgang mit auffälligem Verhalten. In: Schweizerische Zeitschrift für Heilpädagogik 3 (25) 33–40.
Vossen, A., Hartung, N., Hecht, T. & Sinner, D. (2022): Das sonderpädagogische Gutachten (Status- und Feststellungsdiagnostik). In: Gebhardt, M., Scheer, D. & Schurig, M. (Hrsg.): Handbuch der sonderpädagogischen Diagnostik. Grundlagen und Konzepte der Statusdiagnostik, Prozessdiagnostik und Förderplanung. Regensburg: Universitätsbibliothek. 345–354. (https://doi.org/10.5283/epub.53149)
Wagner, R. K. & Torgesen, J. K. (1987): The nature of phonological processing and its causual role in the acquisition of reading skills. In: Psychological Bulletin 2 (101) 192–212.
Watzlawick (2016): Man kann nicht nicht kommunizieren – Das Lesebuch. Göttingen: Hogrefe.
WHO (2017): ICF-CY. Internationale Klassifikation der Funktionsfähigkeit, Behinderung und Gesundheit bei Kindern und Jugendlichen. Übers. und hrsg. von Judith Hollenweger und Olaf Kraus de Camargo unter Mitarbeit des Deutschen Instituts für Medizinische Dokumentation und Information. Bern: Verlag Hans Huber.
Wieczorek, M. & Kuntsche, A. (2022): Bildungsgeschichten mit Kindern mit schwerer Behinderung. Von einer Entwicklungsdiagnostik hin zur Beschreibung von Bildungsprozessen. In: Gebhardt, M., Scheer, D. & Schurig, M. (Hrsg.): Handbuch der sonderpädagogischen Diagnostik. Grundlagen und Konzepte der Statusdiagnostik, Prozess-

diagnostik und Förderplanung. Regensburg: Universitätsbibliothek. 583–594. (https://doi.org/10.5283/epub.53149)

Wiedenhöfer, D. (2021): Die Adaption des MBK 0 zur Erfassung mathematischer Basiskompetenzen bei Kindern mit einer kognitiven Beeinträchtigung – eine Erprobung und Evaluation. Masterarbeit, Pädagogische Hochschule Heidelberg. Unveröffentlicht.

Willke, M. & Ling, K. (2025): Unterstützte Kommunikation. Sonderpädagogischer Schwerpunkt Geistige Entwicklung (Schule und Unterricht bei Geistiger Behinderung – Band 5). Stuttgart: Kohlhammer.

Williford, A. P. & Pianta, R. C. (2020): Banking Time: A dyadic intervention to improve teacher-student relationships. In: Reschly, A. L., Pohl, A. J. & Christenson, S. L. (Hrsg.): Student Engagement. Cham: Springer. 239–250. (https://doi.org/10.1007/978-3-030-37285-9_13)

Wolf, L. M. & Dietze, T. (2022): Ein Überblick über die Organisation der Feststellung von sonderpädagogischen Förderbedarfen in Deutschland. In: Gebhardt, M., Scheer, D. & Schurig, M. (Hrsg.): Handbuch der sonderpädagogischen Diagnostik. Grundlagen und Konzepte der Statusdiagnostik, Prozessdiagnostik und Förderplanung. Regensburg: Universitätsbibliothek. 325–344. (https://doi.org/10.5283/epub.53149)

Wygotski, L. S. (1978): Geist in der Gesellschaft: Die Entwicklung höherer psychologischer Prozesse. Cambridge, MA: Harvard University Press.

Wygotski, L. S. (1987): Ausgewählte Schriften. Band 2: Arbeiten zur psychischen Entwicklung der Persönlichkeit. Köln: Pahl-Rugenstein.

Ypsilanti, A. & Grouios G. (2008): Linguistic profile of individuals with Down syndrome: comparing the linguistic performance of three developmental disorders. In: Child Neuropsychology 2 (14) 148–170.

Zarth, K. (2019): Diagnostisches Gutachten. Pädagogische Hochschule Heidelberg. Unveröffentlicht.

Zentel, P. & Sarimski, K. (2017): Mathematische Fähigkeiten von Kindern mit Down-Syndrom – Eine Untersuchung mit dem MARKO-D. In: Zeitschrift für Heilpädagogik 12 (68) 592–601.

Zepperitz, S. (Hrsg.) (2022): Was braucht der Mensch? Entwicklungsgerechtes Arbeiten in Pädagogik und Therapie bei Menschen mit intellektuellen Beeinträchtigungen. Bern: Hogrefe.

Zubin, J. & Spring, B. (1977): Vulnerability: A new view of schizophrenia. In: Journal of Abnormal Psychology 2 (86) 103–126.

Register

A

ABC-Protokoll   175
adaptive Kompetenzen   96, 97
Akkommodationen   45
Alternative Auswertung   42, 54

B

Banking Time   179
Beobachtungen   29
Berufswegekonferenz   217
Bestrafung   165
BKF-R   195
Bodeneffekt   40
BRIEF   169
BTHG   *siehe* Bundesteilhabegesetz
Bundesteilhabegesetz   216

C

CHC-Modell   78
Cross-Battery-Testung   46

D

Deckeneffekt   40
diagnostisches Raster   27, 29
DIK-2   218
DSM-5   230

E

ELFE II   118
EMBI KiGa   135
emotionale Entwicklung   144
emotionale Kompetenzen   144

Emotionsregulation   147, 149
Entscheidungsmatrix   238
Etikettierungs-Ressourcen-Dilemma   22
Evaluation   70
exekutive Funktionen   74

F

FAST-D   170
Feedback   50
Feststellungsverfahren   232
flaches Leistungsprofil   55
Fluid-Kristallin-Index   87
Förderpläne   70
Förderplanung   66
Fragebögen   29
funktionale Verhaltensanalyse   168, 169, 172

G

GISC-EL   119
Gütekriterien   32

H

hamet drei   220
hamet e+   220
herausforderndes Verhalten   *siehe* Verhaltensauffälligkeiten

I

ICD-11   230
ICF   232
IDS 2   83
IMBA   219

Intelligenz 75
Intelligenztest 75, 77
Intensive Interaction 186

K

KABC-II 37, 78, 85
Kognition *siehe* kognitive Kompetenzen
kognitive Kompetenzen 73
KOMET-Modell 115
Kompetenzinventar 223
Konfidenzintervall 38
Korrelationskoeffizient 98

L

Leichte Sprache 50
Literalität 108
Luria-Modell 78

M

mathematische Kompetenzen 126
MBK 0 136
MBK GE 136, 138
MELBA 220
MOAS-D 170

N

Normierung 35

O

Objektivität *siehe* Gütekriterien

P

PPVT-4 194
Prozentrang 37

R

Reliabilität *siehe* Gütekriterien
Rohwerte 34

S

Scanning-Verfahren 53
Schriftspracherwerb 108
Screenings 29
SEED-2 154
selbstverletzendes Verhalten 161, 166
SEN 153
SETK-gB 196
SON-R 6–40 84

T

TASP 194
Testeinstieg 52
Tipp mal 195

V

Validität *siehe* Gütekriterien
Verarbeitungsgeschwindigkeit 110
Verfahren
– normiert 29, 31
– standardisiert 29, 31
Verhaltensauffälligkeiten 161
Verstärkung 165, 173
VEWU 64
VFE 169
Vineland-3 101
Vulnerabilitäts-Stress-Modell 164
Vulnerabilitätskonzept 162

W

Webbasierte Sonderpädagogische Diagnostik 236
WfbM 216, 217

WISC-V 81, 82
WTB 221

Z

Zielfertigkeiten 43
Zugangsfertigkeiten 43